C000163445

Unternehmerische Freiheit in deutscher KGaA und britischer PLC

Schriften zum Gesellschafts-, Bilanz- und Unternehmensteuerrecht

Herausgegeben von Barbara Grunewald und Joachim Hennrichs

Band 25

Zur Qualitätssicherung und Peer Review der vorliegenden Publikation

Die Qualität der in dieser Reihe erscheinenden Arbeiten wird vor der Publikation durch den Herausgeber der Reihe geprüft.

Notes on the quality assurance and peer review of this publication

Prior to publication, the quality of the work published in this series is reviewed by the editor of the series.

Eric Becker

Unternehmerische Freiheit
in deutscher KGaA und britischer PLC

Eignet sich die PLC als Rechtsformalternative
für börsenwillige Familienunternehmen in Deutschland?

Bibliografische Information der Deutschen Nationalbibliothek
Die Deutsche Nationalbibliothek verzeichnet diese Publikation
in der Deutschen Nationalbibliografie; detaillierte bibliografische
Daten sind im Internet über http://dnb.d-nb.de abrufbar.

Zugl.: Köln, Univ., Diss., 2017

Gedruckt auf alterungsbeständigem, säurefreiem Papier.
Druck und Bindung: CPI books GmbH, Leck

D 38
ISSN 1867-500X
ISBN 978-3-631-73159-8 (Print)
E-ISBN 978-3-631-73160-4 (E-PDF)
E-ISBN 978-3-631-73161-1 (EPUB)
E-ISBN 978-3-631-73162-8 (MOBI)
DOI 10.3726/b11657

© Peter Lang GmbH
Internationaler Verlag der Wissenschaften
Frankfurt am Main 2017
Alle Rechte vorbehalten.
PL Academic Research ist ein Imprint der Peter Lang GmbH.

Peter Lang – Frankfurt am Main · Bern · Bruxelles · New York ·
Oxford · Warszawa · Wien

Diese Publikation wurde begutachtet.

www.peterlang.com

Meiner Großmutter

Vorwort

Die vorliegende Arbeit wurde von der juristischen Fakultät der Universität zu Köln im Sommersemester 2016 als Dissertation angenommen. Rechtsprechung und Literatur wurden bis September 2016 berücksichtigt. Tag der Disputation war der 12. Januar 2017. Für die Drucklegung wurden im Manuskript noch leichte Überarbeitungen vorgenommen.

Ein ganz herzlicher Dank gilt meiner Doktormutter, Frau Prof. Dr. Barbara Grunewald, für die herausragende Betreuung. Für die Erstellung des Zweitgutachtens möchte ich mich herzlich bei Herrn Prof. Dr. Jochen Vetter bedanken.

Schließlich möchte ich all denjenigen danken, die mich im Rahmen der Erstellung und Durchsicht der Arbeit unterstützt haben.

Düsseldorf, im Juli 2017
Eric Becker

Inhaltsverzeichnis

Einleitung

Die rechtliche Zulässigkeit der Verwendung einer britischen *public limited company* (PLC) als Rechtsform für deutsche Unternehmen hat bis zum britischen EU-Referendum vom 23. Juni 2016 kaum jemand, der im internationalen Gesellschaftsrecht bewandert ist, in Frage gestellt.[1] Mit den Entscheidungen Centros (1999), Überseering (2002) und Inspire Art (2003) des Europäischen Gerichtshofs[2] wurden die nationalen Grenzen für EU-Auslandsgesellschaften geöffnet und längst hat sich diesem Kurs auch der Bundesgerichtshof angeschlossen.[3] Noch Anfang 2016 waren tausende Unternehmen mit britischer Rechtsform in Deutschland aktiv.[4] Auch wenn die börsenfähige PLC darunter die absolute Ausnahme darstellt,[5] hat die Fluggesellschaft Air Berlin sich doch für diese Rechtsform entschieden und ihre Aktien im Prime Standard der Frankfurter Wertpapierbörse notieren lassen.

Am 23. Juni 2016 haben die Briten dann mit einer knappen Mehrheit von 51,9 Prozent für einen EU-Austritt des Vereinigten Königreichs (Brexit) gestimmt. Sollte es – wie von der seit dem 13. Juli 2016 amtierenden Premierministerin Theresa May angekündigt – zu einem Brexit kommen,[6] könnten sich die Vorzeichen im Gesellschaftsrecht ändern. Im ungünstigsten Fall würde den

---

1   Nicht unerwähnt bleiben sollen vereinzelt geäußerte Zweifel zu den europarechtlichen Vorgaben in Folge der Entscheidung EuGH, NJW 2012, 2715 – VALE; so etwa *G. H. Roth*, ZIP 2012, 1744; *König/Bormann*, NZG 2012, 1241, 1243; dem widersprechend *Ege/Klett*, DStR 2012, 2442, 2447; *Teichmann*, ZIP 2016, 899, 900; *Teichmann*, DB 2012, 2085; *Verse*, ZeuP 2013, 458, 470 ff.; *H. F. Müller*, in: Spindler/Stilz, IntGesR Rn. 14a.

2   EuGH, NJW 1999, 2027 – Centros; EuGH, NZG 2002, 1164 – Überseering; EuGH, NZG 2003, 1064 – Inspire Art.

3   Vgl. nur BGHZ 190, 242, 246, Rn. 17 = NZG 2011, 1114, 1116; BGH, NJW 2011, 844, 846; BGHZ 178, 192, 196, Rn. 19 – Trabrennbahn (Schweiz) = NZG 2009, 68, 69.

4   *Kornblum*, GmbHR 2016, 691, 699: in deutschen Handelsregistern sind zum 1. Januar 2016 insgesamt 8.968 Zweigniederlassungen britischer Limiteds eingetragen; siehe auch die umfassende empirische Analyse bei *Ringe*, ECFR 2013, 230 ff.

5   *Ringe*, ECFR 2013, 230, 248 zählte in den Jahren 2004 bis 2011 insgesamt 18 PLCs, die ausschließlich in Deutschland tätig sind.

6   *o. V.*, Was Großbritanniens neue starke Frau will, FAZ vom 12. Juli 2016, Nr. 160, S. 15: „Brexit bedeutet Brexit"; zweifelnd aber *Mayer/Manz*, BB 2016, 1731; *G. Kirchhof*, Ist die EU noch zu retten?, FAS vom 10. Juli 2016, Nr. 27, S. 26; auch der österreichische Finanzminister in *Siebenhaar*, Interview mit österreichs Finanzminister Hans Jörg Schelling, Handelsblatt vom 5. Juli 2016, Nr. 127, S. 8.

im Vereinigten Königreich gegründeten Gesellschaften ab dem Tag des Austritts die Anerkennung in Deutschland versagt. Es wird längst dazu geraten, englische Auslandsgesellschaften mit effektivem Verwaltungssitz in Deutschland in deutsche Rechtsformen zu überführen.[7] Auch die Aktionäre von Air Berlin wurden vor einer möglichen persönlichen Haftung gewarnt, sollte die Rechtsprechung zur Sitztheorie zurückkehren.[8] Unter präventiven Gesichtspunkten sollten bestehende Auslandsgesellschaften solche „Worst-Case-Szenarien" durchaus ernst nehmen.

Gleichzeitig ist zu betonen, dass ein Brexit mitnichten das Ende der PLC in Deutschland bedeuten muss. Vielmehr wird es darauf ankommen, wie die Beziehungen zwischen dem Vereinigten Königreich und Deutschland zukünftig ausgestaltet werden. In dieser Arbeit sollen zunächst die möglichen Szenarien nach einem Brexit und ihre Auswirkungen auf die Anerkennung britischer Auslandsgesellschaften aufgezeigt werden (unten, Teil 1). Erst anschließend wird mit den möglichen Motiven für die Verwendung einer PLC anstelle der Kommanditgesellschaft auf Aktien (KGaA) der Hauptteil eingeleitet und der weitere Fortgang der Arbeit beschrieben (unten, Teil 2). Der Hauptteil baut auf einer unveröffentlichten Masterarbeit des Verfassers auf.[9]

---

7   *Bode/Bron*, GmbHR 2016, R129; *Freitag/Korch*, ZIP 2016, 1361, 1364.

8   *Wieduwilt*, Die Anwälte bekommen viel zu tun, FAZ vom 25. Juni 2016, Nr. 146, S. 26; siehe zur Sitztheorie sogleich, unter Teil 1, A.

9   Die Masterarbeit mit dem Titel „*Majority shareholders and the division of powers in the British PLC and the German AG. A comparison and a suggestion to use the PLC for German family businesses going public*" hat der Verfasser 2013 an der University of the West of England in Bristol eingereicht. In der 54-seitigen Masterarbeit wurden verschiedene Aspekte der Binnenverfassung der PLC noch gar nicht behandelt (etwa die Grenzen der Satzungsautonomie sowie jegliche Fragen der Kapitalverfassung), viele andere nur in geringer Tiefe. Auch auf die KGaA wurde nur kurz eingegangen. Die vorliegende Arbeit knüpft daran an und weist an relevanten Stellen auf die Masterarbeit hin.

Teil 1 – Anerkennung der britischen PLC nach einem Brexit

A. Grundlagen: Sitztheorie vs. Gründungstheorie

Im internationalen Privatrecht wird hinsichtlich der kollisionsrechtlichen Anknüpfung des Gesellschaftsrechts (Gesellschaftsstatut) grundlegend zwischen der Sitz- und der Gründungstheorie unterschieden.[10] Nach der Sitztheorie knüpft das Gesellschaftsstatut an den effektiven Verwaltungssitz der Gesellschaft an. Für eine ausländische Gesellschaft bedeutet dies, dass sie als solche in Deutschland nicht anerkannt wird. Vielmehr wird sie als rechtsfähige Personengesellschaft deutschen Rechts behandelt.[11] Der Bundesgerichtshof wendet die Sitztheorie in Bezug auf Drittstaaten an (etwa in Bezug auf die Schweiz), deren Gesellschaften weder aufgrund des Europarechts noch aufgrund völkerrechtlicher Verträge in Deutschland anerkannt werden müssen.[12]

Demgegenüber ist nach der Gründungstheorie das Gesellschaftsstatut des Gründungsstaates maßgeblich. Diese wendet der Bundesgerichtshof auf Gesellschaften aus der EU[13] und dem Europäischen Wirtschaftsraum (EWR)[14] an. Grundlage ist die auch auf Gesellschaften anwendbare Niederlassungsfreiheit aus Artt. 49, 54 AEUV bzw. aus Artt. 31, 34 des EWR-Abkommens. Gleiches gilt im Ergebnis für Gesellschaften aus den USA,[15] da mit diesen ein völkerrechtliches

---

10 Siehe zur Anknüpfung des Gesellschaftsstatuts *Assmann*, in: GroßKomm-AktG, Einl. Rn. 532 ff.; *Kindler*, in: MüKo-BGB, IntGesR Rn. 351 ff.; *Spahlinger*, in: Spahlinger/ Wegen, Rn. 21 ff.; *H. F. Müller*, in: Spindler/Stilz, IntGesR Rn. 2.

11 BGHZ 151, 204, 207 = NZG 2002, 1009; BGHZ 178, 192, 199, Rn. 23 – Trabrennbahn (Schweiz) = NZG 2009, 68, 69.

12 BGHZ 178, 192, 197, Rn. 21 – Trabrennbahn (Schweiz) = NZG 2009, 68, 69; siehe auch die Fundstellen in den Fn. 13, 14, 15.

13 BGHZ 190, 242, 246, Rn. 17 = NZG 2011, 1114, 1116; BGH, NJW 2011, 844, 846; ausdrücklich auch BGHZ 178, 192, 196, Rn. 19 – Trabrennbahn (Schweiz) = NZG 2009, 68, 69.

14 BGHZ 164, 148, 151, Rn. 8 (Liechtenstein) = NJW 2005, 3351; siehe auch BGHZ 178, 192, 196, Rn. 19 – Trabrennbahn (Schweiz) = NZG 2009, 68, 69; auch *Meilicke*, GmbHR 2003, 793, 798; *Leible/Hoffmann*, ZIP 2003, 925, 930; *Eidenmüller*, ZIP 2002, 2233, 2244.

15 BGHZ 153, 353, 355 f. = ZIP 2003, 720; BGH, NZG 2004, 1001; BGH, NZG 2005, 44; OLG Düsseldorf, ZIP 1995, 1009; dazu etwa *Ebenroth/Kemner/Willburger*, ZIP 1995, 972 ff.; *Stürner*, IPRax 2005, 305.

Freundschaftsabkommen[16] geschlossen wurde, aus dem die gegenseitige Pflicht zur Anerkennung von Gesellschaften folgt.

Ob die Gründungstheorie – ihre grundsätzliche Anwendung unterstellt – auch auf sogenannte Scheinauslandsgesellschaften ohne tatsächlichen Bezug (*genuine link*) zum Gründungsstaat zu erstrecken ist, wird unterschiedlich beurteilt. Bei EU- und EWR-Auslandsgesellschaften ist dies anzunehmen.[17] Sofern die Gründungstheorie aufgrund von völkerrechtlichen Abkommen angewendet wird, muss die konkrete vertragliche Ausgestaltung betrachtet werden.[18] Selbst wenn man bei völkerrechtlichen Abkommen einen *genuine link* für erforderlich halten sollte, sind die Anforderungen daran nach der Rechtsprechung des Bundesgerichtshofs jedenfalls gering.[19] Aus Vorsichtsgründen sollte in der Praxis auf irgendeine Art und Weise eine Beziehung (etwa durch ein Bankkonto) zum Gründungsstaat hergestellt werden, um die Anerkennung der Gesellschaft sicherzustellen.[20]

B. Mögliche Szenarien und ihre Auswirkungen[21]

Im Folgenden werden die möglichen politischen Szenarien nach einem Brexit und ihre Auswirkungen auf die Anerkennung der PLC in Deutschland dargestellt. Nicht berücksichtigt wird ein möglicher Bestandsschutz für bereits

---

16 Deutsch-amerikanischer Freundschafts-, Handels- und Schifffahrtsvertrag vom 29. Oktober 1954 (BGBl. 1956 II S. 487); siehe für einen Überblick über verschiedene Freundschaftsabkommen; *Wegen*, in: Spahlinger/Wegen, Rn. 230 ff.; *Kindler*, in: MüKo-BGB, IntGesR Rn. 328 ff.

17 Vgl. BGHZ 164, 148, 151, juris Rn. 8 = NZG 2005, 974; kritisch *G. H. Roth*, ZIP 2012, 1744; aus europarechtlicher Sicht EuGH, NJW 1999, 2027, Rn. 17 – Centros; EuGH, NZG 2003, 1064, Rn. 95 – Inspire Art; zweifelnd bezüglich der europarechtlichen Vorgaben in Folge der Entscheidung EuGH, NJW 2012, 2715 – VALE neuerdings *König/Bormann*, NZG 2012, 1241, 1243; den Zweifeln widersprechen *Ege/Klett*, DStR 2012, 2442, 2447; *Teichmann*, ZIP 2016, 899, 900; *Teichmann*, DB 2012, 2085; *Verse*, ZeuP 2013, 458, 470 ff.; *H. F. Müller*, in: Spindler/Stilz, IntGesR Rn. 14a.

18 Für Scheinauslandsgesellschaften aus den USA wird die Gründungstheorie verneint von OLG Düsseldorf, ZIP 1995, 1009; bejahend hingegen *Ulmer*, IPRax 1996, 100, 101; *Bungert*, DB 2003, 1043, 1044; *Bungert*, WM 1995, 2125, 2128 f.; *Leible/Hoffmann*, ZIP 2003, 925, 930; offengelassen von BGH, NZG 2004, 1001.

19 BGH, NZG 2005, 44, 45 (USA): irgendwelche geschäftlichen Tätigkeiten im Gründungsstaat genügen; auch BGH, NZG 2004, 1001 (USA): Broker-Vertrag mit einem US-amerikanischen Partner genügt; dazu *Stürner*, IPRax 2005, 305, 307; *H. F. Müller*, in: Spindler/Stilz, IntGesR Rn. 21.

20 *Stürner*, IPRax 2005, 305, 307.

21 Siehe dazu *Freitag/Korch*, ZIP 2016, 1361, 1362; *Drygala*, Nach dem Brexit-Referendum: Exit auch aus der britischen Limited?, LTO vom 5. Juli 2016, abrufbar unter http://www.lto.de/persistent/a_id/19883 (zuletzt abgerufen am 27. Juli 2016).

bestehende Gesellschaften.[22] Von Interesse ist vielmehr allein die zukünftige Verwendung der Rechtsform PLC.

I. Szenario 1: Das Vereinigte Königreich erlangt EWR-Status

Ein Szenario, wonach Scheinauslandsgesellschaften aus dem Vereinigten Königreich auch nach einem Brexit in Deutschland anerkannt werden müssten, wäre ein Beitritt des Staates zum EWR oder das Aushandeln eines vergleichbaren Status. Derzeit werden nach dem EWR-Abkommen wesentliche Teile des Binnenmarktes auf die teilnehmenden Vertragsstaaten (Norwegen, Island und Liechtenstein) ausgedehnt.[23] Dies umfasst auch die Niederlassungsfreiheit als Grundlage einer grenzüberschreitenden Anerkennung von Rechtsformen.[24] Eine politische Mehrheit könnte daran scheitern, dass ein Austritt aus dem Binnenmarkt ein entscheidendes Motiv für die Brexit-Befürworter gewesen ist.[25] Gleichzeitig steht die EU in einer starken Verhandlungsposition und wird eine „Rosinenpickerei" bei den Austrittsverhandlungen nicht zulassen.[26]

II. Szenario 2: Abschluss völkerrechtlicher Freundschaftsverträge

Möglich ist auch der Abschluss von sonstigen völkerrechtlichen Freundschaftsverträgen zwischen dem Vereinigten Königreich und der EU, in denen die Anerkennung von Gesellschaften ausdrücklich festgelegt wird. In Art. XXV Abs. 5 Satz des deutsch-amerikanischen Freundschafts-, Handels- und Schifffahrtsvertrages vom

---

22 Siehe dazu etwa *Bode/Bron*, GmbHR 2016, R129; *Freitag/Korch*, ZIP 2016, 1361, 1364: Übergangszeitraum; auch *Drygala*, Nach dem Brexit-Referendum: Exit auch aus der britischen Limited?, LTO vom 5. Juli 2016, abrufbar unter http://www.lto.de/persis tent/a_id/19883 (zuletzt abgerufen am 27. Juli 2016).

23 *Bungenberg*, in: von der Groeben/Schwarze/Hatje, Art. 217 AEUV, Rn. 97–100; *Vöneky/ Beylage-Haarmann*, in: Grabitz/Hilf/Nettesheim, Art. 217 AEUV Rn. 73; ausführlich *Streit*, NJW 1994, 555 ff.

24 Siehe bereits oben, unter A.

25 Vgl. *Freitag/Korch*, ZIP 2016, 1361, 1362; *Weller/Thomale/Benz*, NJW 2016, 2378, 2380; auch die britische Premierministerin May hat bereits erklärt, die Arbeitnehmerfreizügigkeit (und wohl erst recht die Niederlassungsfreiheit) nicht wie bisher fortgelten lassen zu wollen, siehe *o.V.*, Was Großbritanniens neue starke Frau will, FAZ vom 12. Juli 2016, Nr. 160, S. 15.

26 So die Formulierung der deutschen Bundeskanzlerin in der Regierungserklärung vom 28. Juni 2016, abrufbar unter https://www.bundeskanzlerin.de/Content/DE/ Regierungserklaerung/2016/2016-06-28-regierungserklaerung.html (zuletzt abgerufen am 27. Juli 2016).

29. Oktober 1954 heißt es beispielsweise: „Gesellschaften, die gemäß den Gesetzen und sonstigen Vorschriften des einen Vertragsteils in dessen Gebiet errichtet sind, gelten als Gesellschaften dieses Vertragsteils; ihr rechtlicher Status wird in dem Gebiet des anderen Vertragsteils anerkannt."[27] Es muss dann darauf geachtet werden, wie der Vertrag ausgestaltet ist und ob er auch Scheinauslandsgesellschaften ohne *genuine link* zum Gründungsstaat erfasst.

III. Szenario 3: Schottland verbleibt in der EU

Denkbar wäre zudem, dass Schottland in der EU verbleibt oder ihr beitritt. Das könnte nach einer Abspaltung vom Vereinigten Königreich (derzeit bestehend aus England, Wales, Schottland und Nordirland) erfolgen.[28] Der Eintritt des dargestellten Szenarios erscheint realistisch, haben doch die Schotten beim Referendum vom 23. Juni 2016 mit einer Mehrheit von 62 Prozent für den Verbleib in der EU gestimmt und ihre Regierungschefin Sturgeon ein abermaliges Unabhängigkeitsreferendum mittlerweile mehrfach in Aussicht gestellt.[29] Praktische Folge eines Verbleibs von Schottland wäre, dass deutsche Unternehmen auf die schottische PLC ausweichen könnten; das Gesellschaftsrecht ist im gesamten Königreich mit Ausnahme weniger Abweichungen identisch.[30] Die Ausführungen in dieser Arbeit würden dann entsprechend für die schottische PLC gelten.

IV. Szenario 4: Das Vereinigte Königreich wird zum „Drittstaat"

Sollte keines der genannten Szenarien eintreten und damit sowohl das Vereinigte Königreich als auch Schottland zu einem „Drittstaat" werden (wie die Schweiz), würde einer PLC nach der dann geltenden Sitztheorie in Deutschland die Anerkennung versagt. Nur ein genereller Übergang zur Gründungstheorie im deutschen

---

27 Siehe dazu bereits die Fundstellen in Fn. 15.
28 Vgl. *Campbell*, UK, EU – or both? Scotland's options after Brexit, BBC vom 30. Juni 2016, abrufbar unter http://www.bbc.com/news/uk-scotland-scotland-politics-36677006 (zuletzt abgerufen am 27. Juli 2016); siehe zu verschiedenen Szenarien hinsichtlich Schottlands auch *Sim*, Brexit: What are Scotland's options?, BBC vom 26. Juli 2016, abrufbar unter http://www.bbc.com/news/uk-scotland-scotland-politics-36883257 (zuletzt abgerufen am 3. August 2016).
29 *o.V.*, Schottland will sich dem Brexit verweigern, FAZ vom 27. Juni 2016, Nr. 147, S. 1; *o.V.*, Sturgeon: Second independence referendum could be next year, abrufbar unter http://www.bbc.com/news/uk-scotland-scotland-politics-36819182 (zuletzt abgerufen am 27. Juli 2016).
30 Siehe zu den wenigen Abweichungen *Department of Trade and Industry*, CA 2006: Explanatory Notes, Rn. 12 ff.; *Rosser*, Tolley's Company Law, Kap. 53.

Kollisionsrecht könnte dann noch zur Anerkennung führen.[31] Ein entsprechender Referentenentwurf des Bundesministeriums der Justiz und für Verbraucherschutz für ein Gesetz zum Internationalen Gesellschaftsrecht wurde zwar bereits 2008 ausgearbeitet.[32] Allerdings ist eine Umsetzung bislang nicht ersichtlich. Der Eintritt dieses Szenarios würde die in dieser Arbeit aufgeworfene These der Verwendung einer PLC in Deutschland voraussichtlich im Keim ersticken.

C. Fazit und Ausblick

Die Anerkennung einer ausländischen Rechtsform in Deutschland entscheidet sich danach, ob diese nach der Sitztheorie oder nach der Gründungstheorie beurteilt wird. Nur unter der Gründungstheorie wird die Rechtsform anerkannt. Ob dies für die PLC auch künftig anzunehmen sein wird, hängt in erster Linie von der Ausgestaltung der Beziehungen zwischen dem Vereinigten Königreich und Deutschland ab. Es wurden verschiedene Szenarien vorgestellt, nach denen dies der Fall wäre. Der Ausgang der Verhandlungen bleibt freilich ungewiss und kann an dieser Stelle nicht vorhergesagt werden. Denkbar erscheint die Möglichkeit, dass die Anerkennung aufgrund völkerrechtlicher Verträge erfolgt. Auch der Verbleib Schottlands in der EU ist möglich. Unternehmen könnten dann auf die schottische PLC ausweichen. Für die weiteren Ausführungen in dieser Arbeit wird davon ausgegangen, dass die PLC auch in Zukunft anerkannt wird.

---

31 So bereits *Weller/Thomale/Benz*, NJW 2016, 2378, 2381.
32 RefE zum Gesetz zum Internationalen Privatrecht der Gesellschaften, Vereine und juristischen Personen, abrufbar unter http://rsw.beck.de/docs/librariesprovider5/rsw-dokumente/Referentenentwurf-IGR (zuletzt abgerufen am 27. Juli 2016); siehe dazu *Bollacher*, RIW 2008, 200 ff.; *Clausnitzer*, NZG 2008, 321 ff.; *Leuering*, ZRP 2008, 73, 75 ff.; *Köster*, ZRP 2008, 214 ff.; *Kußmaul/Richter/Ruiner*, DB 2008, 451 ff.; *C. Schneider*, BB 2008, 566 ff.; *Wagner/Timm*, IPRax 2008, 81 ff.

Teil 2 – Hypothesen für eine Verwendung der PLC anstelle der KGaA

In diesem Teil werden mögliche Motive für die Verwendung einer PLC in Deutschland – deren künftige Anerkennung vorausgesetzt –[33] vorgestellt, die sie namentlich für börsenwillige Familienunternehmen interessant machen könnte. Dazu muss sich die PLC mit den hiesigen börsenfähigen Rechtsformen messen. Bislang war bei Familienunternehmen namentlich die KGaA beliebt. Um deren Vorzüge zu verdeutlichen, wird die Rechtslage in AG und SE vorangestellt (unter A.). Sodann werden einige Motive für die Verwendung der KGaA erläutert (unter B.). Erst in einem dritten Schritt wird dann die Frage aufgeworfen, ob diese mit der PLC möglicherweise ebenfalls oder gar besser erreicht werden können (unter C.). Daraus werden sich schließlich in einem zusammenfassenden Zwischenergebnis die in dieser Arbeit zu überprüfenden Hypothesen und der weitere Fortgang derselben ergeben (unter D.).

Jeder der folgenden Abschnitte wird zunächst auf gesellschaftsrechtliche Mechanismen des Kontrollerhalts eingehen (jeweils unter I.). Nicht erörtert wird die in der Praxis häufig verwendete konzernrechtliche Möglichkeit, eine Kontrolle durch die Auslagerung der operativen Geschäftstätigkeit in Tochtergesellschaften zu erreichen,[34] da sie nicht rechtsformspezifisch ist. Sodann wird auf die unternehmerische Mitbestimmung eingegangen (jeweils unter II.). Nicht Gegenstand dieser Arbeit wird hingegen die betriebliche Mitbestimmung sein.[35] Schließlich wird die Zulässigkeit der individuellen Satzungsgestaltung in den jeweiligen Gesellschaftsformen einführend dargestellt (jeweils unter III.).

---

33 Siehe dazu oben, Teil 1.

34 Die Kontrolle wird in diesen Fällen dadurch erreicht, dass die Mehrheitsbeteiligung an der Tochtergesellschaft bei dem Unternehmer-Gesellschafter verbleibt („Pyramidenstrukturen"); siehe dazu *Institutional Shareholder Services et al*, Report on the Proportionality Principle in the European Union, S. 26 ff.; auch *Hirte*, in: Lutter/Wiedemann, Gestaltungsfreiheit im Gesellschaftsrecht, ZGR Sonderheft 13, S. 61, 70.

35 Die betriebliche Mitbestimmung gilt gemäß § 1 BetrVG unabhängig von der Rechtsform; siehe zur betrieblichen Mitbestimmung in Auslandsgesellschaften *Spahlinger/ Wegen*, in: Spahlinger/Wegen, Rn. 299; *Hirte*, in: Hirte/Bücker, § 1 Rn. 56a.

A. Rechtslage in AG und SE

I. Kontrollverlust bei Kapitalminderheit

Ein typisches Instrument des Kontrollerhalts stellen in der AG stimmrechtslose Vorzugsaktien dar. Mit diesen kann Eigenkapital – auch über die Börse – zugeführt werden, ohne dass sich das Stimmgewicht der bisherigen Aktionäre verändert. Für die SE gelten die aktienrechtlichen Vorschriften zu Vorzugsaktien über den Verweis des Art. 9 Abs. 1 lit. c SEVO gleichermaßen.[36] Allerdings haben Vorzugsaktien verschiedene Nachteile:[37]

Erstens können diese gemäß § 139 Abs. 2 AktG nur bis zur Hälfte des Grundkapitals ausgegeben werden. Dadurch kann eine sogenannte faktische Blockade der Eigenkapitalfinanzierung auftreten.[38] Hat der Anteil der Vorzugsaktien die Schwelle von 50 Prozent erreicht, können neue Vorzugsaktien nur dann ausgegeben werden, wenn die Gesellschaft in gleichem Umfang Stammaktien emittiert. Jede Kapitalmaßnahme ohne Beteiligung der Stammaktionäre führt dann zur Verwässerung ihrer Stimmrechte. In dieser Situation befand sich etwa die Fresenius SE,[39] die mittlerweile in die Rechtsform der KGaA überführt wurde. Auch das Mannheimer Familienunternehmen Fuchs Petrolub SE hat derzeit Stamm- und Vorzugsaktien in gleicher Höhe ausgegeben.[40]

Zweitens kann das Stimmrecht bei stimmrechtslosen Vorzugsaktien nach § 140 Abs. 2 AktG wieder aufleben, wenn Vorzugsbeträge nicht gezahlt bzw. nachgezahlt werden. Die genauen Voraussetzungen werden noch an anderer Stelle erörtert.[41] Mit dem Wiederaufleben soll sichergestellt werden, dass der Gewinnvorzug auch ausgezahlt wird.[42] Wegen des Grundsatzes der Satzungsstrenge aus § 23 Abs. 5 AktG ist es nicht möglich, diese Rechtsfolge auszuschließen.[43]

---

36 Siehe allgemein zur Anwendung des AktG in der SE etwa *Casper*, in: Spindler/Stilz, Art. 9 SEVO Rn. 5; *Schäfer*, in: MüKo-AktG, Art. 9 SEVO Rn. 21; *Austmann*, in: Münch. Hdb. AktR, § 83 Rn. 14.

37 Dazu *Winzen*, Vorzugsaktie und KGaA, S. 129 ff.

38 *Winzen*, Vorzugsaktie und KGaA, S. 131 f.; *Schlitt/Winzen*, CFL 2012, 261, 266.

39 Dazu *Winzen*, Vorzugsaktie und KGaA, S. 131 f.

40 Satzung der Fuchs Petrolub SE vom 1. Juni 2015, Ziffer 5 (2); siehe für eine Aufzählung weiterer Gesellschaften, die die 50-Prozent-Grenze erreicht haben *Winzen*, Vorzugsaktie und KGaA, S. 134 f.

41 Siehe dazu unten, unter Teil 3, E.II.2.

42 *Hüffer/Koch*, AktG, § 140 Rn. 1; *Schröer/Doralt*, in: MüKo-AktG, § 140 Rn. 1; *Spindler*, in: K. Schmidt/Lutter, § 140 Rn. 1.

43 *Bormann*, in: Spindler/Stilz, § 140 Rn. 16; *Bezzenberger*, in: GroßKomm-AktG, § 140 Rn. 3.

II. Unternehmerische Mitbestimmung

In der AG zeigt das Instrument der unternehmerischen Mitbestimmung seine umfänglichsten[44] und für Unternehmen oft unerwünschten[45] Auswirkungen. An erster Stelle ist anzuführen, dass bei mehr als 500 Arbeitnehmern ein Drittel (§ 4 Abs. 1 DrittelbG) bzw. bei mehr als 2.000 Arbeitnehmern die Hälfte (§ 7 Abs. 1 MitbestG) der Aufsichtsratsmitglieder der Arbeitnehmerseite entstammt. Dadurch wirken die Arbeitnehmer unmittelbar an der Bestellung der Vorstandsmitglieder mit (§ 84 Abs. 1 AktG). Ferner ist durch die Informations- und Kontrollrechte des Aufsichtsrats (etwa § 111 Abs. 2 Satz 1, § 90 AktG) ein Abfluss von Informationen zu befürchten.[46] Im Falle der paritätischen Mitbestimmung muss der Aufsichtsrat zudem zwingende Größenvorgaben von 12, 16 oder 20 Mitgliedern[47] einhalten. Aus Effizienz- und Kostengesichtspunkten wird diese „Aufblähung des Aufsichtsrats" häufig als erheblicher Nachteil empfunden.[48] Reformvorschläge[49] zur Verkleinerung des Gremiums konnten sich trotz einhelliger Befürwortung in der Literatur[50] bislang nicht durchsetzen.[51] Zwingend ist

---

44 In anderen Rechtsformen greifen zumindest Abmilderungen; siehe sogleich zur SE, zur KGaA (unter B. II.) und zur PLC (unter C. II.).

45 Das belegt die zunehmende „Flucht" aus der Mitbestimmung; siehe dazu *Hoffmann*, AG 2016, R167 ff.; auch *Rieble*, BB 2006, 2018: letztlich müsse jedes Unternehmen selbst entscheiden; siehe aber *Köstler*, ZGR 2003, 800, 801 zu vermeintlichen Vorteilen: sozialer Frieden und ökonomischer Nutzen; auch *Niklas*, NZA 2004, 1200, 1204.

46 Diese Befürchtung aufgreifend auch *Winzen*, Vorzugsaktie und KGaA, S. 116; *Rieble*, BB 2006, 2018; *Rieble*, BB 2014, 2997.

47 Diese sind abhängig von der Anzahl der Arbeitnehmer, vgl. § 7 Abs. 1 MitbestG; in allen anderen Fällen muss der Aufsichtsrat lediglich aus drei Mitgliedern bestehen, § 95 Satz 1 AktG.

48 *Gach*, MüKo-AktG, § 7 MitbestG Rn. 2; *Hennsler*, in: H/H/U, § 7 MitbestG Rn. 6; *Winzen*, Vorzugsaktie und KGaA, S. 116; *Hennsler*, RdA 2005, 330, 335; *Berrar*, NZG 2001, 1113, 1114; kritisch auch *Lutter*, ZHR 159 (1995), 287, 297.

49 Siehe Art. 5 des Referentenentwurfs zum KonTraG, abgedruckt in ZIP 1996, 2129, 2197; siehe dazu die Fundstellen in Fn. 50; später erneute Vorschläge in *Arbeitskreis "Unternehmerische Mitbestimmung"*, ZIP 2009, 885, 886; dazu *Baums*, NJW-Spezial 2009, 410 f.

50 Siehe nur *Adams*, AG-Sonderheft 1997, 9; *Baums*, AG-Sonderheft 1997, 26, 27; *Hopt*, AG-Sonderheft 1997, 42; *Kübler*, AG-Sonderheft 1997, 48, 49; *Lutter*, AG-Sonderheft 1997, 52, 54; *Seibert*, WM 1997, 1, 4.

51 Als Grund für das Scheitern wird der Widerstand der Gewerkschaften und des Bundesministeriums für Arbeit und Sozialordnung genannt; siehe *Oetker*, in: GroßKomm-AktG, § 7 MitbestG Rn. 5; *Hennsler*, in: H/H/U, § 7 MitbestG Rn. 6.

schließlich die Bestellung eines Arbeitsdirektors in der paritätisch mitbestimmten AG (§ 33 Abs. 1 MitbestG).

Die SE ermöglicht einen gewissen Ausweg aus der Mitbestimmung.[52] Vorbehaltlich einer anderslautenden Mitbestimmungsvereinbarung („Verhandlungslösung")[53] wird mit der Gründung der SE das bestehende Sitzverhältnis von Anteilseigner- und Arbeitnehmervertretern „zementiert".[54] Interessant ist die SE damit insbesondere für solche Unternehmen, in denen bisher entweder keine Mitbestimmung oder lediglich die Drittelbeteiligung eingreift.[55] Ein späteres organisches[56] Wachstum führt nicht mehr zur Intensivierung der Mitbestimmung.[57] Als Vorteil wird zudem die mögliche Reduzierung der Organgrößen gesehen.[58] Für das Aufsichtsorgan (in der dualistischen SE) gilt eine Mindestgröße von drei Mitgliedern (§ 17 Abs. 1 Satz 1 SEAG), während der Verwaltungsrat (in der monistischen SE) im Grundsatz auch aus einem Mitglied bestehen kann (§ 23 Abs. 1 Satz 2 SEAG).[59] Bei paritätischer Mitbestimmung ist freilich eine durch zwei teilbare Anzahl erforderlich,[60] bei Drittelbeteiligung eine durch drei teilbare Anzahl (§ 17 Abs. 1 Satz 3 SEAG). Keinen Schutz bietet die SE hingegen vor dem Einfluss der Arbeitnehmer auf die Geschäftspolitik, da die Kompetenzen des mitbestimmten Organs denen des Aufsichtsrats der AG

---

52 *Hennsler*, in: H/U/U, Einl. SEBG, Rn. 163; *Hohenstatt/Müller-Bonanni*, in: Habersack/Drinhausen, Vor § 1 SEBG Rn. 82; *Kowalski*, DB 2007, 2243; *Rieble*, BB 2006, 2018, 2019.

53 Eine Mitbestimmungsvereinbarung hat Vorrang, vgl. §§ 34 Abs. 1 Hs. 1, 22 SEBG.

54 *Feuerborn*, in: KK-AktG, § 35 SEBG Rn. 29; *Hennsler*, RdA 2005, 330, 333; *Müller-Bonanni/Melot de Beauregard*, GmbHR 2005, 195, 197; *Rieble*, BB 2006, 2018, 2020.

55 *Rieble*, BB 2006, 2018, 2020.

56 Ausnahmen gelten bei Schwellenwerterhöhungen aufgrund nachträglicher Strukturveränderungen, vgl. § 18 Abs. 3 SEBG; dazu *Müller-Bonanni/Melot de Beauregard*, GmbHR 2005, 195, 198; *Hennsler*, RdA 2005, 330, 333.

57 *Hohenstatt/Müller-Bonanni*, in: Habersack/Drinhausen, § 35 SEBG Rn. 10; *Rieble*, BB 2006, 2018, 2021; *Hennsler*, RdA 2005, 330, 334; *Kowalski*, DB 2007, 2243; *Müller-Bonanni/Melot de Beauregard*, GmbHR 2005, 195, 198.

58 *Hennsler*, in: H/H/U, § 7 MitbestG Rn. 6; *Hohenstatt/Müller-Bonanni*, in: Habersack/Drinhausen, Vor § 1 SEBG Rn. 83 und 80 mit einer Aufzählung von Unternehmen, die das Aufsichtsorgan verkleinert haben; *Kowalski*, DB 2007, 2243; *Rieble*, BB 2014, 2997; mit empirischen Belegen auch *Eidenmüller/Engert/Hornuf*, AG 2009, 845, 847 und 851.

59 Ab einem Grundkapital von mehr als 3 Millionen Euro hat der Verwaltungsrat aus mindestens drei Personen zu bestehen, § 23 Abs. 1 Satz 2 SEAG.

60 Vgl. *Habersack*, in: H/H/U, § 35 SEBG Rn. 6; *Habersack*, AG 2006, 345, 347; bis zu einer kürzlich ergangenen Gesetzesänderung (BGBl. I 2016, S. 1142) musste die Anzahl in der dualistischen SE zudem stets durch drei teilbar sein (§ 17 Abs. 1 Satz 3 SEAG a.F.).

entsprechen[61] bzw. (in der monistischen SE) sogar noch darüber hinausgehen.[62] Ein Arbeitsdirektor muss in der SE nicht bestellt werden, wohl aber ist ein Mitglied des Leitungsorgans (in der dualistischen SE) oder ein geschäftsführender Direktor (in der monistischen SE) für den Bereich Arbeit und Soziales zuständig (§ 38 Abs. 2 Satz 2 SEBG).

III. Satzungsstrenge

Nach § 23 Abs. 5 Satz 1 AktG darf die Satzung der AG von den Vorschriften des AktG nur abweichen, wenn dies ausdrücklich zugelassen ist. Der sich daraus ergebende Grundsatz der Satzungsstrenge – eingeführt wurde dieser bereits 1901 durch das Reichsgericht –[63] soll dem Schutz von Gläubigern und künftigen Aktionären dienen sowie die Handelbarkeit der Aktie sicherstellen.[64] An der Satzungsstrenge wurde vielfach Kritik geübt. Bei nicht-kapitalmarktorientierten Gesellschaften wird eine Liberalisierung gefordert[65] und auch bei kapitalmarktorientierten Gesellschaften wird gegen die Satzungsstrenge vorgebracht, dass man auf die Regulierungsmechanismen des Kapitalmarkts vertrauen könne.[66] Der Gesetzgeber hält gleichwohl weiterhin am Grundsatz der Satzungsstrenge

---

61 So das Aufsichtsorgan in der dualistischen SE, vgl. *Reichert/Brandes*, in: MüKo-AktG, Art. 40 SEVO Rn. 11; *Eberspächer*, in: Spindler/Stilz, Art. 40 SEVO Rn. 5; *Seibt*, in: Habersack/Drinhausen, Art. 40 SEVO Rn. 6 ff.

62 So der Verwaltungsrat in der monistischen SE, vgl. *Jacobs*, in: MüKo-AktG, § 35 SEBG Rn. 20; *Hohenstatt/Müller-Bonanni*, in: Habersack/Drinhausen, § 35 SEBG Rn. 12; *Verse*, in: Habersack/Drinhausen, Vor. § 20 SEAG Rn. 5 und 7; *Hennsler*, in: GS Heinze, S. 333, 338; *Kallmeyer*, ZIP 2003, 1531, 1535; *R. Krause*, BB 2005, 1221, 1228; *Müller-Bonanni/Melot de Beauregard*, GmbHR 2005, 195, 199; *Niklas*, NZA 2004, 1200, 1203 f.; *Teichmann*, BB 2004, 53, 57; *Weiss/Wöhlert*, NZG 2006, 121, 125.

63 RGZ 49, 77, 80; auch RGZ 65, 91, 92; zur geschichtlichen Entwicklung *Bayer*, Gutachten E für den 67. Deutschen Juristentag, S. E29 ff.

64 *Hüffer/Koch*, AktG, § 23 Rn. 34; *Limmer*, in: Spindler/Stilz, § 23 Rn. 28; deutlich weitergehend *Pentz*, in: MüKo-AktG, § 23 Rn. 158: Handelbarkeit sei praktisch aufgehoben, wenn sich jeder Anleger vor dem Erwerb durch einen Blick in die Satzung über die Verfassung der Gesellschaft vergewissern müsste; kritisch dazu mit Recht *Eidenmüller*, JZ 2001, 1041, 1046.

65 *Spindler*, AG 2008, 598; *Hopt*, in: Lutter/Wiedemann, Gestaltungsfreiheit im Gesellschaftsrecht, ZGR Sonderheft 13, S. 123, 141 ff.

66 *Grunewald*, NZG 2009, 967, 969 f.; *Spindler*, AG 1998, 58, 73; *Hirte*, in: Lutter/Wiedemann, Gestaltungsfreiheit im Gesellschaftsrecht, ZGR Sonderheft 13, S. 61, 74 ff; auch *Merkt*, AG 2003, 126, 128, der rechtsvergleichend zwischen einem gesellschaftsrechtlich und einem kapitalmarktrechtlich orientierten Corporate Governance Modell unterscheidet.

fest. Auch in der nach deutschem Recht gegründeten SE greift der Grundsatz der Satzungsstrenge. Dieser umfasst sowohl die Vorschriften der SEVO (Art. 9 Abs. 1 lit. b SEVO) als auch die Vorschriften des SEAG und des AktG (Art. 9 Abs. 1 lit. c SEVO i.V.m. § 23 Abs. 5 Satz 1 AktG).[67]

B. Motive für die Verwendung der KGaA

I. Kontrollerhalt trotz Kapitalminderheit durch KGaA-Struktur

Die KGaA bietet die Möglichkeit des Kontrollerhalts durch die Unternehmergesellschafter, auch wenn diese nur eine Minderheit am Kapital halten (Minderheitenherrschaft)[68]. Das ergibt sich aus der spezifischen gesellschaftsrechtlichen Struktur der KGaA. Es existieren mit den Komplementären und den Kommanditaktionären zwingend zwei Gesellschaftergruppen.[69] Die an der Börse handelbaren Kommanditaktien stellen bilanzrechtlich Eigenkapital der KGaA dar und die Aktionärsstellung bietet nur wenige zwingende Möglichkeiten der Einflussnahme auf die Geschäftsleitung.[70] Insbesondere erfolgt die Wahl der geschäftsführenden und vertretungsberechtigten Personen nicht – auch nicht mittelbar – durch die Kommanditaktionäre. Die Personalkompetenz liegt vielmehr bei den Komplementären oder – im Falle einer Kapitalgesellschaft und Co. KGaA – bei den Gesellschaftern der Komplementär-Kapitalgesellschaft.[71]

II. Besonderheiten bei der unternehmerischen Mitbestimmung

Ein weiterer Anreiz für die Verwendung der KGaA liegt in der deutlich abgeschwächten Intensität der Mitbestimmung.[72] Zwar wird in der KGaA ein Aufsichtsrat eingerichtet, der bei mehr als 500 Arbeitnehmern zu einem Drittel (§ 4 Abs. 1 DrittelbG) und bei mehr als 2.000 Arbeitnehmern zur Hälfte (§ 7

---

67 *Veil*, in: KK-AktG, Art. 9 SEVO Rn. 51; *Casper*, in: Spindler/Stilz, Art. 9 SEVO Rn. 5; *Schäfer*, in: MüKo-AktG, Art. 9 SEVO Rn. 18; *Schürnbrand*, in: Habersack/Drinhausen, Art. 9 SEVO Rn. 51 ff.
68 Vgl. zum Begriff etwa BGHZ 134, 392, 399 = NJW 1997, 1923.
69 *Assmann/Sethe*, in: GroßKomm-AktG, Vor. § 278 Rn. 63; *Perlitt*, in: MüKo-AktG, § 278 Rn. 7; *Bachmann*, in: Spindler/Stilz, § 278 Rn. 15; *Hüffer/Koch*, AktG, § 278 Rn. 4.
70 Ausführlich noch unten, unter Teil 3, H.
71 Ausführlich noch unten, unter Teil 3, H.II.4.
72 *Bachmann*, in: Spindler/Stilz, § 278 Rn. 6; *Assmann/Sethe*, in: GroßKomm-AktG, Vor. § 278 Rn. 49 und 51; *Mertens/Cahn*, in: KK-AktG, Vor. § 278 Rn. 7; *Hoffmann-Becking/Herfs*, in: FS Sigle, S. 273, 278; *Haase*, GmbHR 1997, 917, 921; *Ladwig/Motte*, DStR 1996, 800, 807; *Schlitt/Winzen*, CFL 2012, 261, 269.

MitbestG) mit Arbeitnehmervertretern besetzt ist. Auch können bei einem paritätisch mitbestimmten Aufsichtsrat zwingende Organgrößen (12, 16 oder 20 Mitglieder) nicht verhindert werden.[73] Eine Abschwächung erfolgt jedoch in qualitativer Hinsicht dadurch, dass dem Aufsichtsrat die Personalkompetenz (Wahl der Geschäftsleiter) nicht zukommt[74] und zudem die in der AG zwingende Einführung von satzungsmäßigen Zustimmungsvorbehalten (§ 111 Abs. 2 Satz 4 AktG) entfällt.[75] Dadurch wird der gesellschaftsrechtlich vermittelte Einfluss der Arbeitnehmer auf die Unternehmenspolitik stark eingeschränkt, was der KGaA zusätzliche Attraktivität aus Sicht von (Familien-) Unternehmern verleihen dürfte.[76] Nicht verhindert werden kann hingegen ein Informationsabfluss an die Arbeitnehmerseite, da dem Aufsichtsrat auch in der KGaA eine Überwachungs- und Kontrollfunktion zukommt.[77] Schließlich ist ein Arbeitsdirektor nicht zu bestellen (§ 33 Abs. 1 Satz 2 MitbestG). Auf Einzelheiten zur Mitbestimmung in der KGaA wird diese Arbeit noch eingehen.[78]

III. Teilweise Satzungsautonomie

Der sich aus der Verweisung des § 278 Abs. 2 AktG auf § 109 HGB ergebende Grundsatz der Satzungsautonomie wird ebenfalls als entscheidender Vorteil der KGaA gegenüber der AG angeführt.[79] Danach herrscht insoweit eine weitgehende

---

73 Vgl. § 7 Abs. 1 MitbestG; insoweit unterscheidet sich die Rechtslage nicht von derjenigen in der AG.

74 *Assmann/Sethe*, in: GroßKomm-AktG, § 287 Rn. 38; *Mertens/Cahn*, in: KK-AktG, § 287 Rn. 14; *Perlitt*, in: MüKo-AktG, § 287 Rn. 43; *Bachmann*, in: Spindler/Stilz, § 287 Rn. 9; *Bürgers*, in: Bürgers/Fett, § 5 Rn. 478; *Grafmüller*, Die KGaA, S. 196; *Kallmeyer*, DStR 1994, 977, 980.

75 *Assmann/Sethe*, in: GroßKomm-AktG, § 287 Rn. 39; *Mertens/Cahn*, in: KK-AktG, § 287 Rn. 17; *Perlitt*, in: MüKo-AktG, § 287 Rn. 43; *Bachmann*, in: Spindler/Stilz, § 287 Rn. 10; *Bürgers*, in: Bürgers/Fett, § 5 Rn. 479.

76 Vgl. *Mayer-Uellnr/Otte*, NZG 2015, 737, 738; *Müller/Rödder*, in: Münch. Hdb. AktR, § 1 Rn. 28.

77 Siehe zur Überwachungs- und Kontrollfunktion *Assmann/Sethe*, in: GroßKomm-AktG, § 287 Rn. 32; *Mertens/Cahn*, in: KK-AktG, § 287 Rn. 14; *Perlitt*, in: MüKo-AktG, § 287 Rn. 37; *Bachmann*, in: Spindler/Stilz, § 287 Rn. 7; *Bürgers*, in: Bürgers/Fett, § 5 Rn. 481 und 484 ff.

78 Ausführlich unten, unter Teil 3, G.II.

79 *Assmann/Sethe*, in: GroßKomm-AktG, Vor. § 278 Rn. 51; *Mertens/Cahn*, in: KK-AktG, Vor. § 278 Rn. 7; *Herfs*, in: Münch. Hdb. AktR, § 75 Rn. 11; *Haase*, GmbHR 1997, 917, 920; *Ladwig/Motte*, DStR 1996, 800, 807; kritisch *Bachmann*, in: Spindler/Stilz, § 278 Rn. 13.

Gestaltungsfreiheit, als die Stellung der Komplementäre untereinander oder die Stellung der Komplementäre zur „Gesamtheit der Kommanditaktionäre" betroffen ist.[80] In diesem Zusammenhang wird die KGaA bildhaft als „Maßanzug" beschrieben, während die AG wegen der für sie geltenden Satzungsstrenge mit einem „kaum mehr zu ändernden Konfektionsanzug" verglichen wird.[81] Dabei darf nicht übersehen werden, dass auch in der KGaA der Grundsatz der Satzungsstrenge aus § 23 Abs. 5 AktG und damit das zwingende Aktienrecht insoweit eingreifen, als die Kapitalstruktur betroffen ist.[82] Diese Arbeit wird noch ausführlich darstellen, welche Möglichkeiten die Satzungsautonomie für den Kontrollerhalt bietet und wo sie ihre Grenzen findet.

C. Hypothesen für eine mögliche Verwendung der PLC

I. Kontrollerhalt trotz Kapitalminderheit durch Stimmgewichtung der Aktien

Es stellt sich die Frage, ob auch in der PLC ein Kontrollerhalt trotz Kapitalminderheit erreicht werden kann. Dann könnte die PLC als Konkurrenzprodukt für die KGaA in Betracht gezogen werden. An dieser Stelle sei bereits vorweggenommen, dass die PLC nicht wie die KGaA zwei unterschiedliche Gesellschaftergruppen (Komplementäre und Kommanditaktionäre) kennt. Es können jedoch gemäß Sec. 629 CA 2006 unterschiedliche Aktiengattungen, darunter auch Aktien ohne Stimmrecht,[83] ausgegeben werden. Ein Kontrollerhalt trotz Kapitalminderheit ist etwa dann denkbar, wenn eine Überzahl an stimmrechtslosen Aktien am Grundkapital beteiligt ist. Für die PLC muss die vorliegende Arbeit prüfen, ob insoweit vergleichbare Beschränkungen wie im deutschen Aktienrecht (§ 139 Abs. 2 AktG) existieren. Darüber hinaus kennt die PLC auch mit Mehrstimmrechten ausgestattete Aktiengattungen, mit denen ebenfalls ein Kontrollerhalt erreicht werden kann.

II. Keine unternehmerische Mitbestimmung

Auslandsgesellschaften aus dem Vereinigten Königreich unterfallen grundsätzlich keiner unternehmerischen Mitbestimmung.[84] Das gilt nach überwiegender Auffassung selbst dann, wenn sie ihren Verwaltungssitz in Deutschland haben.[85]

---

80 *Assmann/Sethe*, in: GroßKomm-AktG, Vor. § 278 Rn. 59.
81 *Assmann/Sethe*, in: GroßKomm-AktG, Vor. § 278 Rn. 51.
82 Ausführlich unten, unter Teil 3, A.II.3.a).
83 Ausführlich unten, unter Teil 3, E.I.1.
84 Ausführlich unten, unter Teil 3, G.I.
85 Ausführlich unten, unter Teil 4, A.I.

Damit dürften auch die mit der Mitbestimmung verbundenen Folgen – etwa die künstliche „Aufblähung" von Gesellschaftsorganen – entfallen.[86] Mittlerweile werden in Deutschland 94 Unternehmen mit mehr als 500 Arbeitnehmern gezählt, die kein mitbestimmtes Aufsichtsorgan besitzen.[87] Zwar ist bevorzugte Rechtsform nicht die PLC, sondern andere, nicht börsenfähige Rechtsformen.[88] Die größte Aufmerksamkeit in den Medien wurde mit der Fluggesellschaft Air Berlin gleichwohl einem Unternehmen zuteil, das sich für die PLC entschieden hat. Deren damaliger CEO Joachim Hunold äußerte sich zur Motivationslage äußerst direkt: „Wir haben keinen Betriebsrat, keine Gewerkschaft, keine Mitbestimmung. So können wir flexibler und ehrlicher miteinander arbeiten."[89] Mit dem Berliner Entsorgungskonzern Alba Group ist ein zweites Unternehmen bekannt, das die Rechtsform der PLC zur Vermeidung der unternehmerischen Mitbestimmung gewählt hat.[90]

III. Satzungsautonomie

In der PLC herrscht ebenfalls im Grundsatz Satzungsautonomie.[91] In der rechtsvergleichenden Literatur kommt Fleischer zu dem Ergebnis, dass die in der PLC mögliche individuell auf das Unternehmen zugeschnittene Satzung den Anforderungen der Praxis besser gerecht wird als eine am „ministerialen Reißbrett" entworfene Binnenverfassung, wie sie in der deutschen AG zu finden ist und sieht insoweit auf nationaler Ebene Reformbedarf.[92] Die englische Rechtswissenschaft

---

86 Siehe noch unten, unter Teil 3, A.I.2. (zu zwingenden Organgrößen) und unter Teil 3, H.I.4. (zur Personalkompetenz); dies hat der Verfasser bereits in einer unveröffentlichten Masterarbeit festgestellt, siehe dazu Fn. 9.

87 *Sick*, MBF Report 2015, Nr. 8, S. 1 ff.; in rechtstatsächlicher Hinsicht jüngst auch *Hoffmann*, AG 2016, R167 ff.; kritisch aus rechtspolitischer Sicht *o.V.*, Böckler Impuls, 2015, Nr. 3, S. 4 f.; Gesetzesantrag der Fraktion DIE LINKE, BT-Drs. 17/1413; Gesetzesantrag der SPD-Fraktion, BT-Drs. 17/2122; dazu *Schockenhoff*, AG 2012, 185 ff.; auch *Sick*, GmbHR 2011, 1196 ff.; weniger kritisch noch *o.V.*, Böckler Impuls, 2006, Nr. 2, S. 7: „von Flucht kann keine Rede sein".

88 Für eine Übersicht der mitbestimmungsfreien Unternehmen siehe *Sick*, MBF Report 2015, Nr. 8, S. 10 ff.

89 *Schmitt*, Interview mit Joachim Hunold, FAS vom 23. April 2006, Nr. 16, S. 51; siehe zur betrieblichen Mitbestimmung in Auslandsgesellschaften bereits oben, Fn. 35.

90 *Fockenbrock*, Flucht vor der Mitbestimmung, Handelsblatt vom 19. Februar 2015, Nr. 35, S. 22.

91 Ausführlich unten, unter Teil 3, B.I.4.

92 *Fleischer*, in: FS Heldrich, S. 597, 613; in diesem Sinne bereits die unveröffentlichte Masterarbeit des Verfassers, siehe dazu Fn. 9.

geht noch weiter. Dort wird behauptet, dass gesetzlich zwingend vorgeschriebene Satzungsinhalte Innovationen hemmen könnten.[93] Diese Arbeit wird die Reichweite der Satzungsautonomie und ihre Grenzen noch ausführlich beleuchten.[94]

D. Zusammenfassung und Fortgang der Arbeit

Zusammenfassend lassen sich an dieser Stelle drei Hypothesen aufstellen, die die Verwendung von KGaA und PLC für börsenwillige Familiengesellschaften naheleuchten und sie zugleich von der AG und der SE abheben. Erstens ist ein Kontrollerhalt der Unternehmergesellschafter in beiden Rechtsformen auch in den Fällen möglich, in denen diese nur eine Minderheit am Kapital halten. In der KGaA kann dies über die Zweiteilung der Gesellschaftergruppen in Komplementäre und Kommanditaktionäre erreicht werden, in der PLC über die Ausgabe verschiedener Aktiengattungen. Zweitens hat die unternehmerische Mitbestimmung in der KGaA durch die eingeschränkten Kompetenzen des Aufsichtsrats nur geringe Auswirkungen, während sie in der PLC sogar gänzlich entfällt. Das betrifft auch zwingende (durch die Mitbestimmung bedingte) Organgrößen. Die Rechtslage in der PLC scheint damit noch vorteilhafter. Drittens bietet die Satzungsautonomie sowohl in der KGaA als auch in der PLC flexible Gestaltungsmöglichkeiten. In der KGaA gilt die Satzungsautonomie jedoch nur partiell, so dass die Rechtslage in der PLC auch insoweit günstiger erscheint.

Um die vorgenannten Hypothesen auf ihren Wahrheitsgehalt zu überprüfen, wird diese Arbeit im weiteren Verlauf zunächst einen umfassenden Rechtsvergleich der Binnenorganisation von PLC und KGaA vornehmen (Teil 3). Der Vergleich im Gesamtkontext der Binnenorganisation ist erforderlich, da sich die Hypothesen sämtlich diesem Bereich zuordnen lassen. In diesem Rahmen wird auch geprüft, ob die PLC möglicherweise weitere auf der Binnenorganisation beruhende Vorteile bietet. Sodann wird sich ein eigener Abschnitt den Besonderheiten widmen, die bei einer Verwendung der PLC in Deutschland berücksichtigt werden müssen (Teil 4). In einem abschließenden Ergebnis wird die Arbeit die Ergebnisse zusammenfassen und ein Fazit ziehen (Teil 5).

---

93 *Nolan*, EBOR 2006, 549, 568; ähnlich bereits *Mertens*, ZGR 1994, 426, 441: umfassende Unterwerfung unter zwingendes Recht erzeuge Kreativitäts- und Produktionsverluste.
94 Siehe unten, unter Teil 3, B.I.4.

Teil 3 – Vergleich der Binnenorganisation von PLC und KGaA (ohne IPR-Bezug)

In diesem rechtsvergleichenden Teil werden zunächst einführend die Grundlagen der Rechtsformen PLC und KGaA vorangestellt (unter A.). Dazu gehören auch und insbesondere die anwendbaren Rechtsgrundlagen. Allein die Satzung nebst Grenzen der Gestaltungsmöglichkeiten wird in zwei gesonderten Kapiteln behandelt (unter B. und C.). Ergänzend hierzu wird der durch die Ausübungskontrolle gewährte flexible Gesellschafterschutz erläutert (unter D.). Zwei weitere Kapitel befassen sich mit den für diese Arbeit relevanten Fragen der Kapitalverfassung (unter E. und F.). Schließlich werden die Mitbestimmung und der Einfluss der Arbeitnehmer dargestellt (unter G.), bevor das Kräfteverhältnis zwischen Leitungsorganen und Gesellschaftern beleuchtet wird (unter H.). Auf diese Weise wird versucht, ein möglichst umfassendes Bild der Binnenorganisation zu vermitteln.

Die einzelnen Kapitel im gesamten rechtsvergleichenden Teil sind einheitlich wie folgt aufgebaut: Zunächst wird im Rahmen von Länderberichten die Rechtslage in der PLC (jeweils unter I.) und sodann diejenige in der KGaA (jeweils unter II.) dargestellt. Abschließend gelangt jedes Kapitel zu einem Ergebnis (jeweils unter III.).

A. Einführung zu den Rechtsformen

Die im folgenden Kapitel dargestellten Grundlagen sind zum Verständnis des Rechtsvergleichs unerlässlich. Dazu gehören eine knappe Einordnung der Rechtsformen in das System der Kapitalgesellschaften (jeweils unter 1.) sowie ein Überblick über ihre Organstruktur (jeweils unter 2.). Anschließend wird ein Überblick über die relevanten Vorschriften mit Ausnahme der Satzung gegeben (jeweils unter 3.).[95] Hinsichtlich der relevanten Vorschriften sind bei der PLC auch Erläuterungen zum Umgang mit der Rechtsprechung erforderlich, während dies bei der KGaA vorausgesetzt wird und namentlich die komplizierte Verweisungstechnik auf das Aktien- bzw. Personengesellschaftsrecht erläutert wird.

---

95 Siehe zur Satzung sogleich, unter B. und C.

I. PLC

1. Einordnung der Rechtsform und Rechtstatsachen

Das englische Recht geht im Grundsatz von einer einheitlichen Grundform aller Kapitalgesellschaften aus.[96] Auf die PLC oder *public limited company* sind im Wesentlichen die gleichen gesetzlichen Regeln anwendbar und es gilt die gleiche Rechtsprechung wie für die Limited oder *private limited company*. Die PLC entspricht in ihrer wirtschaftlichen Bedeutung der deutschen AG, während die Limited derjenigen der GmbH entspricht.[97] Nur in begrenztem Umfang – teilweise vorgegeben durch das Europarecht – sind für die PLC spezielle Regeln geschaffen worden, die auf die Limited keine Anwendung finden.[98] Mischformen mit personengesellschaftsrechtlichem Einschlag, die wie die deutsche KGaA eine persönliche Haftung einzelner Gesellschafter vorsehen, existieren im englischen Gesellschaftsrecht nicht.[99] Eine Besonderheit der PLC liegt darin, dass sie neben der praktisch kaum relevanten SE[100] die einzig börsenfähige Rechtsform im

---

96 Zur Grundlegenden Unterscheidung zwischen Kapitalgesellschaften („*incorporated companies*") und Personengesellschaften („*unincorporated companies*") im englischen Recht siehe *Oakes v Turquand and Harding* (1867) LR 2 (HL) 325, 377; *Sheikh*, Company Law, Kap. 3.2.

97 *Bedkowski*, Die Geschäftsleiterpflichten, S. 45.

98 *Ringe/Otte*, in: Triebel et al, Englisches Handels- und Wirtschaftsrecht, Kap. V Rn. 29; *Bedkowski*, Die Geschäftsleiterpflichten, S. 44; *Ferran/Chan Ho*, Principles of corporate finance law, S. 6.

99 *Ringe/Otte*, in: Triebel et al, Englisches Handels- und Wirtschaftsrecht, Kap. V Rn. 26; teilweise wurden Gesellschaften, die von der in Sec. 306 CA 1985 noch vorgesehenen und nunmehr abgeschafften Möglichkeit einer unbegrenzten Haftung der Direktoren Gebrauch machten, als mit der KGaA vergleichbar angesehen; siehe dazu *Bedkowski*, Die Geschäftsleiterpflichten, S. 44, Fn. 5; ablehnend mit guten Gründen *Sethe*, Die personalistische Kapitalgesellschaft, S. 365 ff, 372; auch *Assmann/Sethe*, in: Groß-Komm-AktG, Vor. § 278 Rn. 134.

100 Siehe *Gower/Davies*, Principles of modern company law, Kap. 14–67; im englischen Leitindex FTSE 100 ist keine einzige SE enthalten, Stand vom 21. März 2016; insgesamt existieren 50 SEs mit Sitz im Vereinigten Königreich, von denen aber 23 entweder gar keine oder maximal fünf Arbeitnehmer beschäftigen, vgl. *European Trade Union Institute*, European Company (SE) Database, Stand vom 21. März 2016, abrufbar unter http://ecdb.worker-participation.eu/show_overview.php?status_id=3&title=Established%20SEs&orderField=se.se_hq_countryid%20desc (Registrierung erforderlich) (zuletzt abgerufen am 21. März 2016).

englischen Gesellschaftsrecht darstellt. Insgesamt sind beim Companies House etwa 3,3 Mio. Limiteds und 7.500 PLCs registriert.[101]

2. Überblick über die Organstruktur

Die gesetzlichen Vorschriften zur Organstruktur der PLC sind von übersichtlichem Umfang. Vorgeschrieben ist, dass mindestens zwei Direktoren bestellt sind (Sec. 154 (2) CA 2006). Mindestens einer von ihnen muss eine natürliche Person sein (Sec. 155 (1) CA 2006). Das durch die Direktoren gebildete *board* stellt in der Praxis das Leitungsorgan der Gesellschaft dar,[102] wobei in größeren PLCs typischerweise eine Aufteilung in *executive* und *non-executive directors* vorgenommen wird. Abgesehen von dem Erfordernis von wenigstens zwei Direktoren sind Mindestgrößen für das *board* nicht vorgesehen. In der Praxis besteht das *board* der im britischen Leitindex FTSE 100 geführten Unternehmen durchschnittlich aus einem *chairman*, fünfeinhalb *executive directors* und sechs *non-executive directors*.[103] Den *non-executive directors* soll nach Ziffer A4 des UK Corporate Governance Code[104] die Funktion zukommen, konstruktive Kritik an der Geschäftsstrategie zu üben und Vorschläge diesbezüglich zu entwickeln. Ihre Hauptaufgaben bestehen darin, die Geschäftsstrategie festzulegen, die *executive directors* zu überwachen, sowie an den Grundsätzen der Vergütungsstruktur mitzuwirken.[105] Trotz der Funktionentrennung handelt es sich beim *board* um ein einheitliches Organ (sog. *one-tier system*).[106]

Neben dem *board* stellen die Aktionäre das einzige gesetzlich zwingende weitere Organ der Gesellschaft dar.[107] Ihre Beschlüsse fassen sie im *general meeting*

---

101 *Companies House*, Statistical release: Companies Register Activities 2014/15, S. 8 mit Stand vom 31. März 2015 (3.313.430 Limiteds, 7.532 PLCs).

102 *Ringe/Otte*, in: Triebel et al, Englisches Handels- und Wirtschaftsrecht, Kap. V Rn. 192; vgl. auch *Gower/Davies*, Principles of modern company law, Kap. 14–3; dazu ausführlich noch unten, unter H.I.1.

103 *Higgs*, Higgs Report, S. 18: Stand vom 17. Juli 2002.

104 Siehe zum UK Corporate Governance Code sogleich, unter 3.c).

105 *Gower/Davies*, Principles of modern company law, Kap. 14–75; siehe UK Corporate Governance Code, Ziffer A4, Supporting Principle.

106 Rechtsvergleichend zum *one-tier* und *two-tier system* ausführlich *Hopt/Leyens*, ECFR 2004, 135 ff.; auch *Gower/Davies*, Principles of modern company law, Kap. 14–64 ff. und 14–76.

107 *Loose/Griffiths/Impey*, The company director, Kap. 4.1; *Sealy/Worthington*, Cases and materials in company law, S. 179; *Ringe/Otte*, in: Triebel et al, Englisches Handels- und Wirtschaftsrecht, Kap. V Rn. 192: *general meeting* und *board of directors* als Organe der Gesellschaft.

(Hauptversammlung).[108] Die Aktien sind fungibel und können auch an deutschen Börsen gehandelt werden. Sowohl die Direktoren als auch die Aktionäre haften im Außenverhältnis grundsätzlich nicht.[109] Zwingend ist diese Zweiteilung der Organe nicht und es wäre zulässig, weitere Organe einzurichten.[110] Praktische Relevanz kommt dem nicht zu.

3. Vorschriften zur Binnenorganisation

a) Companies Act 2006 (CA 2006)

Der CA 2006 stellt die für englische Kapitalgesellschaften wichtigste gesetzliche Primärrechtsquelle dar. Er hat eine Reihe von Vorgängern und als Neuerung gegenüber dem Companies Act 1985 wurde namentlich die frühere Rechtsprechung zu den Pflichten der Direktoren kodifiziert.[111] Anders als Gesetze im kontinentaleuropäischen Raum hat der CA 2006 nicht den Anspruch, das Rechtsgebiet vollständig zu erfassen, sondern ist vielmehr als systematische Zusammenfassung des bisher ergangenen Richterrechts zu verstehen.[112] Insbesondere mit Blick auf die Kompetenzverteilung der Organe und hinsichtlich der Zusammensetzung des *board* enthält der CA 2006 nur wenige Regelungen.[113] Dort bleibt Raum für Satzungsbestimmungen.

Mit seinen mehr als 1300 Paragraphen in 47 Titeln und weiteren 16 Anhängen stellt der CA 2006 das umfangreichste vom Parlament des Vereinigten Königreichs jemals verabschiedete Gesetz dar.[114] Es mag verwundern, dass damit gerade die Nutzerfreundlichkeit des Gesetzes gesteigert werden soll.[115] Freilich ist der Umfang des CA 2006 aber nicht allein seiner Ausführlichkeit im Detail

---

108 Sec. 281 (2), 301 ff. CA 2006.
109 *Sheikh*, Company Law, Kap. 3.4.1 und 4.3; *Gower/Davies*, Principles of modern company law, Kap. 7.
110 Vgl. *Gower/Davies*, Principles of modern company law, Kap. 14–65.
111 *Gower/Davies*, Principles of modern company law, Kap. 3–10.
112 *Vogenauer*, in: Triebel et al, Englisches Handels- und Wirtschaftsrecht, Kap. II Rn. 35; *Bedkowski*, Die Geschäftsleiterpflichten, S. 47; jeweils zum CA 1985.
113 Siehe bereits oben, unter I.2. (Zusammensetzung des *board*) und noch unten, unter H.1. (Verhältnis von Direktoren und Gesellschaftern).
114 *Gower/Davies*, Principles of modern company law, Kap. 3–3; auch *Vogenauer*, in: Triebel et al, Englisches Handels- und Wirtschaftsrecht, Kap. II Rn. 35.
115 So *Gower/Davies*, Principles of modern company law, Kap. 3–3; Kritik hiergegen wird zitiert bei *Sheikh*, Company Law, Kap. 1.8: „*gargantuan*" und „*incredibly long*".

geschuldet, sondern liegt auch darin begründet, dass viele Regelungsmaterien wie etwa das Bilanz-[116] oder Umwandlungsrecht[117] ebenfalls darin enthalten sind.

b) Listing Rules

Eine bedeutende Sekundärrechtsquelle stellen die von der Financial Conduct Authority (FCA) erlassenen Listing Rules dar.[118] Darin sind einige Vorschriften enthalten, die unmittelbar die Binnenorganisation der Gesellschaft betreffen.[119] Diese treten neben die allgemeinen aktienrechtlichen Vorschriften. Viele Vorschriften finden auf eine PLC aber nur dann Anwendung, wenn ihre Aktien – oder jedenfalls ein Teil davon – im Premium Listing Segment der Londoner Börse notiert sind. Allerdings ist keine Gesellschaft verpflichtet und je nach Aktienart – etwa bei stimmrechtslosen Vorzugsaktien –[120] auch gar nicht berechtigt, ihre Aktien im Premium Listing Segment notieren zu lassen. Einige Dutzend britische PLCs haben lediglich eine Notierung im Standard Listing Segment.[121]

Die Konsequenzen eines Verstoßes gegen die Listing Rules sind aufsichtsrechtlicher Natur. Als Börsenaufsichtsbehörde hat die FCA verschiedene Instrumentarien, die von der öffentlichen Bekanntmachung (*public censure*) des Verstoßes (Sec. 87M FSMA 2000) über Bußgelder in unbegrenzter Höhe (Secs. 91 ff. FSMA 2000) bis hin zum zeitweisen oder dauerhaften Zwangsdelisting (Sec. 87L FSMA 2000) reichen. Praktische Relevanz haben aber bisher lediglich die öffentliche Bekanntmachung und die Verhängung von Bußgeldern erlangt.[122]

---

116 Part 15 CA 2006.
117 Part 27 CA 2006.
118 Ermächtigungsnorm für den Erlass ist Sec. 73A FMSA 2000.
119 Siehe etwa die Zustimmungsvorbehalte bei bedeutenden Geschäften; unten, unter H.I.5.b).
120 Vgl. Listing Rules, LR 14.1.1 und 17.1.1; siehe dazu *Financial Services Authority*, Consultation Paper 9/28, November 2009, S. 10.
121 Siehe die Übersicht bei *Financial Conduct Authority*, Main Official List, abrufbar unter http://www.fsa.gov.uk/ukla/officialMainList.do?view=true (zuletzt abgerufen am 27. Juli 2016); zu den bekanntesten Beispielen gehört der britische Medienkonzern Daily Mail & General Trust PLC.
122 Vgl. für eine Übersicht aller bisher verhängten Sanktionen wegen Verstößen gegen die Listing Rules *Practical Law Company*, FCA final notices regarding breaches of the DTR and LR, abrufbar unter http://uk.practicallaw.com/9-384-6676 (zuletzt abgerufen am 27. Juli 2016).

c) UK Corporate Governance Code

Ferner kommt auch dem UK Corporate Governance Code (UK-CGC) über die Listing Rules insoweit Rechtsqualität zu, als er von diesen über das *comply or explain* Prinzip in Bezug genommen wird. Danach müssen Gesellschaften im Jahresbericht eine Erklärung darüber abgeben, ob sie die Regeln des UK-CGC im abgelaufenen Geschäftsjahr angewendet haben und, soweit dies nicht der Fall ist, welche Regeln sie nicht angewendet haben und aus welchem Grund nicht (LR 9.8.6 (6) R). Vom sachlichen Anwendungsbereich erfasst sind aber wiederum nur solche Gesellschaften, die ein Premium Listing an einer Börse im Vereinigten Königreich innehaben, gleich ob sie im Vereinigten Königreich oder andernorts gegründet wurden.[123]

d) Leitlinien institutioneller Investoren

Im Bereich der gesetzlich nur teilweise geregelten Kapitalverfassung sind auch die Leitlinien institutioneller britischer Investoren von erheblicher Bedeutung. Zu erwähnen sind namentlich diejenigen der Association of British Insurers (ABI)[124] sowie die der Pre-Emption Group[125], die jeweils Grenzen bei Kapitalerhöhungen setzen. Es handelt sich zwar nicht um zwingendes Recht. Ein erheblicher Einfluss kommt den Leitlinien in der Praxis gleichwohl zu,[126] da das Abstimmungs- und Investitionsverhalten von institutionellen Investoren sich an der Einhaltung der Leitlinien durch die Gesellschaften orientiert.[127] Hierzu sei angemerkt, dass 70 bis 80 Prozent der Aktien börsennotierter Gesellschaften im

---

123 *Gower/Davies*, Principles of modern company law, Kap. 14–77.

124 *Association of British Insurers*, Directors' Powers to allot share capital and disapply shareholders' pre-emption rights, abrufbar unter https://www.ivis.co.uk/media/6062/Directors-power-to-allot.pdf (zuletzt abgerufen am 27. Juli 2016).

125 *Pre-Emption Group*, Disapplying Pre-emption rights: A Statement of Principles (2015), abrufbar unter http://www.pre-emptiongroup.org.uk/getmedia/655a6ec5-fecc-47e4-80a0-7aea04433421/Revised-PEG-Statement-of-Principles-2015.pdf.aspx (zuletzt abgerufen am 27. Juli 2016).

126 *Kasolowsky*, in: Hirte/Bücker, § 5 Rn. 58; *Hirte*, in: FS Priester, S. 221, 227; *Wagstaff/Mayo/Rentoul*, PLC Magazine 8/2009, 23 ff.; *Gower/Davies*, Principles of modern company law, Kap. 24–14; *Kasolowsky*, ZBB 2000, 189, 193 f.

127 *Kasolowsky*, ZBB 2000, 189, 194; vgl. auch *Rickford*, ECFR 2004, 391, 413 zum Einfluss institutioneller Investoren.

Vereinigten Königreich von institutionellen Investoren gehalten werden.[128] Die größte Schlagkraft können die Leitlinien freilich entfalten, wenn die Gesellschaft an einer Börse im Vereinigten Königreich notiert ist. Die Leitlinien der Pre-Emption Group sollen sogar ausdrücklich nur für solche Gesellschaften gelten, die ein Premium Listing an der Londoner Börse innehaben.[129]

e) Richterrecht

Daneben hat das Richterrecht oder *case law* stets eine entscheidende Rolle in der Entwicklung und Fortschreibung des englischen Gesellschaftsrechts gespielt. Terminologisch wird diese Arbeit insoweit von „Richterrecht" sprechen, während nur das statutorische Recht als „Gesetz" bezeichnet wird. Das soll nicht darüber hinwegtäuschen, dass einer Gerichtsentscheidung absolute Bindungswirkung für alle unter ihm stehenden Gerichte – und damit Gesetzeskraft – zukommt.[130] So binden im Bereich des Privatrechts die Entscheidungen des Supreme Court (früher: House of Lords) jedes andere englische Gericht, Urteile des Court of Appeal den High Court (bestehendend aus Queens Bench Division, Chancery Division und Family Division) sowie die Untergerichte, Urteile des High Court wiederum alle Untergerichte.[131] Aber auch den Entscheidungen anderer Gerichte aus dem *common law* Rechtskreis kann eine hohe Überzeugungskraft oder *persuasive authority* zukommen, denen englische Gerichte häufig folgen.[132] Namentlich zu erwähnen ist der Privy Council, der noch heute als höchste Instanz für einige ehemalige Kolonien und Commonwealth Staaten fungiert.[133]

---

128 *Rickford*, ECFR 2004, 391, 411; siehe auch *Barca/Becht*, The Control of Corporate Europe, S. 260: Stand: 60 Prozent im Jahr 1992.

129 *Pre-Emption Group*, Disapplying Pre-emption rights: A Statement of Principles (2015), Teil 1, Abs. 1, abrufbar unter http://www.pre-emptiongroup.org.uk/getme dia/655a6ec5-fecc-47e4-80a0-7aea04433421/Revised-PEG-Statement-of-Princi ples-2015.pdf.aspx (zuletzt abgerufen am 27. Juli 2016).

130 *Henrich/Huber*, Einführung in das englische Privatrecht, S. 35.

131 *Henrich/Huber*, Einführung in das englische Privatrecht, S. 25.

132 *Henrich/Huber*, Einführung in das englische Privatrecht, S. 26; *Sims*, English law and terminology, S. 41; *Bailey*, Modern English legal system, Kap. 7–028 und 7–032.

133 *Henrich/Huber*, Einführung in das englische Privatrecht, S. 23 f.; *Sims*, English law and terminology, S. 41.

II. KGaA

1. Einordnung der Rechtsform und Rechtstatsachen

Die KGaA besitzt gemäß § 278 Abs.1 AktG eigene Rechtspersönlichkeit und ist damit juristische Person.[134] Aus § 1 Abs. 1 Nr. 1 KStG und § 3 Abs. 1 Nr. 2 UmwG ergibt sich, dass sie zugleich Kapitalgesellschaft ist. Im System der Kapitalgesellschaften deutschen Rechts lässt sich die KGaA von der GmbH, der AG und der SE abgrenzen. Es handelt sich schon im Ausgangspunkt um unterschiedliche Rechtsformen, die auch auf unterschiedlichen Rechtsgrundlagen fußen (AktG, GmbHG und SEVO). In Deutschland stehen den fast 1,2 Mio. GmbHs etwa 15.000 AGs, 370 SEs und knapp 300 KGaAs gegenüber.[135]

Es lassen sich zwei Grundtypen der KGaA unterscheiden. Auf der einen Seite steht die kapitalistische (oder atypische)[136] KGaA, bei der keine natürliche Person Komplementär ist. Diese Struktur ist nach langen Auseinandersetzungen in der Literatur[137] seit einem Beschluss des Bundesgerichtshofs vom 24. Februar 1997[138] endlich höchstrichterlich anerkannt worden. Für Familienunternehmen ist sie interessant, weil Familienmitglieder über die Gesellschafterstellung an einer Komplementär-Kapitalgesellschaft Einfluss auf die Geschäftsleitung nehmen können, ohne sich persönlich der Gefahr einer unbeschränkten Haftung aussetzen zu müssen. Auf der anderen Seite steht die personalistische (oder

---

134 *Assmann/Sethe*, in: GroßKomm-AktG, § 278 Rn. 9; *Mertens/Cahn*, in: KK-AktG, Vor. § 278 Rn. 1 und § 278 Rn.10; *Hüffer/Koch*, AktG, § 278 Rn. 4; *K. Schmidt*, GesR, § 32 I 1.

135 *Kornblum*, GmbHR 2016, 691: Stand vom 1. Januar 2016 (1.186.598 GmbHs, 15.453 AGs, 372 SEs, 293 KGaAs); *Kornblum* erfasst seit 2009 jährlich in der GmbHR die Anzahl verschiedener Rechtsformen; für einen Überblick über die historische Entwicklung der Anzahl der KGaAs bis 1992 siehe *Assmann/Sethe*, in: GroßKomm-AktG, Vor. § 278 Rn. 44; auch *Bayer/Hoffmann*, AG 2009, R151.

136 Die Terminologie ist uneinheitlich; teilweise wird die Bezeichnung „kapitalistisch" auch im Sinne von „hauptversammlungsdominiert" verwendet; siehe etwa *Herfs*, in: Münch. Hdb. AktR, § 76 Rn. 17 f.; wie hier *Perlitt*, in: MüKo-AktG, § 278 Rn. 19; *Bayer/Hoffmann*, AG 2009, R151; *Schlitt/Winzen*, CFL 2012, 261, 263; kritisch zur uneinheitlichen Terminologie *Assmann/Sethe*, in: GroßKomm-AktG, Vor. § 278 Rn. 121 f.

137 Überblick über den früheren Streitstand bei *Assmann/Sethe*, in: GroßKomm-AktG, § 278 Rn. 30 ff.

138 BGHZ 134, 392 = NJW 1997, 1923; zuvor bereits OLG Hamburg, NJW 1969, 1030.

gesetzestypische) KGaA, bei der wenigstens eine natürliche Person Komplementär ist. Nahezu 85 Prozent der KGaAs sind kapitalistische KGaAs.[139]

2. Überblick über die Organstruktur

In der KGaA schreibt das Gesetz die Existenz von mindestens drei Organen vor.[140] Dazu gehören mindestens ein[141] Komplementär, die Hauptversammlung und der Aufsichtsrat. Die Komplementäre sind „geborene"[142] Leitungsorgane[143] der Gesellschaft und nach dem Grundsatz der Selbstorganschaft zugleich vertretungs- und geschäftsführungsbefugt.[144] Die Hauptversammlung ist eine Versammlung der Kommanditaktionäre,[145] die dort ihre Rechte ausüben.[146] Durch die Kommanditaktien kann die KGaA zum Kapitalsammelbecken werden; diese sind an der Börse öffentlich handelbar.[147] Der Aufsichtsrat übernimmt schließlich die Überwachung und Kontrolle der Geschäftsleitung.[148] Hinsichtlich seiner Zusammensetzung und Größe existiert eine Vielzahl zwingender Vorgaben.[149]

---

139 *Bayer/Hoffmann*, AG 2009, R151: Anfang März 2009 standen 190 kapitalistische KGaAs 35 personalistischen KGaAs gegenüber.

140 *Assmann/Sethe*, in: GroßKomm-AktG, Vor. § 278 Rn. 65; *Perlitt*, in: MüKo-AktG, Vor. § 278 Rn. 44; *Herfs*, in: Münch. Hdb. AktR, § 79 Rn. 1; *Reger*, in: Bürgers/Fett, § 5 Rn. 2.

141 Vgl. § 278 Abs. 1 AktG; *Perlitt*, in: MüKo-AktG, § 278 Rn. 8; *Bachmann*, in: Spindler/Stilz, § 278 Rn. 37; *K. Schmidt*, in: K. Schmidt/Lutter, § 278 Rn. 2; *Hüffer/Koch*, AktG, § 278 Rn. 4.

142 BGHZ 134, 392, 393 = NJW 1997, 1923; *Assmann/Sethe*, in: GroßKomm-AktG, Vor. § 278 Rn. 65; *Bachmann*, in: Spindler/Stilz, § 278 Rn. 53; *Reger*, in: Bürgers/Fett, § 5 Rn. 76; *Hoffmann-Becking/Herfs*, in: FS Sigle, S. 273, 277.

143 *Assmann/Sethe*, in: GroßKomm-AktG, Vor. § 278 Rn. 65; *K. Schmidt*, in: K. Schmidt/Lutter, § 287 Rn. 7; siehe dazu noch unten, unter H.II.1.

144 *Assmann/Sethe*, in: GroßKomm-AktG, Vor. § 278 Rn. 65.

145 *Assmann/Sethe*, in: GroßKomm-AktG, Vor. § 278 Rn. 66; *Perlitt*, in: MüKo-AktG, § 285 Rn. 2; *K. Schmidt*, in: K. Schmidt/Lutter, § 285 Rn. 1.

146 § 118 i.V.m. § 278 Abs. 3 AktG, vgl. *Bachmann*, in: Spindler/Stilz, § 285 Rn. 3.

147 Vgl. *Bachmann*, in: Spindler/Stilz, § 278 Rn. 95; *Kallmeyer*, DStR 1994, 977, 980; ausführlich zur börsennotierten KGaA auch *Wieneke/Fett*, in: Bürgers/Fett, § 10.

148 *Perlitt*, in: MüKo-AktG, Vor. § 287 Rn. 37 ff.; *Bachmann*, in: Spindler/Stilz, § 287 Rn. 7; *K. Schmidt*, in: K. Schmidt/Lutter, § 287 Rn. 13; *Hüffer/Koch*, AktG, § 278 Rn. 15; *Herfs*, in: Münch. Hdb. AktR, § 79 Rn. 60; siehe zu den weiteren Kompetenzen des Aufsichtsrats noch unten, unter G.II.1.

149 Siehe zu den persönlichen Voraussetzungen § 100 i.V.m. § 278 Abs. 3 AktG; zur Anwendbarkeit in der KGaA *Perlitt*, in: MüKo-AktG, § 287 Rn. 26 ff.; *Bachmann*, in: Spindler/Stilz, § 287 Rn.4; *K. Schmidt*, in: K. Schmidt/Lutter, § 287 Rn. 6.

Am einschneidendsten dürften insoweit die Vorschriften zur Mitbestimmung[150] und zur Geschlechterquote[151] sein. Ferner wird die Unabhängigkeit des Aufsichtsrats durch verschiedene das Verhältnis zu den Komplementären betreffende Regelungen sichergestellt. So können Komplementäre nicht Aufsichtsratmitglieder sein (§ 287 Abs. 3 AktG), sie unterliegen einem Stimmverbot bei der Wahl der Aufsichtsratsmitglieder (§ 285 Abs. 1 Satz 2 Nr. 1 AktG) und dürfen keine Entsendungsrechte ausüben.[152] Zusätzlich können weitere Organe geschaffen werden, etwa Beiräte oder Gesellschafterausschüsse.[153]

3. Vorschriften zur Binnenorganisation

a) Dualismus von Aktien- und Kommanditrecht

Nach der gesetzlichen Regelungstechnik stellt die KGaA eine hybride Rechtsform dar.[154] Sie verbindet das Aktienprinzip mit dem Kommanditprinzip.[155] Teilweise sind die für die AG geltenden Vorschriften anwendbar, teilweise die für die KG geltenden Vorschriften und über diese das gesamte Personengesellschaftsrecht. Daneben enthält das AktG Sondervorschriften, die nur für die KGaA gelten. Die Einzelheiten der Abgrenzung sind höchst umstritten. Zur Ermittlung des jeweils anwendbaren Rechts kann nach dem folgenden dreistufigen Schema

---

150 Siehe dazu bereits oben, unter Teil 2, B.II.

151 Siehe dazu noch unten, unter B.II.4.c).

152 *Assmann/Sethe*, in: GroßKomm-AktG, § 285 Rn. 26; *Mertens/Cahn*, in: KK-AktG, § 285 Rn. 13; *Perlitt*, in: MüKo-AktG, § 285 Rn. 371; *Bachmann*, in: Spindler/Stilz, § 285 Rn. 16; *Ihrig/Schlitt*, in: Ulmer, Die GmbH & Co. KGaA, ZHR Sonderheft Bd. 67, S. 33, 45; siehe zu zulässigen Gestaltungsmöglichkeiten *Hoffmann-Becking/Herfs*, in: FS Sigle, S. 273, 289.

153 *Assmann/Sethe*, in: GroßKomm-AktG, Vor. § 278 Rn. 67; *Perlitt*, in: MüKo-AktG, Vor. § 278 Rn. 44; *Herfs*, in: Münch. Hdb. AktR, § 79 Rn. 1; *Reger*, in: Bürgers/Fett, § 5 Rn. 4.

154 Vgl. RGZ 129, 260, 267: „Mischform"; auch *Assmann/Sethe*, in: GroßKomm-AktG, Vor. § 278 Rn. 142 und § 278 Rn. 8; *Perlitt*, in: MüKo-AktG, Vor. § 278 Rn. 29; *Herfs*, in: Münch. Hdb. AktR, § 76 Rn. 13; *Hoffmann-Becking/Herfs*, in: FS Sigle, S. 273, 276; *K. Schmidt*, GesR, § 32 I 1; *Herfs*, AG 2005, 589; siehe aber *Hüffer/Koch*, AktG, § 278 Rn. 3: „aktienrechtliche Elemente überwiegen"; ähnlich *Bachmann*, in: Spindler/Stilz, § 278 Rn. 1: „Abart der AG"; *Philbert*, Die Kommanditgesellschaft auf Aktien, S. 84 f. und 117: „AG mit Komplementär-Fremdkörper"; offengelassen von *Mertens/Cahn*, in: KK-AktG, Vor. § 278 Rn. 2; allgemeiner BGHZ 134, 392, 398 = NJW 1997, 1923: „eigenständige Rechtsform".

155 *Assmann/Sethe*, in: GroßKomm-AktG, § 278 Rn. 8.

vorgegangen werden,[156] welches sich zunächst an Wortlaut und Systematik der gesetzlichen Vorschriften orientiert. Das so gewonnene Ergebnis ist nicht starr, sondern das Schema lässt in der dritten Stufe Wertungskriterien zu.[157]

In einem ersten Schritt sind danach die §§ 279–290 AktG als Ausgangspunkt heranzuziehen, die das Recht der KGaA fragmentarisch durch einige wenige Spezialvorschriften regeln.[158] Diese betreffen hinsichtlich der hier relevanten Bereiche unter anderem die Satzung (§§ 280 f. AktG), die Hauptversammlung als Willensbildungsorgan der Kommanditaktionäre (§ 285 AktG), sowie den Aufsichtsrat (§ 287 AktG). Hinsichtlich der Rechtsstellung der Komplementäre existiert betreffend bestimmter Geschäftsleitungsbereiche ein Katalog mit speziellen Verweisungen auf das Aktienrecht (§ 283 AktG). Dazu gehört etwa die Verweisung des § 283 Nr. 3 auf § 93 AktG, die damit die Sorgfaltspflicht und Verantwortlichkeit der Komplementäre regelt.

In einem zweiten Schritt ist zu prüfen, ob der Sachverhalt von der Regelung des § 278 Abs. 2 AktG erfasst ist, sofern er nicht bereits in den Anwendungsbereich der oben genannten Spezialvorschriften fällt. Die Vorschrift verweist auf die Vorschriften über die KG und nimmt damit über die §§ 161 Abs. 2, 105 Abs. 3 HGB das gesamte Personengesellschaftsrecht in Bezug. Sie gilt als maßgebliches Scharnier für die Abgrenzung zwischen Personengesellschaftsrecht (§ 278 Abs. 2 AktG) und Aktienrecht (§ 278 Abs. 3 AktG). Die Verweisungsvorschriften differenzieren nach den Gesellschaftergruppen (Komplementäre und Kommanditaktionären) sowie nach den sie betreffenden Rechtsbeziehungen.[159]

Von § 278 Abs. 2 AktG sind ausweislich des Wortlauts drei Anwendungsthemen erfasst, die sich alle auf die Rechtsbeziehungen der Komplementäre beziehen. Erstens ist das Rechtsverhältnis der Komplementäre untereinander erfasst (§ 278 Abs. 2 Fall 1 AktG). Zweitens ist das Rechtsverhältnis der Komplementäre gegenüber der „Gesamtheit der Kommanditaktionäre" erfasst (§ 278 Abs. 2 Fall 2 AktG). Der Begriff geht auf das tradierte Verständnis der KGaA als Personengesellschaft zurück und ist durch die Anerkennung ihrer Rechtspersönlichkeit

---

156 Ähnlich *Herfs*, in: Münch. Hdb. AktR, § 76 Rn. 13, der jedoch die hier vorgenommene dritte Stufe der Wertungsgesichtspunkte auslässt; wie hier aber i.E. *Herfs*, AG 2005, 589, 591 ff.

157 Siehe die Fundstellen in Fn. 167.

158 *Bachmann*, in: Spindler/Stilz, § 278 Rn. 21; *Herfs*, AG 2005, 589, 591.

159 *Herfs*, AG 2005, 589, 591.

überkommen.[160] Nach heute einhelliger Auffassung wird die Vorschrift als Verweis auf die Vorschriften über das Verhältnis von Komplementären und Kommanditisten in der KG verstanden.[161] Dazu gehört die Kompetenzabgrenzung im Rahmen der Geschäftsführung (§§ 114–118 HGB) einschließlich Zustimmungsvorbehalten von Komplementären (§ 116 Abs. 2 HGB) und Kommanditaktionären (§ 164 S. 1 HGB) bei außergewöhnlichen Geschäftsführungsmaßnahmen.[162] Drittens ist von dem Verweis das Rechtsverhältnis der Komplementäre gegenüber Dritten erfasst (§ 278 Abs. 2 Fall 3 AktG). Als ausdrückliches Beispiel nennt die Vorschrift insoweit die Vertretung der Gesellschaft. Einschränkungen gelten freilich dann, wenn die Gesellschaft gegenüber Komplementären selbst vertreten wird (dazu sogleich).

Nur „im Übrigen" finden gemäß § 278 Abs. 3 AktG die Vorschriften über die AG Anwendung, sofern sich zudem aus dem Fehlen eines Vorstands nichts Anderes ergibt. Der Verweis stellt einen Auffangtatbestand dar.[163] Hinsichtlich der den Kommanditaktionären als Kollektiv zustehenden Rechte gilt wie oben beschrieben, dass diese bereits von § 278 Abs. 2 AktG erfasst sind. Umgekehrt unterfallen die den Kommanditaktionären individuell zustehenden Verwaltungs- und Vermögensrechte dem Aktienrecht.[164] Es bleiben für den Auffangtatbestand ferner die Organisation und das Verfahren in Hauptversammlung und Aufsichtsrat,[165] sowie die Rechtsverhältnisse der Kommanditaktionäre untereinander. Als Faustformel kann festgehalten werden, dass der Verweis auf das Aktienrecht die Kapitalstruktur der Gesellschaft erfasst, während das Personengesellschaftsrecht die

---

160 Ausführlich *Wichert*, Die Finanzen der KGaA, S. 45 ff.; auch *Kessler*, NZG 2005, 145; *Herfs*, AG 2005, 589, 591.

161 OLG Hamm, AG 1969, 295: der Komplementär der KGaA stehe der in der Hauptversammlung handelnden Gesamtheit der Kommanditaktionäre gegenüber wie ein Komplementär einem Kommanditisten in der KG; *Perlitt*, in: MüKo-AktG, § 278 Rn. 87: die Gesamtheit der Kommanditaktionäre sei der „Kommanditist der KGaA"; auch *Assmann/Sethe*, in: GroßKomm-AktG, § 278 Rn. 4; *K. Schmidt*, in: K. Schmidt/ Lutter, § 278 Rn. 37; *Sethe*, Die personalistische Kapitalgesellschaft, S. 114, Fn. 22; *Wichert*, Die Finanzen der KGaA, S. 50.

162 Dazu etwa *K. Schmidt*, in: K. Schmidt/Lutter, § 278 Rn. 38.

163 *Herfs*, in: Münch. Hdb. AktR, § 76 Rn. 13; *Herfs*, AG 2005, 589, 591; **a.A.** wohl *Cahn*, AG 2001, 579, 582, der für die Abgrenzung von § 278 Abs. 2 und Abs. 3 AktG darauf abstellen will, welches Rechtsverhältnis im Schwerpunkt betroffen ist.

164 Dazu *Reger*, in: Bürgers/Fett, § 5 Rn. 365 ff.

165 *Bachmann*, in: Spindler/Stilz, § 278 Rn. 26; *Wichert*, Die Finanzen der KGaA, S. 58; zur Hauptversammlung auch *Mertens/Cahn*, in: KK-AktG, § 278 Rn. 8; *Hüffer/Koch*, AktG, § 278 Rn. 20.

Führungsstruktur und – jedenfalls in Teilen – das Innenverhältnis beider Gesellschaftergruppen erfasst.[166]

In einem dritten Schritt ist sodann zu prüfen, ob die Einordnung unter § 278 Abs. 2 oder 3 AktG im Einzelfall aufgrund von Wertungsgesichtspunkten in die eine oder die andere Richtung zu korrigieren ist.[167] Als Kriterien sind die Interessenlage der Organe, deren jeweilige Schutzbedürftigkeit, sowie die Eingriffsintensität heranzuziehen.[168] Problematisiert werden insbesondere die Bereiche Strukturmaßnahmen sowie Aufsichtsratskompetenzen.[169] So unterfällt die Vertretung der KGaA gegenüber einzelnen Komplementären eigentlich dem nach § 278 Abs. 2 Fall 3 AktG anwendbaren Kommanditrecht. Zur Vermeidung von Interessenkollisionen muss allerdings eine Vertretung durch den Aufsichtsrat nach der aktienrechtlichen Bestimmung des § 112 AktG erfolgen.[170] Das bedeutet nicht, dass es in Zweifelsfällen eine Präferenz zugunsten des Aktienrechts geben darf.[171] Die ausdrücklich nur subsidiär angeordnete Anwendung

---

166 Vgl. BGHZ 134, 392 = NJW 1997, 1923; *Assmann/Sethe*, in: GroßKomm-AktG, § 278 Rn. 5; ein umfassender Katalog einzelner Maßnahmen findet sich bei *Assmann/Sethe*, in: GroßKomm-AktG, § 278 Rn. 6.

167 Vgl. *Bachmann*, in: Spindler/Stilz, § 278 Rn. 24; *Perlitt*, in: MüKo-AktG, § 278 Rn. 264; *Herfs*, AG 2005, 589, 592; *Wichert*, Die Finanzen der KGaA, S. 54 f.; i.E. *Cahn*, AG 2001, 579, 562; zu ähnlichen Ergebnissen gelangen auch *Mertens/Cahn*, in: KK-AktG, Vor. § 278 Rn. 13: „Schwerpunkt" maßgeblich; **a.A.** *Bürgers*, in: Bürgers/Fett, § 5 Rn. 499, der von einem strengen Exklusivitätsverhältnis zwischen § 278 Abs. 2 und 3 AktG ausgeht; auch *Fett*, in: Bürgers/Fett, § 3 Rn. 3 f. und 29, der aber über eine analoge Anwendung von § 112 AktG im Einzelfall i.E. ebenfalls zu einer Durchbrechung der gesetzlichen Systematik gelangt.

168 Vgl. BGH, NZG 2005, 276 für eine Anwendbarkeit von § 112 AktG bei Geschäften zwischen den Komplementären und der KGaA; *Wichert*, Die Finanzen der KGaA, S. 54 f. und 61 f., der die Vermögenseinlage der Komplementäre nur aufgrund der Interessenlage dem Personengesellschaftsrecht unterstellen will.

169 Siehe *Perlitt*, in: MüKo-AktG, § 278 Rn. 266.

170 BGH, NZG 2005, 276; *Assmann/Sethe*, in: GroßKomm-AktG, § 278 Rn. 157; *Perlitt*, in: MüKo-AktG, § 287 Rn. 5; *Bachmann*, in: Spindler/Stilz, § 287 Rn. 12; *K. Schmidt*, in: K. Schmidt/Lutter, § 287 Rn. 20; i.E. auch *Herfs*, AG 2005, 589, 592; zurückhaltender *Fett*, in: Bürgers/Fett, § 3 Rn. 29; **a.A.** *Philbert*, Die Kommanditgesellschaft auf Aktien, S. 161; noch *Bürgers*, in: Schütz/Bürgers/Riotte, § 5 Rn. 497 ff.; relativierend in der Neuauflage jetzt *Bürgers*, in: Bürgers/Fett, § 5 Rn. 497 ff.

171 *Perlitt*, in: MüKo-AktG, § 278 Rn. 263; **a.A.** aber *Bachmann*, in: Spindler/Stilz, § 278 Rn. 1 unter Berufung auf die Rechtsnatur der KGaA als „Abart" der AG; siehe zur Rechtsnatur die Fundstellen in Fn. 154; tendenziell wohl auch *Hüffer/Koch*, AktG, § 278 Rn. 3.

des Aktienrechts durch den Begriff „im Übrigen" in § 278 Abs. 3 AktG lässt eine derartige Auslegung nicht zu.[172]

b) Deutscher Corporate Governance Kodex

Im Deutschen Corporate Governance Kodex (DCGK) finden sich Vorschriften zur guten und verantwortungsvollen Unternehmensführung deutscher börsennotierter Gesellschaften. Zwar kommt ihnen keine rechtliche Bindungswirkung zu. Allerdings haben Vorstand und Aufsichtsrat einer börsennotierten Gesellschaft nach § 161 AktG jährlich zu erklären, dass den Empfehlungen des DCGK entsprochen wurde und wird oder welche Empfehlungen nicht angewendet wurden oder werden und warum nicht (*comply or explain*). Die Vorschrift ist über § 278 Abs. 3 AktG insoweit auf die KGaA anwendbar, als sich nicht aus dem Fehlen eines Vorstands ein anderes ergibt.[173] Da der DCGK auf die Kompetenzverteilung der AG zugeschnitten ist, muss in der KGaA bei jeder einzelnen Empfehlung geprüft werden, ob und inwieweit sie auf die KGaA übertragbar ist.[174]

III. Ergebnis

Es lässt sich festhalten, dass sich das Kapitalgesellschaftsrecht im Vereinigten Königreich und in Deutschland schon im Ansatz unterscheiden. Das englische Kapitalgesellschaftsrecht geht im Grundsatz von einer einheitlichen Grundform für alle Kapitalgesellschaften aus und sieht für die PLC lediglich einige Sondervorschriften vor. Zu erwähnen sind namentlich die Listing Rules, die aber nur bei einer Börsennotierung im Premium Listing Segment der Londoner Börse Anwendung finden. Das deutsche Kapitalgesellschaftsrecht hingegen differenziert zwischen KGaA, AG, GmbH und SE. Diese unterliegen jeweils unterschiedlichen gesetzlichen Vorschriften. Auch wenn die KGaA eine Kapitalgesellschaft darstellt, bedingt die persönliche Haftung des Komplementärs die teilweise Anwendbarkeit des Personengesellschaftsrechts. Das wirft schwierige Abgrenzungsprobleme auf.

In ihrer wirtschaftlichen Bedeutung und Verbreitung ist die PLC (ca. 7.500 im Vereinigten Königreich) mit der deutschen AG (ca. 15.000 in Deutschland) vergleichbar. Die KGaA wird zwar seit dem Beschluss des Bundesgerichtshofs

---

172 *Sethe*, Die personalistische Kapitalgesellschaft, S. 111.
173 *Lutter*, in: KK-AktG, § 161 Rn. 31; *Lutter*, in: Kremer/Bachmann/Lutter/v. Werder, DCGK, Rn. 1801; *Mayer-Uellner/Otte*, NZG 2015, 737, 739; mittlerweile auch *Wienecke/Fett*, in: Bürgers/Fett, § 10 Rn. 109; **a.A.** noch *Wienecke/Fett*, in: Schütz/Bürgers/Riotte, § 10 Rn. 109.
174 *Mayer-Uellner/Otte*, NZG 2015, 737, 739.

vom 24. Februar 1997 immer populärer, führt aber weiterhin ein Nischendasein (ca. 300 in Deutschland).

Hinsichtlich der Organe setzt das Gesetz für die PLC mindestens zwei Direktoren und einen Aktionär voraus. Das *board* teilt sich in der Praxis meist in *executive directors* und *non-executive directors* auf. Für die KGaA schreibt das Gesetz die Bildung von mindestens drei Organen vor: Komplementär oder Komplementäre, Hauptversammlung und Aufsichtsrat. Häufig werden in der KGaA weitere fakultative Organe eingeführt. Im englischen Recht existiert keine Kapitalgesellschaft mit persönlich haftenden Gesellschaftern, die strukturell mit der KGaA vergleichbar wäre.

B. Satzung als Gestaltungsinstrument für die Binnenorganisation

Durch die Satzung kann die Binnenorganisation der Gesellschaft gestaltet werden. Dieses Kapitel wird zunächst die Funktion der Satzung und ihre typischen Inhalte umreißen (jeweils unter 1.). Sodann wird die Rechtsnatur der Satzung in formeller und materieller Hinsicht nebst Formvorschriften erörtert (jeweils unter 2.). In einem weiteren Abschnitt werden die Mustersatzung und ihre Funktion erläutert, die im englischen Recht ein bekanntes Instrument darstellt und im deutschen Recht jedenfalls diskutiert wurde (jeweils unter 3.). Die Satzungsautonomie und ihre Grenzen werden den größten Teil dieses Kapitels einnehmen (jeweils unter 4.). Zwei speziellere Fragestellungen zur Satzung sind aus Gründen der Übersichtlichkeit in das nachfolgende Kapitel ausgelagert.

I. PLC

1. Funktion und Inhalt der Satzung

Die Gesellschaftssatzung (*articles of association*) hat die Funktion eines notwendigen Lückenfüllers. Die zahlreichen gesetzlich und richterrechtlich nicht normierten Bereiche können durch die Satzung geregelt werden und müssen es teilweise, um die PLC überhaupt funktionsfähig werden zu lassen.[175] Das betrifft namentlich die Ausgestaltung der Binnenorganisation der Gesellschaft, weshalb die Satzung auch als „*internal rulebook*" der Gesellschaft bezeichnet wird.[176] Im

---

175 *Sheikh*, Company Law, Kap. 6.3.
176 *Hannigan et al*, Butterworths corporate law service, Kap. CL[2.45]-[2.50]; ähnlich *Sheikh*, Company Law, Kap. 6.3: „*internal rules*".

CA 2006 mit seinen mehr als 1300 Paragraphen finden sich zur Binnenverfassung nur wenige Vorschriften. Externe Angelegenheiten wie die Vertretungsmacht der Direktoren können nicht mit bindender Außenwirkung festgelegt werden.[177] Es steht den Gründern frei, eine eigene Satzung für die Gesellschaft zu entwerfen. Auch ohne individuelle Satzung wird die Funktionsfähigkeit durch die Mustersatzung gewährleistet (dazu sogleich, unter 3.). In der Praxis sind bei großen börsennotierten Unternehmen individuelle Satzungen mit einem Umfang von 70 und mehr Seiten keine Seltenheit.[178]

Inhaltlich erfasst die Satzung typischerweise die Kompetenzverteilung zwischen Aktionären und Direktoren, die Zusammensetzung des *board* sowie die Wahl und Abwahl der Direktoren.[179] Auch Verfahrensfragen zur Einberufung der Hauptversammlung, zur Stimmabgabe, oder den Sitzungen der Direktoren, können in der Satzung enthalten sein. Regelmäßig werden auch die Einteilung der Aktien in verschiedene Gattungen und die mit ihnen verbundenen Rechte in der Satzung niedergelegt,[180] was jedoch nicht zwingend ist.[181] Angaben über das Grundkapital, über den auf jede Aktiengattung entfallenden Anteil des Grundkapitals, sowie die mit den Aktien verbundenen Rechte finden sich zumindest im *statement of capital* (Sec. 10 CA 2006). Nicht zwingender Teil der Satzung sind zudem Angaben über die Gründer sowie über die Firma und den Sitz der Gesellschaft. Sie sind bei einer nach dem CA 2006 gegründeten PLC in den öffentlich

---

177 Sec. 40 CA 2006; dazu *Mayson/French/Ryan*, Company Law, Kap. 3.3.3.

178 siehe etwa die Satzung der ASTRAZENECA PLC i.d.F. vom 29. April 2010 (63 Seiten); die Satzung der Barclays PLC i.d.F. vom 30. April 2010 (71 Seiten); die Satzung der BHP Billiton PLC aus 2010 (72 Seiten); die Satzung der BP plc i.d.F. vom April 2010 (48 Seiten); die Satzung der GlaxoSmithKline plc i.d.F. vom 7. Mai 2014 (51 Seiten); die Satzung der LLOYDS BANKING GROUP plc i.d.F. vom 15. Mai 2014 (54 Seiten); die Satzung der Rio Tinto plc i.d.F. vom 1. Oktober 2009 (94 Seiten); die Satzung der ROLLS-ROYCE HOLDINGS PLC i.d.F. vom 8. März 2010 (67 Seiten); die Satzung der J SAINSBURY plc i.d.F. vom 14. Juli 2010 (60 Seiten); die Satzung der STANDARD CHARTERED PLC i.d.F. 7. Mai 2010 (96 Seiten); die Satzung der VODAFONE GROUP PUBLIC LIMITED COMPANY i.d.F. vom 27. Juli 2014 (85 Seiten).

179 *Gower/Davies*, Principles of modern company law, Kap. 3–13 und 23–6; *Sheikh*, Company Law, Kap. 6.3.

180 Siehe die Satzung der ASTRAZENECA PLC i.d.F. vom 29. April 2010, Ziffer 4.2; Satzung der Barclays PLC i.d.F. vom 30. April 2010, Ziffer 7; Satzung der BHP Billiton PLC aus 2010, Ziffern 4 ff.; Satzung der GlaxoSmithKline plc i.d.F. vom 7. Mai 2014, Ziffer 5.

181 *Gower/Davies*, Principles of modern company law, Kap. 23–6.

einsehbaren Gründungsdokumenten enthalten (Sec. 9 (2) CA 2006), zu denen auch das sogenannte *memorandum of association* gehört (Sec. 9 (1) und Sec. 8 CA 2006).

2. Rechtsnatur und Form der Satzung

In formeller Hinsicht stellt die Satzung ein öffentliches Dokument dar. Sofern die Satzung individuell erstellt wird und nicht in vollem Umfang die Mustersatzung eingreift, muss sie beim Companies House registriert werden[182] und ist für jedermann einsehbar.[183] Die Einreichung einer Satzung erfolgt in englischer Sprache. Sofern der Originaltext in einer anderen Sprache verfasst ist, muss eine zertifizierte Übersetzung eingereicht werden.[184] Die Satzung muss in einem einheitlichen Dokument enthalten sein, das aufsteigend nummerierte Paragraphen enthält.[185] Ein Beurkundungserfordernis kennt das englische Recht nicht.[186] Die Satzung muss auch nicht durch einen Rechtskundigen überprüft werden, was aber bei größeren PLCs freilich stets der Fall sein wird.[187]

Materiell ist die Satzung ausweislich von Sec. 33 CA 2006 ein Vertrag der Aktionäre untereinander und zugleich der Aktionäre mit der Gesellschaft. Lange Zeit herrschte Streit darüber, ob die Gesellschaft ebenfalls Vertragspartner ist oder ob dieser nur zwischen den Aktionären geschlossen wird.[188] Die ausdrückliche Einbeziehung der Gesellschaft in den Wortlaut von Sec. 33 CA 2006 hat diese Kontroverse nun beigelegt.[189] Durch den Vertrag als Akt der Legitimation erhalten die Direktoren ihre Kompetenzen.[190] Die Vertragsnatur der Satzung

---

182 Sec. 18 (2) CA 2006.
183 Vgl. Sec. 1085 CA 2006; dazu *Gower/Davies*, Principles of modern company law, Kap. 3–19; Ausnahmen bei *Sheikh*, Company Law, Kap. 35.30.
184 Sec. 7 SI 2009/1803 (Registrar of Companies and Applications for Striking Off Regulations 2009).
185 Sec. 18 (3) CA 2006.
186 Vgl. zur Limited *Just*, BC 2006, 25, 26.
187 *O'Neill v Phillips* [1999] WLR 1092 (HL) 1098 (Lord Hoffmann).
188 *Gower/Davies*, Principles of modern company law, Kap. 3–17; *Sheikh*, Company Law, Kap. 6.7; ausführlich zum früheren Streit, ob die Gesellschaft Vertragspartner ist *Gregory*, MLR (44) 1981, 526 ff.; auch *Goldberg*, MLR (48) 1985, 158 ff.; für einen Vertrag der Aktionäre mit der Gesellschaft *Welton v Saffery* [1897] AC 299, 315; *Hickman v Kent or Romney Marsh Sheepbreeders' Association* [1915] 1 Ch 881 (Ch) 900; dem folgend *Beattie v Beattie Ltd* [1938] Ch 708 (CA); für einen Vertrag zwischen den Aktionären *Pritchard's Case* (1872–73) LR 8 Ch App 956, 960.
189 *Gower/Davies*, Principles of modern company law, Kap. 3–17.
190 *Gower/Davies*, Principles of modern company law, Kap. 3–13.

hat Bedeutung für die Frage der Einbeziehung externer Dritter[191] sowie für die Auslegung von Satzungsbestimmungen.[192]

Es bleibt den Aktionären zudem unbenommen, außerhalb der Satzungsurkunde schuldrechtliche Nebenabreden zu treffen.[193] Ihre Auswirkungen können insbesondere in kleineren Gesellschaften mit geschlossenem Gesellschafterkreis (meist Limiteds) denen von Satzungsbestimmungen ähneln. Im Unterschied zu Satzungsbestimmungen wird ein neu in die Gesellschaft eintretender Aktionär aber nicht automatisch Partei solcher Vereinbarungen. Schließlich können zwischen den Direktoren und der PLC schuldrechtliche Verträge geschlossen werden, was typischerweise mit dem Anstellungsvertrag auch geschieht.[194]

3. Mustersatzung

Nach Sec. 20 CA 2006 finden bei einer Gesellschaft standardmäßig die vom Secretary of State entworfene Mustersatzung oder *model articles* (früher: *Table A*) Anwendung, soweit nicht eine individuelle Satzung der Gesellschaft beim Companies House registriert wurde. Aus Gründen der Verständlichkeit muss in einer individuellen Satzung ausdrücklich bestimmt werden, welche Vorschriften der Mustersatzung nicht gelten oder ersetzt werden sollen.[195] Es existieren jeweils eigene Mustersatzungen für die PLC sowie für die beiden Unterarten der Limited (*private companies limited by shares* und *private companies limited by guarantee*).[196] Insbesondere kleineren Kapitalgesellschaften bietet die Mustersatzung die Möglichkeit der Kostenersparnis.[197] Einen Anlegerschutz bezweckt die Mustersatzung, anders als zu vermuten sein könnte, nicht. In der Praxis wird die Mustersatzung bei börsennotierten PLCs stets durch eine individuelle Satzung

---

191   Diese ist wegen der strengen Relativität der Schuldverhältnisse (*privity of contracts*) unzulässig; siehe dazu *Hickman v Kent or Romney Marsh Sheepbreeders' Association* [1915] 1 Ch 881 (Ch) 897; eingehend *Gower/Davies*, Principles of modern company law, Kap. 3–21 ff.; *Goldberg*, MLR (35) 1972, 362 ff.; *Gregory*, MLR (44) 1981, 526 ff.
192   Siehe dazu unten, unter C.I.1.
193   *Gower/Davies*, Principles of modern company law, Kap. 3–31.
194   Vgl. *Gower/Davies*, Principles of modern company law, Kap. 3–21.
195   *Gower/Davies*, Principles of modern company law, Kap. 3–15; *Sheikh*, Company Law, Kap. 6.3.1 zu verschiedenen Formulierungsmöglichkeiten; auch *Hannigan et al*, Butterworths corporate law service, Kap. CL[2.54].
196   Siehe die Anhänge 1 bis 3 zu SI 2008/3229 (The Companies (Model Articles) Regulations 2008).
197   *Gower/Davies*, Principles of modern company law, Kap. 3–15.

ersetzt.[198] Allenfalls einzelne Klauseln werden übernommen. Der Kostenvorteil tritt in der PLC hinter dem Vorteil einer autonomen Satzungsgestaltung zurück.

4. Satzungsautonomie und Grenzen

Als Ausgangspunkt gilt, dass in der Satzung grundsätzlich alles geregelt werden darf. Das ist Ausfluss der Privatautonomie, die im gesamten englischen Rechtsystem eine überragende Stellung einnimmt. Auch für die Satzung gilt der Grundsatz der Privatautonomie, da sie ausweislich von Sec. 33 CA 2006 einen Vertrag darstellt. Für den englischen Juristen ist die Satzungsautonomie wegen der Vertragsnatur derselben derart selbstverständlich, dass er eine gesetzliche Kodifizierung für überflüssig hält.[199]

Die Grenzen der Satzungsautonomie werden schließlich dort gezogen, wo das Gesetz oder das Richterrecht abschließende Regelungen enthalten.[200] Solche enthält das englische Aktienrecht an verschiedenen Stellen.[201] Abweichende Satzungsbestimmungen sind unwirksam.[202] Wann eine gesetzliche Regelung als abschließend zu qualifizieren ist, lässt sich nicht pauschal beantworten. Teilweise sieht das Gesetz ausdrücklich vor, dass die Satzung Abweichungen von den gesetzlichen Regelungen vornehmen darf,[203] teilweise verbietet das Gesetz umgekehrt Abweichungen ausdrücklich.[204] In den übrigen Fällen muss die Reichweite einer Vorschrift durch Auslegung ermittelt werden. Die Gerichte verwenden den Begriff der Gesetzesauslegung in diesem Zusammenhang zwar

---

198 *Loose/Griffiths/Impey,* The company director, Kap. 4.51, unter (1).

199 *Gower/Davies,* Principles of modern company law, Kap. 3–13.

200 *Welton v Saffery* [1897] AC 299 (HL) 329 (Lord Davey): *"inconsistent with the general law";* *Re Peveril Gold Mines Ltd* [1898] 1 Ch 122 (Ch) 123; *Gower/Davies,* Principles of modern company law, Kap. 3–13; *Mayson/French/Ryan,* Company Law, Kap. 3.3.3; *Hannigan et al,* Butterworths corporate Law Service, Kap. CL[2.55]-[2.60]; dazu auch *Triebel/von Hase,* in: Bock/von Werder, S. 197, 201 ff.; *Fleischer,* in: FS Heldrich, S. 597, 598.

201 Eine beispielhafte Aufzählung findet sich bei *Loose/Griffiths/Impey,* The company director, Kap. 4.11.

202 Vgl. *Welton v Saffery* [1897] AC 299 (HL) 329 (Lord Davey); *Mayson/French/Ryan,* Company Law, Kap. 3.3.3.

203 Etwa Sec. 622 (7) CA 2006, wonach die grundsätzlich zulässige Umwandlung des Grundkapitals in eine andere Währung durch die Satzung untersagt werden kann; auch Sec. 641 (6) CA 2006, wonach die Möglichkeit der Reduzierung des Grundkapitals durch Satzung beschränkt werden kann.

204 Etwa Sec. 232 (1) und (3) CA 2006, wonach die Haftung der Direktoren nicht wirksam ausgeschlossen werden kann.

nicht ausdrücklich, gehen letztlich auf dem Weg der Auslegung vor.[205] Unter den zwingenden Vorschriften befinden sich solche, die dem Schutz der Aktionäre (unten, unter a), der Gläubiger (unten, unter b), sowie in begrenztem Umfang auch solche, die gesellschaftspolitischen Zielen (unten, unter c) dienen.

a) Anlegerschutz

Hinsichtlich des Anleger- oder Aktionärsschutzes gilt die Regel, dass sämtliche Rechte, die den Aktionären durch Gesetz oder Rechtsprechung übertragen wurden, ihnen nicht durch die Satzung wieder entzogen werden können.[206] Umgekehrt ist eine Anhebung des gesetzlich zwingenden Schutzniveaus für Aktionäre generell möglich.[207] Eine Auswahl an aktionärsschützenden Vorschriften soll nachfolgend kurz vorgestellt werden.

Aktionäre müssen zunächst vor einem opportunistischen Verhalten der Geschäftsführung geschützt werden. Die missbräuchliche Ausnutzung der Leitungsmacht durch die Direktoren ist ein Dauerthema in der englischen Rechtsprechung und Literatur und wird unter dem Schlagwort *„separation of ownership and control"* diskutiert.[208] Ein Gegengewicht zur gewöhnlich weitreichenden Leitungsmacht der Direktoren wird durch verschiedene gesetzlich zwingende Vorschriften erreicht. Dazu gehören unter anderem die Möglichkeit der Aktionäre, Direktoren mit einfacher Mehrheit abzuwählen (Sec. 168 CA 2006), aber auch die Treuepflichten der Direktoren gegenüber der Gesellschaft (Secs. 170 ff. CA 2006) und deren Haftung (Sec. 232 CA 2006). Ein weiterer Mechanismus zum Schutz der Aktionäre sind Zustimmungsvorbehalte der Hauptversammlung bei bestimmten Maßnahmen, etwa bei Geschäften der Direktoren mit der Gesellschaft (Secs. 188 ff. CA 2006), bei Satzungsänderungen (Secs. 21 ff. CA 2006), oder bei Kapitalmaßnahmen (Secs. 549 ff. CA 2006).[209]

---

205 *Re Greene* [1949] Ch 333 (Ch) 329 (Lord Harman) stellte bezüglich Sec. 63 CA 1929 maßgeblich auf den gesetzgeberichen Willen ab; *Re Peveril Goldmines Ltd* [1897] 1 Ch 122 (Ch) 124 (Lord Byrne) stellte auf Wortlaut, Systematik und Sinn und Zweck des mittlerweile ersatzlos gestrichenen Sec. 82 CA 1862 ab.

206 *Mayson/French/Ryan*, Company Law, Kap. 3.4.2; in diesem Sinne wohl auch *Loose/Griffiths/Impey*, The company director, Kap. 4.11, unter (6).

207 Siehe das Beispiel bei *Loose/Griffiths/Impey*, The company director, Kap. 4.11, unter (6).

208 Dazu etwa *Sheikh*, Company Law, Kap. 14.1; *Hannigan et al*, Butterworths corporate law service, Kap. CL[23.41]; rechtsvergleichend *Putt*, CL 1994, 253; der Begriff wird aber auch im Zusammenhang mit unterschiedlichen Stimmgewichten der Aktien verwendet, vgl. *Gower/Davies*, Principles of modern company law, Kap. 23–9.

209 Ausführlich zu den Zustimmungsvorbehalten noch unten, unter H.I.5.

Ein Teilhaberecht an Hauptversammlungen ist hingegen nicht zwingend und wird insbesondere bei stimmrechtslosen Aktien in der Praxis ausgeschlossen.[210] Die Leitungsmacht der Direktoren und ihre gesetzlich zwingenden Grenzen werden in dieser Arbeit noch ausführlich erläutert.[211]

Daneben existieren namentlich dem Minderheitenschutz dienende, nicht abdingbare, individuelle Rechte der Aktionäre, etwa der Auskunftsanspruch in der Hauptversammlung (Sec. 319A CA 2006), sowie das Recht, mit einem bestimmten Minderheitsquorum die Einberufung einer Hauptversammlung zu verlangen (Sec. 303 CA 2006), die Zirkulierung von Stellungnahmen zu verlangen (Sec. 314 CA 2006), oder Beschlussvorlagen einzureichen (Sec. 338 CA 2006).[212] Das Recht auf Auskunftsgewährung aus Sec. 319A und das Recht auf Ergänzung der Tagesordnung durch eine Minderheit aus Sec. 338A CA 2006 gehen auf die europäische Aktionärsrechterichtlinie von 2007 zurück und sind im englischen Recht vergleichsweise neu.[213] Beide Vorschriften gelten nur für *traded companies*. Das sind nach Sec. 360C CA 2006 solche, deren Aktien durch die Gesellschaft selbst oder mit ihrer Zustimmung zum Handel an einem regulierten Markt in einem EWR-Staat zugelassen sind. Schließlich sind die Klagerechte aus dem *unfair prejudice* Rechtsbehelf zwingend, der auch (aber nicht ausschließlich) ein Instrument des Minderheitenschutzes darstellt.[214]

b) Gläubigerschutz

Der Gläubigerschutz wird durch verschiedene Vorschriften sichergestellt, die etwa die Gründungsvoraussetzungen, die Kapitalaufbringung sowie die Kapitalerhaltung betreffen. Bereits bei ihrer Gründung muss die PLC ein Mindestgrundkapital von GBP 50.000 aufweisen (Sec. 761 CA 2006). Dividenden können an die Aktionäre nur im Rahmen enger Grenzen ausgeschüttet werden (Secs. 830 ff. CA 2006). Für sonstige Leistungen an Aktionäre zu nicht marktüblichen Bedingungen wurden im englischen Recht Kapitalerhaltungsmechanismen entwickelt.[215]

---

210 Siehe die Satzung der ASTRAZENECA PLC i.d.F. vom 29. April 2010, Ziffer 4.2 (c).
211 Siehe unten, unter H.
212 Siehe zum Ganzen *Mayson/French/Ryan*, Company Law, Kap. 15.10.5.
213 Art. 6 und Art. 9 RL 2007/36/EG des Europäischen Parlaments und des Rates vom 11. Juli 2006 (über die Ausübung bestimmter Rechte von Aktionären in börsennotierten Gesellschaften); beide Vorschriften sind am 3. August 2009 in Kraft getreten; siehe dazu das Umsetzungsgesetz SI 2009/1632 (The Companies (Shareholders' Rights) Regulations 2009).
214 Dazu ausführlich unten, unter D.
215 Siehe zur Kapitalerhaltung ausführlich *Micheler*, CLJ 2010, 151 ff.

Die Einzelheiten des Gläubigerschutzes haben für die Binnenorganisation der PLC keine Relevanz und werden daher im Folgenden nicht näher erörtert.

c) Gesellschaftspolitische Ziele

Gesetzlich zwingende Vorschriften zur Erreichung gesellschaftspolitischer Ziele sind dem liberalen britischen Gesellschaftsrecht grundsätzlich fremd. Lange Zeit existierten weder Vorschriften zur Beteiligung der Arbeitnehmer im *board* (unternehmerische Mitbestimmung), noch gab es eine zwingende Geschlechterquote auf Ebene des *board*. Allein im Fall der grenzüberschreitenden Verschmelzung kommt eine unternehmerische Mitbestimmung unter bestimmten Voraussetzungen mittlerweile in Betracht. Reine Inlandssachverhalte sind folglich nicht erfasst. Auf die unternehmerische Mitbestimmung wird diese Arbeit noch ausführlich eingehen.[216] Auch einer verpflichtenden Geschlechterquote hat sich das Vereinigte Königreich verweigert.[217] Stattdessen wird auf freiwillige Selbstverpflichtungen der großen börsennotieren Unternehmen vertraut, die mittlerweile zu beachtlichen Erfolgen geführt haben.[218]

II. KGaA

1. Funktion und Inhalt der Satzung

In der KGaA kann die Satzung als Gestaltungswerkzeug für die Binnenverfassung der Gesellschaft eingesetzt werden. Das Gesetz enthält zu den Organen sowie zu ihrem Verhältnis untereinander zwar bereits ein grundsätzlich lückenloses Regelungssystem. Diesbezügliche Satzungsgestaltungen sind daher fakultativ und stellen stets eine Abweichung vom gesetzlichen Leitbild dar. In der Praxis wird jedoch von der Abweichungsmöglichkeit zumindest dadurch typischerweise Gebrauch gemacht, dass der Zustimmungsvorbehalt der Kommanditaktionäre zu außergewöhnlichen Geschäften aus § 278 Abs. 2 AktG i.V.m.

---

216 Siehe unten, unter G.

217 *Davies et al*, Women on Board Davies Review, S. 10, abrufbar unter https://www.gov. uk/government/uploads/system/uploads/attachment_data/file/482059/BIS-15-585-women-on-boards-davies-review-5-year-summary-october-2015.pdf (zuletzt abgerufen am 27. Juli 2016).

218 Insgesamt 55 der FTSE 100-Unternehmen haben die Zielvorgabe eines 25-prozentigen Frauenanteils im *board* bereits erreicht; vgl. *Davies et al*, Women on Board Davies Review, S. 12, abrufbar unter https://www.gov.uk/government/uploads/system/up loads/attachment_data/file/482059/BIS-15-585-women-on-boards-davies-review-5-year-summary-october-2015.pdf (zuletzt abgerufen am 27. Juli 2016).

§ 164 Satz 1 HGB ausgeschlossen oder modifiziert wird.[219] Satzungsdokumente sind meist von eher geringem Umfang. Diese überschreiten selten 20 Seiten.[220] Inhaltlich kann die Satzung Regelungen enthalten, mit denen die Rechte der Komplementäre gestärkt und damit eine komplementärdominierte KGaA geschaffen oder umgekehrt die Rechte der Kommanditaktionäre gestärkt und damit eine hauptversammlungsdominierte KGaA geschaffen werden.[221] Möglich ist es auch, einen Beirat als zusätzliches Organ einzuführen und diesem maßgebliche Rechte einzuräumen, so dass von einer beiratsdominierten KGaA gesprochen werden kann.[222] Auch Gesellschafterausschüsse sind üblich. Neben der fakultativ möglichen Ausgestaltung der Binnenverfassung sind in § 281 AktG und in § 278 Abs. 3 i.V.m. § 23 Abs. 3 bis 4 AktG zwingende Satzungsbestandteile aufgeführt, auf die nicht verzichtet werden kann. Dazu gehören unter anderem die aktienrechtlichen Basisangaben bezüglich Firma, Sitz, Unternehmensgegenstand und Aktienarten, sowie Angaben zu den Komplementären.

2. Rechtsnatur und Form der Satzung

Die Satzung ist ein öffentliches Dokument. Sie muss mit ihrem vollständigen Wortlaut gemäß § 37 Abs. 4 Nr. 1 AktG beim Handelsregister eingereicht werden.[223] Zwar gilt die Vorschrift unmittelbar nur für die AG; über § 278 Abs. 3 AktG sind jedoch sämtliche Gründungsvorschriften auf die KGaA anwendbar, soweit sie nicht durch die §§ 280 ff. AktG modifiziert sind.[224] Die Einsichtnahme

---

219 *Ihrig/Schlitt*, in: Ulmer, Die GmbH & Co. KGaA, ZHR Sonderheft 67, S. 33, 65.
220 Siehe etwa die Satzung der advantec Beteiligungskapital AG & Co. KGaA vom 24. April 2009 (10 Seiten); die Satzung der Borussia Dortmund GmbH & Co. KGaA vom 27. November 2014 (9 Seiten); die Satzung der Drägerwerk AG & Co. KGaA vom 6. März 2014 (25 Seiten); die Satzung der EUROKAI GmbH & Co. KGaA vom September 2014 (10 Seiten); die Satzung der Fresenius SE & Co. KGaA vom 22. August 2014 (22 Seiten); die Satzung der Fresenius Medical Care AG & Co. KGaA vom 31. Oktober 2014 (18 Seiten); die Satzung der Hella KGaA Hueck & Co. vom 31. Oktober 2014 (17 Seiten); die Satzung der Henkel AG & Co. KGaA vom 13. April 2015 (14 Seiten); die Satzung der Merck KGaA vom 19. Juli 2015 (21 Seiten); die Satzung der Sedlmayr Grund und Immobilien KGaA vom 26. April 2013 (15 Seiten).
221 *Reger*, in: Bürgers/Fett, § 5 Rn. 22 f.; *Assmann/Sethe*, in: GroßKomm-AktG, Vor § 278 Rn. 123.
222 *Reger*, in: Bürgers/Fett, § 5 Rn. 23.
223 Zur AG: *Bachmann*, in: Spindler/Stilz, § 37 Rn. 22; *Pentz*, in: MüKo-AktG, § 37 Rn. 62; auch *Hüffer/Koch*, AktG, § 23 Rn. 9: analog § 181 Abs. 1 Satz 2 AktG.
224 *Assmann/Sethe*, in: GroßKomm-AktG, § 278 Rn. 6; *Mertens/Cahn*, in: KK-AktG, § 278 Rn. 8.

in das Handelsregister ist nach § 9 Abs. 1 Satz 1 HGB jedermann zu Informationszwecken gestattet. Eine Begründung des Einsichtsbegehrens muss nicht erfolgen.[225] Aus Gründen der Rechtssicherheit und zum Schutz der Gründer (Warnfunktion)[226] erfolgt die Feststellung der Satzung gemäß § 280 Abs. 1 Satz 1 AktG durch notarielle Beurkundung. Daraus folgt zugleich, dass die Satzung schriftlich niedergelegt sein muss. Sämtliche Satzungsbestandteile müssen in einer einheitlichen Urkunde enthalten sein.[227]

Die Satzung wird in materieller Hinsicht überwiegend als Vertrag mit schuldrechtlichen und organisationsrechtlichen Elementen eingeordnet (sog. modifizierte Vertragstheorie).[228] In ihr verbinden sich schuldvertragliche und organisationsvertragliche Elemente. Vertragliche Erklärungen der Gründer sind zunächst Grundlage für die Entstehung der Gesellschaft. Mit dem Zeitpunkt der Eintragung entsteht sodann mit der KGaA ein von den Gründern unabhängiges Rechtsgebilde und die Satzung löst sich vom Vertragswillen der Gründer.[229] Dagegen bezeichnet eine namentlich dem Vereinsrecht entstammende Auffassung die Satzung teilweise als Vertrag (sog. Vertragstheorie).[230] Freilich lassen sich aus der reinen Terminologie allein noch keine Rückschlüsse auf Rechtsfolgen ziehen.[231] Es dürfte sich daher wohl um einen reinen Theorienstreit handeln, der für die praktische Rechtsanwendung kaum Bedeutung hat.[232]

---

225 *Krafka*, in: MüKo-HGB, § 9 Rn. 6.

226 Zur Warnfunktion der Parallelvorschrift des § 23 Abs. 1 Satz 1 AG: *Arnold*, in: KK-AktG, § 23 Rn. 29; *Bachmann*, in: Spindler/Stilz, § 37 Rn. 22; *Pentz*, in: MüKo-AktG, § 37 Rn. 62; *Seibt*, in: K. Schmidt/Lutter, § 23 Rn. 12; *Hüffer/Koch*, AktG, § 23 Rn. 1; zur Warnfunktion in Bezug auf den GmbH-Gesellschaftsvertrag bereits RGZ 54, 418, 419; RGZ 66, 116, 121.

227 *Röhricht*, in: GroßKomm-AktG, § 23 Rn. 42; *Bachmann*, in: Spindler/Stilz, § 281 Rn. 2; *Perlitt*, in: MüKo-AktG, § 281 Rn. 58.

228 *Röhricht/Schall*, in: GroßKomm-AktG, § 23 Rn. 11: „Schuld- und Organisationsvertrag"; auch *Hüffer/Koch*, AktG, § 23 Rn. 7; jedenfalls bei Gründung durch mehrere Personen auch *Pentz*, in: MüKo-AktG, § 23 Rn. 10; siehe aber *Seibt*, in: K. Schmidt/Lutter, § 23 Rn. 3: „Rechtsgeschäft sui generis"; jeweils zur Aktiengesellschaft.

229 Vgl. *Arnold*, in: KK-AktG, § 23 Rn. 9; *Hüffer/Koch*, AktG, § 23 Rn. 7 stellt auf den Zeitpunkt der Errichtung ab; zum Verein auch BGHZ 47, 172, 179 = WM 1967, 606.

230 *Weick*, in: Staudinger, Vor. § 21 BGB Rn. 35 ff. und § 25 BGB Rn. 15 ff.: „Vertrag besonderen Inhalts"; *Hadding*, in: Soergel, § 25 BGB Rn. 17; *Lutter*, AcP 180 (1980), 84, 95; jeweils zum Verein; vgl. auch RGZ 57, 292, 299 zur Genossenschaft.

231 *Grunewald*, ZGR 1995, 68, 81 f.

232 In diesem Sinne auch *Röhricht/Schall*, in: GroßKomm-AktG, § 23 Rn. 6.

Die Gesellschafter sind befugt, außerhalb der Satzungsurkunde schuldrechtliche Nebenabreden zu treffen.[233] Von der Satzung sind solche Abreden unabhängig und unterliegen insbesondere hinsichtlich ihrer Auslegung grundsätzlich den allgemeinen Regeln über Verträge.[234]

3. Mustersatzung?

Von einigen wurde der Vorschlag gemacht, für die kapitalistische KGaA aus Gründen des Anlegerschutzes Musterstatuten zu entwerfen.[235] Hommelhoff etwa empfiehlt, für die drei Realtypen der börsennotierten GmbH & Co. KGaA von den Zulassungsstellen der Börsen ausgearbeitete Musterstatuten anzubieten.[236] Gemeint sind die komplementärdominierte, die aufsichtsratsdominierte und die beiratsdominierte GmbH & Co. KGaA.[237] Die Musterstatuten sollen dann die Vermutung der Richtigkeit in sich tragen, dass die widerstreitenden Interessen unter Berücksichtigung des Anlegerschutzes in einen angemessenen und rechtlich zulässigen Ausgleich gebracht wurden.[238] Die Entwicklung der Statuten solle durch ein neutral zusammengesetztes Gremium in einem öffentlichen Prozess erfolgen. Kritisch ist daran zu sehen, dass durch eine Mustersatzung die Gestaltungsfreiheit faktisch eingeschränkt würde.[239] Es fehle auch an der praktischen Notwendigkeit, da sich ein Minus an Anlegerrechten typischerweise ohnehin in einem geringeren Aktienkurs widerspiegele.[240] Bis heute wurde der Vorschlag in der Praxis nicht umgesetzt.

4. Satzungsautonomie und Grenzen

Die oben vorgenommene Abgrenzung von § 278 Abs. 2 zu Abs. 3 AktG in aktienrechtliche und personengesellschaftsrechtliche Regeln in der KGaA hat maßgebliche Bedeutung für die Möglichkeiten der Satzungsgestaltung. Soweit

---

233 Vgl. *Hüffer/Koch*, AktG, § 23 Rn. 45 ff. zur AG.

234 *Hüffer/Koch*, AktG, § 23 Rn. 46 zur AG.

235 *Ladwig/Motte*, DStR 1997, 1539, 1541: Börsenpraxis sei auf Mustersatzung angewiesen; *Hommelhoff*, in: Ulmer, Die GmbH & Co. KGaA, ZHR Sonderheft 67, S. 9, 28 f.; deutlich zurückhaltender *Hoffmann-Becking/Herfs*, in: FS Sigle, S. 273, 287 f.

236 *Hommelhoff*, in: Ulmer, Die GmbH & Co. KGaA, ZHR Sonderheft 67, S. 9, 29.

237 Siehe dazu bereits oben, unter 1.

238 Zum Vorschlag einer Inhaltskontrolle der Satzung in der kapitalistischen KGaA noch unten, unter 4.a).

239 *Perlitt*, in: MüKo-AktG, § 278 Rn. 357; **a.A.** *Hommelhoff*, in: Ulmer, Die GmbH & Co. KGaA, ZHR Sonderheft 67, S. 9, 29: „Solche Ausgestaltungsanregungen würden die Emittent in keinem Deut in ihrer Gestaltungsfreiheit einschränken".

240 *Perlitt*, in: MüKo-AktG, § 278 Rn. 357.

Aktienrecht zur Anwendung kommt, gilt gemäß § 278 Abs. 3 AktG i.V.m. § 23 Abs. 5 AktG der Grundsatz der Satzungsstrenge. Nach dessen Wortlaut kann die Satzung von den gesetzlichen Vorschriften nur abweichen, wenn dies ausdrücklich zugelassen ist. Soweit hingegen Personengesellschaftsrecht zur Anwendung gelangt, gilt gemäß § 278 Abs. 2 AktG i.V.m. § 109 HGB der Grundsatz der Satzungsautonomie.[241] Auch das Personengesellschaftsrecht kennt jedoch Grenzen, die für die KGaA entsprechend heranzuziehen sind.[242]

Eine abschließende Darstellung der Grenzen der Satzungsautonomie kann und soll an dieser Stelle nicht erfolgen. Es existieren eine Reihe von zwingenden Einzelvorschriften und teilweise allgemeinen Rechtsgrundsätzen, die namentlich dem Schutz von (künftigen) Anlegern und Gesellschaftern (unten, unter a), dem Schutz von Gläubigern (unten, unter b),[243] aber auch gesellschaftspolitischen Zielen dienen (unten, unter c).[244] Nachfolgend wird über die Grenzen ein Überblick gegeben.

a) Anleger- und Gesellschafterschutz

Hinsichtlich des Anleger- und Gesellschafterschutzes ist zwischen aktienrechtlichen und personengesellschaftsrechtlichen Grenzen der Satzungsautonomie zu unterscheiden. Teilweise wird darüber hinaus bei der kapitalistischen KGaA eine zusätzliche Inhaltskontrolle angenommen (dazu sogleich).

aa) Aktienrechtliche Grenzen

Vor einem opportunistischen Verhalten der Geschäftsleitung werden Kommanditaktionäre unter anderem durch das für die Komplementäre geltende Haftungsregime geschützt (§ 283 Nr. 3 i.V.m. § 93 AktG).[245] Überdies fallen einige Gegenstände in den originären Zuständigkeitsbereich der Hauptversammlung. Dazu gehören namentlich die unentziehbare Kompetenz zur Bestellung

---

241 *K. Schmidt*, in: K. Schmidt/Lutter, § 278 Rn. 35.

242 *Assmann/Sethe*, in: GroßKomm-AktG, Vor. § 278 Rn. 60; *Mertens/Cahn*, in: KK-AktG, Vor. § 278 Rn. 15; *Wichert*, Die Finanzen der KGaA, S. 67 ff.; *Sethe*, Die personalistische Kapitalgesellschaft, S. 115 ff.

243 Vgl. zum identischen Schutzzweck der Satzungsstrenge in der AG: *Limmer*, in: Spindler/Stilz, § 23 Rn. 28; *Hüffer/Koch*, AktG, § 23 Rn. 34; *Seibt*, in: K. Schmidt/Lutter, § 23 Rn. 53; *Arnold*, in: KK-AktG, § 23 Rn. 130.

244 *Ulmer/Habersack*, in: H/H/U, Einl. MitbestG, Rn. 1 zu den Zielen der unternehmerischen Mitbestimmung: sozialethische, sozialpolitische und gesellschaftspolitische Ziele.

245 Vgl. *Spindler*, in: MüKo-AktG, § 93 Rn. 1 zum Schutzzweck von § 93 AktG: Schutz von Aktionären und Gläubigern.

und Abberufung von Aufsichtsratsmitgliedern (§§ 278 Abs. 3, 101 Abs. 1 AktG), soweit nicht durch die Mitbestimmungsgesetze oder Entsendungsrechte eingeschränkt, sowie die Kompetenz zur Feststellung des Jahresabschlusses (§ 286 Abs. 1 Satz 1 AktG).

Durch die Doppelfunktion der Komplementäre – sie sind nach dem gesetzlichen Leitbild Geschäftsleiter und zugleich Gesellschafter – wird ein zusätzlicher Schutz der Kommanditaktionäre erforderlich. Sofern Komplementäre zugleich Kommanditaktien halten, unterliegen sie daher bei bestimmten Beschlussgegenständen, die sich auf die Kontrolle der Geschäftsleitung beziehen, einem Stimmverbot (§ 285 Abs. 1 Satz 2 AktG). Das betrifft etwa die Bestellung und Abberufung der Aufsichtsratsmitglieder (§ 285 Abs. 1 Satz 2 Nr. 1 AktG) sowie die Wahl von Abschlussprüfern (§ 285 Abs. 1 Satz 2 Nr. 6 AktG).

Überdies ergeben sich bereits aus dem allgemeinen Aktienrecht zwingende Mitwirkungsvorbehalte. Dazu gehören Zustimmungsvorbehalte der Hauptversammlung bei bestimmten Strukturmaßnahmen wie Satzungsänderungen, Kapitalmaßnahmen, sowie Konzern- und Umwandlungsmaßnahmen.[246] Nach verbreiteter Ansicht ist insoweit zwar im Grundsatz gemäß § 278 Abs. 2 AktG Personengesellschaftsrecht mit den dort geltenden Grenzen anzuwenden.[247] Dieses wird jedoch vielfach durch zwingende Spezialvorschriften (etwa §§ 179 ff., 182 ff. AktG; §§ 13, 78 UmwG) überlagert.[248] Schließlich ist eine Mitwirkung des Aufsichtsrats bei Geschäften der Geschäftsleiter mit der Gesellschaft vorgesehen (§ 112 AktG).[249]

Zwingend sind ferner alle Rechte der Kommanditaktionäre, die ihnen als individuelle Rechte – und nicht bloß in ihrer „Gesamtheit" (vgl. § 278 Abs. 2 AktG) – zustehen. Das sind solche des einzelnen Kommanditaktionärs, etwa das Teilnahmerecht an der Hauptversammlung (§ 118 AktG), das Stimmrecht (§ 134 AktG), der Auskunftsanspruch (§ 131 AktG) und das Anfechtungsrecht (§§ 243 ff. AktG). Es sind aber auch solche, für die ein bestimmtes Minderheitsquorum erforderlich ist, etwa das Verlangen auf Einberufung der Hauptversammlung (§ 122 Abs. 1 AktG) oder die Aufnahme von Gegenständen auf die

---

246 Siehe zu Einzelheiten bezüglich der Mitwirkungsvorbehalte noch unten, unter H.II.5.
247 *Assmann/Sethe*, in: GroßKomm-AktG, Vor. § 278 Rn. 59; *Hüffer/Koch*, AktG, § 278 Rn. 17a; *Reger*, in: Bürgers/Fett, § 5 Rn. 89; *Bachmann*, in: Spindler/Stilz, § 278 Rn. 65.
248 *Bachmann*, in: Spindler/Stilz, § 278 Rn. 66 f.; vgl. auch *Assmann/Sethe*, in: GroßKomm-AktG, § 278 Rn. 124; *Mertens/Cahn*, in: KK-AktG, § 278 Rn. 9; *Perlitt*, in: MüKo-AktG, § 278 Rn. 180; *Hüffer/Koch*, AktG, § 278 Rn. 20; *Reger*, in: Bürgers/Fett, § 5 Rn. 398 und 404.
249 Siehe die Fundstellen in Fn. 170; ausführlich unten, unter H.II.5.c).

Tagesordnung (§ 122 Abs. 2 AktG). Sowohl das Recht auf Ergänzung der Tagesordnung (§ 122 Abs. 2 AktG) als auch das Auskunftsrecht (§ 131 AktG) waren bereits im AktG von 1937 enthalten und haben europarechtlich ihren Niederschlag in der Aktionärsrechterichtlinie 2007 gefunden.[250]

bb) Personengesellschaftsrechtliche Grenzen

Aus dem Personengesellschaftsrecht stammen schließlich mit dem Prinzip der Selbstorganschaft und dem Abspaltungsverbot allgemeine Rechtsprinzipien, die die Satzungsautonomie einschränken.[251] Überdies dienten dem Minderheitenschutz in Personengesellschaften früher auch der formale Bestimmtheitsgrundsatz und die Kernbereichslehre, die nachfolgend kurz erörtert werden.

Der personengesellschaftsrechtliche Bestimmtheitsgrundsatz ist mittlerweile überholt.[252] Danach musste eine Klausel im Gesellschaftsvertrag, wonach Änderungen desselben mit bloßer Mehrheit zulässig waren, sich ausdrücklich auf das Recht, in das durch Mehrheitsbeschluss eingegriffen werden können sollte, beziehen, sowie den Umfang und die Folgen des Eingriffs erkennen lassen.[253] Namentlich in der Publikums-KG hat der Bundesgerichtshof den Bestimmtheitsgrundsatz jedoch schon seit längerem nur sehr eingeschränkt angewendet.[254] Daraus wurde bereits früher der Schluss gezogen, dass er auch in der KGaA nahezu bedeutungslos sei.[255]

Auch die personengesellschaftsrechtliche Kernbereichslehre dürfte überholt sein.[256] Danach sollte jedem Gesellschafter ein Kernbereich von bestimmten

---

250   § 106 Abs. 3 AktG 1937 normierte das Recht auf Ergänzung der Tagesordnung; dazu *Rieckers*, in: Spindler/Stilz, § 122 Rn. 4; § 112 AktG 1937 normierte den Auskunftsanspruch; dazu *Siems*, in: Spindler/Stilz, § 131 Rn. 1; auch Art. 6 und 9 RL 2007/36/ EG des Europäischen Parlaments und des Rates vom 11. Juli 2006 (über die Ausübung bestimmter Rechte von Aktionären in börsennotierten Gesellschaften).

251   *Reger*, in: Bürgers/Fett, § 5 Rn. 7.

252   BGHZ 203, 77 = NJW 2015, 859; zustimmend *Grunewald*, BB 2015, 333.

253   BGHZ 132, 263 = NJW 1996, 1678; deutlich weniger streng bereits BGHZ 170, 283 – OTTO = NJW 2007, 1685; auch BGHZ 179, 13 – Schutzgemeinschaft II = NJW 2009, 669.

254   Vgl. BGHZ 71, 53, 58 = NJW 1978, 1382; BGHZ 85, 350, 358 = NJW 1983, 1056; auch *Grunewald*, in: MüKo-HGB, § 161 Rn. 120.

255   *Wichert*, AG 1999, 362, 366; *Philbert*, Die Kommanditgesellschaft auf Aktien, S. 71; dazu auch *Reger*, in: Bürgers/Fett, § 5 Rn. 16.

256   *Priester*, NZG 2015, 529 ff; *Wertenbruch*, DB 2014, 2875 ff.; kritisch aber *Schiffer*, BB 2015, 584.

Rechten zustehen, die durch die Satzung nicht abbedungen werden konnten.[257] Mittlerweile formuliert der Bundesgerichtshof, dass er einen absoluten Kernbereich nicht mehr prüft.[258] Vielmehr sei auf die individuelle Rechtstellung des Gesellschafters und seine rechtliche und vermögensmäßige Position in der Gesellschaft abzustellen. Bei jedem Eingriff soll es darauf ankommen, ob dieser im Interesse der Gesellschaft geboten und dem betroffenen Gesellschafter unter Berücksichtigung seiner eigenen schutzwerten Belange zumutbar ist.[259]

Gleichzeitig gibt der Bundesgerichtshof zu erkennen, dass er trotz Aufgabe der Kernbereichslehre weiterhin von unverzichtbaren und damit unentziehbaren Rechten ausgeht,[260] wobei Umfang und Grenzen unklar sind. Diese Rechte sind vom Kernbereich zu trennen.[261] Erfasst sein dürften unter anderem das Recht des Gesellschafters zur Teilnahme an Gesellschafterversammlungen, das Recht zur Erhebung der *actio pro socio* und auch die Treuepflicht.[262] Letztere wird in dieser Arbeit noch unter dem Oberbegriff der Ausübungskontrolle ausführlich erläutert.[263]

Mit der Aufgabe von Bestimmtheitsgrundsatz und Kernbereichslehre dürfte die Prüfung insgesamt weitgehend auf die flexiblere Ausübungskontrolle hinsichtlich der konkreten Beschlussfassung verlagert sein, die aber formal keine Einschränkung der Satzungsautonomie bedeutet.

cc) Zusätzliche Inhaltskontrolle in kapitalistischer KGaA

Eine weitere Grenze der Satzungsautonomie wird für die kapitalistische KGaA diskutiert, also eine solche, die keine natürliche Person als Komplementär besitzt. Hintergrund ist die vermeintlich erhöhte Schutzbedürftigkeit der Anleger.[264] Die Diskussion wurde durch den Beschluss des Bundesgerichtshofs vom 24. Februar 1997 neu entflammt.[265] Der Senat schlug *obiter* die Anwendbarkeit der für

---

257 *Reger*, in: Bürgers/Fett, § 5 Rn. 12; *Winzen*, Vorzugsaktie und KGaA, S. 71 ff.
258 BGHZ 203, 77 = NJW 2015, 859.
259 BGHZ 203, 77 = NJW 2015, 859.
260 BGHZ 203, 77 = NJW 2015, 859.
261 *Priester*, NZG 2015, 529, 530; dazu auch *Grunewald*, BB 2015, 333.
262 Ausführlich *Wertenbruch*, DB 2014, 2875, 2879 f.; vgl. auch *Reger*, in: Bürgers/Fett, § 5 Rn. 13; *Winzen*, Vorzugsaktie und KGaA, S. 72 f.
263 Siehe unten, unter D.II.
264 Siehe nur *Perlitt*, in: MüKo-AktG, § 278 Rn. 336.
265 Siehe dazu *Assmann/Sethe*, in: GroßKomm-AktG, § 278 Rn. 7; *Mertens/Cahn*, in: KK-AktG, Vor. § 278 Rn. 16 f.; *Perlitt*, in: MüKo-AktG, § 278 Rn. 336 ff.; *Bachmann*, in: Spindler/Stilz, § 278 Rn. 28 ff.; *Hüffer/Koch*, AktG, § 278 Rn. 9; *Wichert*, AG 2000,

Publikumspersonengesellschaften geltenden Grundsätze vor, ohne sich aber im Ergebnis hierauf festzulegen.[266] Dort wird seit langem eine gesonderte Inhaltskontrolle über § 242 BGB vorgenommen, um die fehlende Vertragsparität mit neu hinzutretenden Gesellschaftern auszugleichen, die nicht auf den Inhalt des Gesellschaftsvertrags Einfluss nehmen können.[267]

Für die kapitalistische KGaA müsse erwogen werden, Satzungsgestaltungen zu Lasten der Kommanditaktionäre engere Grenzen zu setzen als in der gesetzestypischen KGaA.[268] Auf zwei Bereiche hat der Senat besonders hingewiesen. Erstens auf satzungsmäßige Einschränkungen der den Kommanditaktionären nach dem Gesetz zustehenden Mitwirkungsbefugnisse bei außergewöhnlichen Geschäften (§ 164 S. 1 HGB) und zweitens auf Erweiterungen des Zustimmungsvorbehalts der Komplementäre (§ 285 Abs. 2 Satz 1 AktG). Freilich seien die Grenzen einer Inhaltskontrolle nicht starr und Satzungsgestaltungen zu Lasten der Kommanditaktionäre könnten durch Ausgleichsmechanismen wieder kompensiert werden.[269] Sofern den Kommanditaktionären etwa Mitwirkungsrechte entzogen werden, wären sie ausreichend geschützt, wenn stattdessen die Mitwirkung eines Gesellschafterausschusses oder auch des Aufsichtsrats in ihrem Interesse angeordnet würde.[270]

Bis heute hat sich eine einheitliche Linie zu dieser Problematik in der Literatur nicht entwickelt. Teilweise wird eine Inhaltskontrolle bei der kapitalistischen KGaA befürwortet,[271] teilweise auch abgelehnt.[272] Letztlich stellt aber auch die verneinende Ansicht die Anleger nicht schutzlos, sondern verlagert die Frage im Wesentlichen nur auf die vorhandenen Schutzinstrumente, wie etwa die Treuepflichten im

---

     268 ff.; *Ihrig/Schlitt*, in: *Ulmer*, Die GmbH & Co. KGaA, ZHR Sonderheft 67, S. 33, 60 ff.; *Kölling*, Gestaltungsspielräume und Anlegerschutz, S. 202 ff.; zuvor bereits *Priester*, ZHR 160 (1996), 250, 262.

266   BGHZ 134, 392, 393 = NJW 1997, 1923.

267   Siehe etwa BGHZ 102, 172 = NJW 1988, 969; BGHZ 104, 50 = NJW 1988, 1903; *Hopt*, in: Baumbach/Hopt, Anh. § 177a Rn. 68; für eine Herleitung über § 138 BGB anstelle von § 242 BGB ausführlich *Grunewald*, in: MüKo-HGB, § 161 Rn. 124 f.

268   BGHZ 134, 392, 393 = NJW 1997, 1923.

269   Vgl. *Perlitt*, in: MüKo-AktG, § 278 Rn. 356; *Bachmann*, in: Spindler/Stilz, § 278 Rn. 32.

270   *Ihrig/Schlitt*, in: Ulmer, Die GmbH & Co. KGaA, ZHR Sonderheft 67, S. 33, 66 f.

271   *Ihrig/Schlitt*, in: Ulmer, Die GmbH & Co. KGaA, ZHR Sonderheft 67, S. 33, 60 ff.; *Perlitt*, in: MüKo-AktG, § 278 Rn. 354 ff.; *Bachmann*, in: Spindler/Stilz, § 278 Rn. 30; *Kölling*, Gestaltungsspielräume und Anlegerschutz, S. 203.

272   *Assmann/Sethe*, in: GroßKomm-AktG, § 278 Rn. 7; *Mertens/Cahn*, in: KK-AktG, Vor. § 278 Rn. 17; *Hüffer/Koch*, AktG, § 278 Rn. 9; *Wichert*, AG 2000, 268 ff.

Rahmen der Ausübungskontrolle.[273] Ob sich im Einzelfall Unterschiede ergeben, dürfte demnach kaum von der breit diskutierten Frage einer zusätzlichen Inhaltskontrolle für die kapitalistische KGaA abhängen.

b) Gläubigerschutz

Gläubigerschützende Vorschriften unterfallen gemäß § 278 Abs. 3 AktG ebenfalls dem aktienrechtlichen Grundsatz der Satzungsstrenge und sind damit nicht abdingbar.[274] Davon erfasst sind namentlich die Kapitalaufbringung und die Kapitalerhaltung. Die KGaA muss ein Mindestgrundkapital von EUR 50.000 aufweisen (§ 7 AktG); Einlagen dürfen den Kommanditaktionären nur in engen Grenzen zurückgewährt (§§ 57, 62 AktG) oder als Gewinn ausgeschüttet werden (§§ 58 ff. AktG). Für die Komplementäre gelten überdies besondere Kapitalerhaltungsvorschriften (vgl. § 288 AktG).

c) Gesellschaftspolitische Ziele

Darüber hinaus wird die Satzungsautonomie durch gesellschaftspolitische Ziele beschränkt. Dazu gehört zum einen die unternehmerische Mitbestimmung,[275] auf die noch an anderer Stelle ausführlich eingegangen wird.[276] Zum anderen ordnet das Gesetz mittlerweile eine zwingende Geschlechterquote im Aufsichtsrat an. Danach muss der Aufsichtsrat einer KGaA, die börsennotiert und zugleich paritätisch mitbestimmt ist, mit einem Männer- und Frauenanteil von jeweils mindestens 30 Prozent besetzt sein (§ 96 Abs. 2 AktG i.V.m. § 278 Abs. 3 AktG). Verstöße führen zur Nichtigkeit der Wahl der Aufsichtsratsmitglieder (§ 96 Abs. 2 Satz 6 AktG). In bestimmten Fällen müssen auch Zielgrößen zur Erreichung eines Frauenanteils im Aufsichtsrat (§ 111 Abs. 5 i.V.m. § 278 Abs. 3 AktG) sowie in den beiden Führungsebenen unterhalb der Komplementärebene (§ 76 Abs. 4 i.V.m. § 278 Abs. 3 AktG) festgelegt werden.[277] Die Verfehlung dieser

---

273 Vgl. *Assmann/Sethe*, in: GroßKomm-AktG, § 278 Rn. 7; *Mertens/Cahn*, in: KK-AktG, Vor. § 278 Rn. 17.

274 *Assmann/Sethe*, in: GroßKomm-AktG, Vor. § 278 Rn. 61; *Mertens/Cahn*, in: KK-AktG, § 278 Rn. 45; *Hennerkes/Lorz*, DB 1997, 1388, 1391.

275 Siehe zur zwingenden Natur der Mitbestimmung in der AG ausdrücklich *Hüffer/Koch*, AktG, § 96 Rn. 3; auch *Habersack*, in: MüKo-AktG, § 96 Rn. 3.

276 Unten, unter G.II.

277 Familienausschuss, BT-Drs. 18/4227, S. 22: keine Zielgrößen müssen für die Komplementärebene selbst festgelegt werden, da § 111 Abs. 5 Satz 1 Fall 2 AktG in der KGaA nicht anwendbar ist.

selbstgesetzten Zielgrößen bleibt – anders als die Verfehlung der Geschlechterquote – sanktionslos.[278]

III. Ergebnis in Thesenform

1.) Hinsichtlich der Funktion und Rechtsnatur der Satzung in PLC und KGaA lassen sich Unterschiede und Gemeinsamkeiten feststellen:

    a.) In der PLC regelt die Satzung fast vollumfänglich das Binnenrecht. Der enorme Umfang des CA 2006 darf darüber nicht hinwegtäuschen. Vorschriften zur Binnenorganisation sind darin nur vereinzelt enthalten. Als Standardregelung gilt die Mustersatzung des Secretary of State, wenn und soweit sie nicht ausdrücklich abbedungen wird. In der Praxis greifen börsennotierte PLCs stets auf individuell gestaltete Satzungen zurück.

    b.) In der KGaA ergänzt oder modifiziert die Satzung das Binnenrecht. Das Gesetz regelt das Binnenrecht bereits vollumfänglich und bedarf einer Ergänzung durch die Satzung nicht. Aus Gründen des Anlegerschutzes wurde für die kapitalistische KGaA eine Mustersatzung vorgeschlagen. Dieser Vorschlag konnte sich nicht durchsetzen.

    c.) In beiden Rechtsformen stellt die Satzung ein öffentliches Dokument dar, das für jedermann beim Companies House bzw. beim Handelsregister einsehbar ist.

2.) Der Grundsatz der Satzungsautonomie gilt in PLC und in KGaA, allerdings mit Einschränkungen, die sich im Detail deutlich unterscheiden:

    a.) In der PLC sind Einschränkungen im Wesentlichen zum Schutz von zwei verschiedenen Gruppen zu finden: Anlegern bzw. Gesellschaftern und Gläubigern. Eine zwingende unternehmerische Mitbestimmung kommt nur in Ausnahmefällen in Betracht, eine gesetzlich verordnete Geschlechterquote existiert nicht.

    b.) In der KGaA sind Einschränkungen zum Schutz von Anlegern bzw. Gesellschaftern und Gläubigern zu finden. Zusätzlich werden gesellschaftspolitische Ziele wie die unternehmerische Mitbestimmung und die Geschlechterquote über zwingendes Aktienrecht erreicht.

    c.) Als Instrumente des Anlegerschutzes existieren sowohl in der PLC als auch in der KGaA punktuelle Regelungen (etwa Zustimmungsvorbehalte der Hauptversammlung und individuelle Minderheitenrechte). In der KGaA wird aufgrund der personengesellschaftsrechtlichen Komponente

---

278 *Hüffer/Koch*, AktG, § 76 Rn. 72 und § 111 Rn. 58.

ein zusätzlicher Gesellschafterschutz durch allgemeine Prinzipien vorgenommen (Selbstorganschaft und Abspaltungsverbot).

C. Einzelfragen zur Satzung

Dieses Kapitel behandelt die Auslegung von Satzungsbestimmungen (jeweils unter 1.) sowie die Voraussetzungen und das Verfahren bei Satzungsänderungen (jeweils unter 2.).

I. PLC

1. Auslegung von Satzungsbestimmungen

Die grundsätzliche Herangehensweise bei der Auslegung von Satzungsbestimmungen scheint mit der wegweisenden Privy Council Entscheidung *Belize Telecom* aus dem Jahr 2009 mittlerweile geklärt.[279] Danach soll es darauf ankommen, wie ein vernünftiger Dritter, der im Besitz aller einem vernünftigen Adressaten der Satzung verfügbaren Hintergrundinformationen ist, die Satzung verstehen würde.[280] Maßgeblich ist allein, wie aus objektiver Sicht zu verstehen ist, was der Satzungsgeber gewollt hat.[281] Zwar soll dies nach *Belize Telecom* allgemein für jede Art von Vertrag gelten.[282] Man wird aber gerade bei einer Satzung die innere Rechtfertigung für diese Vorgehensweise auch daraus ableiten können, dass es sich bei dieser um ein öffentliches Dokument handelt, weshalb Dritte, die mit der Gesellschaft Geschäfte eingehen, in besonderem Maße schutzbedürftig sind.[283] Das gilt auch für neu hinzutretende Anleger, die von dem subjektiven Willen der Gründer keine Kenntnis haben können.[284] Eine Differenzierung nach Art oder Größe der Gesellschaft (etwa zwischen Limited und PLC) wird bei der Satzungsauslegung im englischen Recht nicht vorgenommen.

---

279   In diesem Sinne *Hooley*, CLJ 2014, 315, 343 ff.; *Peters*, CLJ 2009, 513, 515; sich anschließend mittlerweile auch *Mediterranean Salvage & Towage Ltd v Seamar Trading & Commerce Inc.* [2009] 1 CLC 909 (CA) 913 f.; *Sectorguard Plc v Dienne Plc* [2009] EWHC 2693 (Ch) [29].

280   *Attorney-General of Belize v Belize Telecom Ltd* [2009] 1 WLR 1998 (Privy Council) [16]; dazu *Hooley*, CLJ 2014, 315 ff.; *Peters*, CLJ 2009, 513 ff.; *Sheikh*, Company Law, Kap. 6.10.

281   *Attorney-General of Belize v Belize Telecom Ltd* [2009] 1 WLR 1998 (Privy Council) [16].

282   *Attorney-General of Belize v Belize Telecom Ltd* [2009] 1 WLR 1998 (Privy Council) [16].

283   So *Gower/Davies*, Principles of modern company law, Kap. 3–19; siehe dazu auch *Scott v Frank F Scott (London) Ltd* [1940] Ch 794 (CA) 802.

284   Vgl. *Gower/Davies*, Principles of modern company law, Kap. 3–19.

Ungeklärt ist, inwieweit bei der Auslegung solche Umstände berücksichtigt werden dürfen, die sich nicht aus dem Text des Dokuments selbst ergeben. Die bisherige Rechtsprechung hat solche *extrinsic circumstances* für gänzlich unbeachtlich gehalten.[285] Auch das kann darauf zurückgeführt werden, dass neu hinzutretende Anleger geschützt werden müssen.[286] In *Belize Telecom* wurde insoweit Neuland betreten, als danach zumindest solche Umstände in einem geringen Umfang berücksichtigt werden dürfen, die allgemein bekannt sind. Konkret ging es um die Tatsache, dass jeder im Inselstaat Belize gewusst haben soll, dass der Bereich der Telekommunikation ein Staatsmonopol darstellte und privatisiert werden sollte.[287] Mittlerweile scheinen andere Gerichte ein ähnlich weites Verständnis bei der Vertragsauslegung wie in *Belize Telecom* anzulegen.[288] Die dort aufgestellte Formel, dass alle einem vernünftigen Adressaten verfügbaren Hintergrundinformationen berücksichtigt werden dürfen, legt nahe, dass auch öffentliche zugängliche Dokumente Beachtung finden können.

In *Belize Telecom* wurde zudem klargestellt, dass die dort aufgestellten Grundsätze auch für die ergänzende Auslegung gelten.[289] Damit ist eine Abkehr von der bisherigen Rechtsprechung verbunden, die bei der ergänzenden Vertragsauslegung kumulativ verschiedene Tests angewendet hat.[290] Das stellt eine erhebliche Vereinfachung der Rechtsanwendung dar.[291] Allerdings ist bei der ergänzenden Vertragsauslegung grundsätzlich Zurückhaltung geboten.[292] Das folgt daraus, dass es sich bei der Satzung um einen Vertrag handelt und dieser der Vertragsautonomie der Parteien unterliegt.[293] Eine gerichtliche Ergänzung allein aus Billigkeitsgründen wird aus diesem Grund für unzulässig gehalten.[294] Einigkeit besteht aber darin, dass Klauseln vom Gericht geändert werden oder gegen den Wortlaut angewendet werden können, wenn damit absurde Ergebnisse vermieden werden

285 Vgl. *Bratton Seymour Service Co Ltd v Oxborough* [1992] BCLC 693.

286 *Gower/Davies*, Principles of modern company law, Kap. 3–19.

287 *Attorney-General of Belize v Belize Telecom Ltd* [2009] 1 WLR 1998 (Privy Council) [37].

288 *Yam Seng Pte Ltd. v International Trade Corp Ltd.* [2013] EWHC 111 (QB) betrifft eine Vertragsklausel zu exklusiven Distibutionsrechten, für die auf gemeinsame Werte und Verhaltensregeln abgestellt wird; dazu ausführlich *Hooley*, CLJ 2014, 315, 344 f.

289 *Attorney-General of Belize v Belize Telecom Ltd* [2009] 1 WLR 1998 (Privy Council) [18].

290 Siehe nur *National Commercial Bank of Jamaica Ltd v Guyana Refrigerators Ltd* (1998) 53 WIR 229 (Privy Council) 232; *Equitable Life Assurance Society v Hyman* [2002] 1 AC 408 (HL) 458.

291 So auch *Hooley*, CLJ 2014, 315, 348.

292 *Gower/Davies*, Principles of modern company law, Kap. 3–19.

293 Dazu bereits oben, unter B.I.2.

294 *Attorney-General of Belize v Belize Telecom Ltd* [2009] 1 WLR 1998 (Privy Council) [16].

können[295] oder wenn sie zur Erfüllung der Erwartungen der Parteien nach einem vernünftigen Verständnis schlicht unerlässlich sind.[296]

2. Satzungsänderungen

Satzungsänderungen sind gemäß Sec. 21 (1) CA 2006 nur durch eine *special resolution* möglich. Die Mehrheitserfordernisse für eine *special resolution* unterscheiden sich je nach gewählter Form der Abstimmung. Im Falle einer Abstimmung durch einen *show of hands* ist eine Mehrheit von drei Vierteln der abgegebenen Stimmen erforderlich (Sec. 283 (4) CA 2006), im Falle einer Abstimmung durch einen *poll* eine Mehrheit von drei Vierteln der Stimmen aller stimmberechtigten Aktionäre (Sec. 283 (5) CA 2006). Typischerweise entscheidet über die Form der Abstimmung – *show of hands* oder *poll* – der *chairman* der Hauptversammlung.[297] Die Aktionäre können die Abstimmung durch einen *poll* jedoch grundsätzlich verlangen. Dieses Recht kann durch Satzung nur in bestimmten Fällen ausgeschlossen werden (Sec. 321 CA 2006).

Durch Satzungsbestimmung können die an Satzungsänderungen gestellten Anforderungen erschwert werden, nicht hingegen erleichtert werden.[298] Eine Verschärfung kann namentlich gemäß Sec. 22 CA 2006 dadurch erfolgen, dass die Änderung einzelner Satzungsbestimmungen, sogenannter *entrenched provisions*, an weitere Bedingungen geknüpft wird. Denkbar ist etwa die Zustimmung durch einen bestimmten Aktionär oder eine Gruppe von Aktionären.[299] Unzulässig ist hingegen die Deklaration sämtlicher Satzungsbestimmungen als *entrenched provision*, da dies die gesetzlich vorgesehene Möglichkeit der Änderung über eine *special resolution* aushebeln würde.[300] Darüber hinaus ist grundsätzlich die Zustimmung eines jeden Aktionärs erforderlich, der durch eine Satzungsänderung daran gebunden werden soll, weitere Aktien zu zeichnen, einer erweiterten Haftung ausgesetzt wird oder Geld an die Gesellschaft zahlen soll (Sec. 25 CA 2006).

---

295 *Folkes Group plc v Alexander* [2002] EWHC 51 (Ch) [20].
296 *Equitable Life Assurance Society v Hyman* [2002] 1 AC 408 (QB) 459; Fall betrifft Frage des Ermessensspielraums eines Direktors bei der Bestimmung seiner Bonuszahlungen.
297 Siehe etwa Sec. 36 f. der Model Articles für PLCs, Anhang 3 zu SI 2008/3229 (The Companies (Model Articles) Regulations 2008).
298 *Loose/Griffiths/Impey*, The company director, Kap. 4.11.
299 *Gower/Davies*, Principles of modern company law, Kap. 3–30.
300 *Sheikh*, Company Law, Kap. 6.4.

Jede Satzungsänderung muss binnen 15 Tagen beim Companies House angemeldet werden und es muss eine Kopie des geänderten Satzungstextes eingereicht werden (Sec. 26 CA 2006). Es erfolgt eine öffentliche Mitteilung über den Empfang der Dokumente und diese werden – nicht notwendig zum gleichen Zeitpunkt – für jedermann frei einsehbar vom Companies House veröffentlicht (Sec. 1085 CA 2006). Konstitutive Wirkung kommt dem nicht zu. Allerdings greift zum Schutz Dritter eine negative Registerpublizität: Die Gesellschaft kann sich Dritten gegenüber bis zum Zeitpunkt der öffentlichen Mitteilung über den Empfang der Dokumente nicht auf die einzutragende Tatsachen berufen, wenn nicht der Dritte ausnahmsweise positive Kenntnis von diesen hatte (Sec. 1079 (1) CA 2006). Darüber hinaus kann sich die Gesellschaft bis zu 15 Tage nach der öffentlichen Mitteilung Dritten gegenüber nicht hierauf berufen, wenn der Dritte nachweist, dass er von der Tatsache nichts wissen konnte (Sec. 1079 (3) CA 2006).

II. KGaA

1. Auslegung von Satzungsbestimmungen

Spezielle Ausführungen zur Auslegung von Satzungsbestimmungen in der KGaA werden in Literatur und Rechtsprechung nicht vorgenommen. Daher muss auf allgemeine Grundsätze zurückgegriffen werden.

Es stellt sich zunächst die Frage, ob die Auslegung der Satzung objektiv oder nach den für Rechtsgeschäfte geltenden Grundsätzen gemäß §§ 133, 157 BGB vorzunehmen ist. Von der wohl überwiegenden Auffassung wird im Verbandsrecht generell angenommen, dass die Auslegung jedenfalls von korporativen Bestandteilen der Satzung allein nach objektiven Grundsätzen zu erfolgen habe.[301] Das sei notwendige Bedingung dafür, dass die Satzung auch zukünftige Gesellschafter binden könne.[302] Eine im Vordingen befindliche Gegenauffassung stellt nicht auf die Rechtsform, sondern auf die tatsächlichen Verhältnisse der Gesellschaft ab und fragt unter anderem danach, ob im Einzelfall zusätzlich zu den Gründern weitere Gesellschafter hinzugetreten sind, deren Interessen geschützt werden müssen.[303] Da in der Praxis bei der KGaA Anleger

---

301 BGHZ 96, 245 = NJW 1986, 1033 zum Verein; *Röhricht/Schall*, in: GroßKomm-AktG, § 23 Rn. 39 allgemein zu Körperschaften; *Limmer*, in: Spindler/Stilz, § 23 Rn. 39; *Hüffer/Koch*, AktG, § 23 Rn. 39.

302 Vgl. *Röhricht/Schall*, in: GroßKomm-AktG, § 23 Rn. 39.

303 *Grunewald*, ZGR 1995, 68, 82 ff.; *Grunewald*, in: MüKo-HGB, § 161 Rn. 117 f. zur Publikumsgesellschaft; auch *Schockenhoff*, ZGR 1993, 76, 105 ff. zur AG; *Fleischer*, DB 2013, 1466, 1476.

vielfach später neu hinzutreten und die KGaA regelmäßig als Kapitalsammelbecken dient, dürfte nach beiden Ansatzpunkten in aller Regel eine objektive Auslegung maßgeblich sein.

Fraglich ist überdies, ob bei der Auslegung Umstände Berücksichtigung finden dürfen, die sich nicht aus dem Satzungstext und seiner Systematik selbst ergeben. Von der überwiegenden Ansicht im Verbandsrecht wird angenommen, dass dem Wortlaut der Satzung eine erhöhte Bedeutung zukommt.[304] Externe Umstände dürfen dort nur insoweit berücksichtigt werden, als diese aus allgemein zugänglichen Quellen stammen oder allgemein bekannt sind. Das sind insbesondere Vorgängerversionen der Satzung sowie der Anmeldung nach § 37 Abs. 4 AktG beigefügte Dokumente, die im elektronischen Handelsregister abrufbar sind. Für die KGaA kann nichts Anderes gelten. Auch wenn man mit der Gegenansicht auf die tatsächlichen Verhältnisse der Gesellschaft abstellt,[305] wird man bei der KGaA regelmäßig zu den gleichen Ergebnissen gelangen, da meist eine objektive Auslegung maßgeblich sein wird. Nichts Anderes wird schließlich bei Publikumspersonengesellschaften angenommen.[306] Auch daraus wird man ableiten können, dass bei der KGaA Entsprechendes gilt.[307]

Schließlich muss geprüft werden, ob eine ergänzende Auslegung von Satzungsbestimmungen zur Schließung von Lücken zulässig ist und welche Grundsätze hier gelten. Man wird die Zulässigkeit damit bejahen können, dass eine ergänzende Auslegung selbst in der Publikumspersonengesellschaft[308] für möglich gehalten wird, wo ein Schutz neu hinzutretender Gesellschafter in besonderem Maße erforderlich ist. Auch in der AG ist eine ergänzende Auslegung zulässig.[309] Die Verkehrssicherheit und das Vertrauen auf die Vollständigkeit des Satzungstextes müssen dann zurücktreten. Für die ergänzende Auslegung gelten die gleichen Grundsätze wie für die Auslegung vorhandener Satzungsbestimmungen.[310]

---

304 Vgl. BGHZ 116, 359, 364 = NJW 1992, 892 zur GmbH; *Limmer*, in: Spindler/Stilz, § 23 Rn. 39; *Seibt*, in: K. Schmidt/Lutter, § 23 Rn. 9; jeweils zur AG.

305 Siehe oben, Fn. 303.

306 *Henze/Notz*, in: Ebenroth/Boujong/Joost, HGB, Anh. B zu § 177a Rn. 23.

307 Zur Anwendbarkeit der Grundsätze zu Publikumspersonengesellschaften auf die Publikums-KGaA siehe *Perlitt*, in: MüKo-AktG, § 289 Rn. 337.

308 BGHZ 69, 160 = NJW 1977, 2160; *Grunewald*, in: MüKo-HGB, § 161 Rn. 124 und 129; *Henze/Notz*, in: Ebenroth/Boujong/Joost, HGB, Anh. B zu § 177a Rn. 28.

309 *Seibt*, in: K. Schmidt/Lutter, § 23 Rn. 9; *Hüffer/Koch*, AktG, § 23 Rn. 39; *Arnold*, in: KK-AktG, § 23 Rn. 24; siehe BGH, WM 1983, 835, 837 zur GmbH; auch OLG Düsseldorf, BB 1982, 1574; **a.A.** noch *Kraft*, in: KK-AktG, 2. Aufl. 1988, § 23 Rn. 102, der eine ergänzende Auslegung für unzulässig hält.

310 *Seibt*, in: K. Schmidt/Lutter, § 23 Rn. 9 zur AG.

Maßgeblich muss danach der aus der Satzung und aus allgemein zugänglichen Quellen ersichtliche hypothetische Wille der Gründer sein.[311]

2. Satzungsänderungen

Bei der Änderung von Satzungsbestimmungen wird zwischen aktienrechtlichen und personengesellschaftsrechtlichen Bestandteilen unterschieden.[312] Die Einordnung muss für jede zu ändernde Satzungsbestimmung einzeln untersucht werden. Unterschiede ergeben sich mit Blick auf die erforderliche Stimmenmehrheit und diesbezügliche Abweichungsmöglichkeiten, sowie mit Blick auf die Wirkung der Eintragung im Handelsregister:

Handelt es sich um aktienrechtliche Bestandteile der Satzung, so gelten gemäß § 278 Abs. 3 AktG die zwingenden Vorschriften des Aktienrechts.[313] Es bedarf einer Zustimmung der Hauptversammlung mit einfacher Stimmenmehrheit (§ 133 AktG) sowie zusätzlich mit einer Mehrheit von drei Vierteln des bei der Beschlussfassung vertretenen Grundkapitals (§ 179 Abs. 2 AktG). Vorzugsaktien ohne Stimmrecht zählen bei der Berechnung nicht mit.[314] Ausweislich des Wortlauts der Vorschriften kann die erforderliche Stimmen- oder Kapitalmehrheit in der Satzung erhöht oder es können weitere Erfordernisse aufgestellt werden. Erleichterungen sind nur in Bezug auf die Kapitalmehrheit (vgl. § 179 Abs. 2 Satz 2 AktG), nicht hingegen in Bezug auf die Stimmenmehrheit möglich.[315] Zudem müssen die Komplementäre gemäß § 285 Abs. 2 Satz 1 AktG, §§ 161 Abs. 2, 116 Abs. 2, 119 Abs. 1 HGB mit einstimmigen Beschluss zustimmen.[316]

---

311 *Grunewald*, in: MüKo-HGB, § 161 Rn. 124 und 129 zur Publikums-Personengesellschaft.

312 *Mertens/Cahn*, in: KK-AktG, Vor. § 278 Rn. 13; *Bachmann*, in: Spindler/Stilz, § 281 Rn. 18 ff.; *Hüffer/Koch*, AktG, § 281 Rn. 3; *Wichert*, AG 1999, 362, 364; **a.A.** K. Schmidt, in: K. Schmidt/Lutter, § 281 Rn. 15: einheitliche Betrachtung.

313 *Bachmann*, in: Spindler/Stilz, § 281 Rn. 18.

314 *Stein*, in: MüKo-AktG, § 179 Rn. 83; *Holzborn*, in: Spindler/Stilz, § 179 Rn. 115; *Hüffer/Koch*, AktG, § 179 Rn. 14.

315 *Stein*, in: MüKo-AktG, § 179 Rn. 88 ff. (Kapitalmehrheit) und Rn. 92 ff. (Stimmenmehrheit); *Holzborn*, in: Spindler/Stilz, § 179 Rn. 121 f.; *Hüffer/Koch*, AktG, § 179 Rn. 16.

316 *Assmann/Sethe*, in: GroßKomm-AktG, § 278 Rn. 182; *Perlitt*, in: MüKo-AktG, § 281 Rn. 60; *Wichert*, AG 1999, 362, 365.

Da die Vorschrift auf das Personengesellschaftsrecht verweist, ist das Mehrheitserfordernis dispositiv.[317] Die Eintragung von Änderungen aktienrechtlicher Satzungsbestandteile im Handelsregister ist gemäß § 181 Abs. 3 i.V.m. 278 Abs. 3 AktG konstitutiv.[318]

Die Änderung kommanditrechtlicher Bestandteile der Satzung richtet sich hingegen grundsätzlich nach § 278 Abs. 2 AktG. Typische Anwendungsfälle sind die Aufnahme oder der Ausschluss von Komplementären oder die Änderung ihrer Vermögenseinlagen.[319] Die Hauptversammlung muss nach überwiegender Auffassung entsprechend § 179 Abs. 2 AktG mit qualifizierter Kapitalmehrheit zustimmen,[320] wobei dieses Erfordernis anders als bei den aktienrechtlichen Satzungsbestandteilen gänzlich abbedungen werden kann.[321] Möglich ist auch eine Abweichung von der aktienrechtlichen Kompetenzordnung durch die Übertragung des Zustimmungserfordernisses auf Dritte,[322] etwa auf einen Beirat oder einen Komplementär. Für die Komplementäre gelten die gleichen Zustimmungserfordernisse wie bei den aktienrechtlichen Satzungsbestandteilen, d.h. sie müssen bei fehlender abweichender Regelung einstimmig zustimmen (§ 285 Abs. 2 Satz 1 AktG, §§ 161 Abs. 2, 116 Abs. 2, 119 Abs. 1 HGB), sofern die Satzung nicht Ausnahmen hiervon vorsieht.

Auch eine Eintragung der Änderung kommanditrechtlicher Bestandteile in das Handelsregister hat entsprechend § 181 Abs. 3 AktG grundsätzlich konstitutive Bedeutung.[323] Das wird damit begründet, dass bereits die Gründungssatzung einheitlich gemäß § 37 Abs. 4 Nr. 1 i.V.m. § 278 Abs. 3 AktG beim Handelsregister

---

317 *Assmann/Sethe*, in: GroßKomm-AktG, § 278 Rn. 182; *Perlitt*, in: MüKo-AktG, § 281 Rn. 62; *Wichert*, AG 1999, 362, 365 f.
318 *Hüffer/Koch*, AktG, § 281 Rn. 3: §§ 179 ff. AktG sind anwendbar.
319 Siehe noch unten, unter H.II.4.a) (Aufnahme neuer Komplementäre) sowie unter F.II.3. (Erhöhung der Komplementäreinlage).
320 *Perlitt*, in: MüKo-AktG, § 281 Rn. 63; *K. Schmidt*, in: K. Schmidt/Lutter, § 281 Rn. 15; i.E. *Bachmann*, in: Spindler/Stilz, § 281 Rn. 22 mit abweichender dogmatischer Herleitung; **a.A.**: *Wichert*, AG 1999, 362, 366: einfache Mehrheit nach § 133 AktG genügt.
321 *Cahn*, AG 2001, 579, 582; i.E. auch *Bachmann*, in: Spindler/Stilz, § 281 Rn. 22; ähnlich *Perlitt*, in: MüKo-AktG, § 281 Rn. 63: Satzung könne einzelne Bestimmungen vom Zustimmungserfordernis ausnehmen; **a.A.** *K. Schmidt*, in: K. Schmidt/Lutter, § 281 Rn. 15: Zustimmungserfordernis ist zwingend.
322 *Bachmann*, in: Spindler/Stilz, § 281 Rn. 23; *Wichert*, AG 1999, 362, 366.
323 *Cahn*, AG 2001, 579, 583; *Mertens/Cahn*, in: KK-AktG, § 289 Rn. 65 zum Ausscheiden eines Komplementärs; **a.A.** *Assmann/Sethe*, in: GroßKomm-AktG, § 289 Rn. 180.

eingereicht werden muss.[324] Für Satzungsänderungen kann nichts Anderes gelten. Ausnahmsweise muss zur materiellen Wirksamkeit einer Änderung dann keine Eintragung erfolgen, wenn die Änderung durch einen hierzu legitimierten Dritten – etwa den Beirat – erfolgt. In diesem Fall hat die Eintragung lediglich deklaratorische Wirkung.[325] Das Vertrauen des Rechtsverkehrs in den Fortbestand der Rechtslage ist über § 15 Abs. 1 HGB ausreichend geschützt.[326] Unterschiede dürften sich im Außenverhältnis jedoch allein dann ergeben, wenn der Dritte bösgläubig ist.

III. Ergebnis

Hinsichtlich der Auslegung der Satzung gelten in PLC und KGaA ähnliche Grundsätze. In beiden Rechtsformen liegt der Gedanke zugrunde, dass neu hinzutretende Anleger geschützt werden müssen. Daraus folgt, dass Satzungsbestimmungen in beiden Gesellschaftsformen jedenfalls dann einer objektiven Auslegung unterliegen, wenn wie im Regelfall tatsächlich neue Anleger hinzutreten. Eine ergänzende Auslegung ist jeweils nur im absoluten Ausnahmefall zulässig. Schließlich dürfen externe Umstände nur in sehr begrenztem Umfang zur Auslegung herangezogen werden.

In Bezug auf Satzungsänderungen sind ebenfalls deutliche Ähnlichkeiten feststellbar. Danach werden Anleger vor einer Übervorteilung durch verschärfte Mehrheitserfordernisse geschützt. In der PLC sind diese nicht abdingbar, in der KGaA nur in begrenztem Umfang. Ferner wird in beiden Rechtsordnungen ein Schutz Dritter auch dadurch gewährleistet, dass jede Satzungsänderung beim Companies House (Vereinigtes Königreich) bzw. beim Handelsregister (Deutschland) angemeldet werden muss und für jedermann öffentlich einsehbar ist. Der Anmeldung kommt entweder konstitutive Wirkung für die Satzungsänderung zu oder ein gutgläubiger Dritter wird zumindest durch eine negative Registerpublizität geschützt.

---

324 *Cahn*, AG 2001, 579, 583.
325 *Mertens/Cahn*, in: KK-AktG, Vor. § 278 Rn. 14; *Bachmann*, in: Spindler/Stilz, § 281 Rn. 23; *Perlitt*, in: MüKo-AktG, § 281 Rn. 64 zu bloßen Fassungsänderungen; *Cahn*, AG 2001, 579, 585.
326 *Cahn*, AG 2001, 579, 583; *Perlitt*, in: MüKo-AktG, § 289 Rn. 187 allgemein zum Ausscheiden eines Komplementärs.

D. Ausübungskontrolle als Instrument für den Gesellschafterschutz

In einem vorangegangenen Kapitel wurde bereits gezeigt, dass der Satzungsautonomie in PLC und KGaA unter anderem durch zwingende gesetzliche Vorschriften zum Anlegerschutz vergleichsweise starre Grenzen gesetzt sind. Diese beschränken sich jedoch auf einige wenige Bereiche. Nachfolgend werden die ergänzend geltenden flexiblen Grenzen der Ausübungskontrolle beschrieben. Es wird dargestellt, inwieweit im Einzelfall Mehrheitsaktionäre (jeweils unter 1.) und inwieweit Minderheitsaktionäre (jeweils unter 2.) in der Ausübung ihrer Rechte und Kompetenzen beschränkt sein können. Dazu wird jeweils auch die historische Entwicklung in den Blick genommen. Durch die besondere Gesellschafterstruktur in der KGaA ist zu dieser ein zusätzlicher Abschnitt erforderlich, der auf die Komplementäre und ihr Verhältnis zueinander und zu den Kommanditaktionären eingeht (unter II.3.).

I. PLC (*unfair prejudice* Rechtsbehelf)

Englische Gerichte haben in der Vergangenheit mehrfach betont, dass eine Aktie Eigentum des Aktionärs darstelle und dieser daher grundsätzlich mit den Rechten aus der Aktie so verfahren dürfe, wie er es für richtig halte.[327] Gleichwohl unterliegt die Ausübung von Rechten in gewissen Grenzen Schranken. Hierzu ist eine unübersichtliche Vielzahl von Urteilen ergangen.[328]

1. Mehrheitsaktionäre

Das vor Entscheidungen der Mehrheit gewährte Schutzniveau hat eine bemerkenswerte Entwicklung durchlaufen. Namentlich in älteren Gerichtsentscheidungen aus dem 19. sowie der ersten Hälfte des 20. Jahrhunderts wird betont, dass ein Beschluss, der mit einer Mehrheit der Gesellschafter gefasst wurde, von

---

327 *Northern Counties Securities Ltd v Jackson & Steeple Ltd* [1974] 1 WLR 1133 (Ch) 1144 (Walton LJ); *Carruth v Imperial Chemical Industries Ltd* [1937] AC 707 (HL) 765.
328 Siehe dazu *Gower/Davies*, Principles of modern company law, Kap. 19; *Mayson/French/Ryan*, Company Law, Kap. 14.10.3 ff.; *Sealy/Worthington*, Cases and materials in company law, S. 213 ff.

der Minderheit hingenommen werden müsse (*majority rule*).[329] Die Mehrheitsgesellschafter träfen keine treuhänderischen Pflichten gegenüber der Minderheit und auch keine solchen gegenüber der Gesellschaft.[330]

Bis 1947 lag der einzige Rechtsbehelf der Minderheitsgesellschafter darin, bei einer Übervorteilung durch die Mehrheitsgesellschafter vom Gericht die Auflösung der Gesellschaft zu verlangen, wenn sich dies als aus Sicht des Gerichts als „*just and equitable*" erwies (heute Sec. 122 (1) (g) Insolvency Act 1986).[331] Durch Sec. 210 CA 1948 wurde endlich ein Rechtsbehelf eingeführt, der es dem Gericht nach Anrufung durch einen Aktionär erlaubte, nach eigenem Ermessen gegen ein unterdrückendes Verhalten („*oppression*") durch die Mehrheit vorzugehen. Die Schwelle hierfür war hoch und die Gerichte blieben mit Eingriffen in die internen Angelegenheiten der Gesellschaft sehr zurückhaltend.[332]

Eine viel beachtete[333] und die bisher geltenden Grundsätze in Frage stellende Entscheidung zur Stimmrechtsausübung wurde im Jahr 1976 mit dem Fall *Clemens v Clemens Bros Ltd*[334] getroffen. Als Sachverhalt lag zugrunde, dass die Mehrheitsgesellschafterin (mit 55 Prozent der Anteile) für die Ausgabe neuer Anteile an die Direktoren und die Mitarbeiter ohne Bezugsrecht der Altaktionäre gestimmt hatte, um dadurch den Anteil der Minderheitsgesellschafterin (mit 45 Prozent der Anteile) unter die Sperrminoritätsgrenze von 25 Prozent fallen zu lassen. Ein gesetzliches Bezugsrecht – heute ist ein solches in den Secs. 561 ff. CA 2006 geregelt – gab es damals noch nicht. Das Gericht hat entschieden, dass die bis dahin entwickelten Prinzipien in diesem Fall nicht weiterhelfen würden. Die Ausübung der Stimmrechte widerspreche allerdings dem Gerechtigkeitsgedanken,[335] weshalb das Gericht den Beschluss für unwirksam erklärt hat.[336]

---

329 *Pender v Lushington* (1877) 6 ChD 70, 75; *Peters' American Delicacy Co Ltd v Heath* [1939] 61 CLR 457, 504; *Carruth v Imperial Chemical Industries Ltd* [1937] AC 707 (HL) 765.

330 *Peters' American Delicacy Co Ltd v Heath* [1939] 61 CLR 457, 504; *Northern Counties Securities Ltd v Jackson & Steeple Ltd* [1974] 1 WLR 1133 (Ch) 1144 (Walton LJ).

331 *Paterson*, CL 2006, 204; zur heutigen Bedeutung des Rechtsbehelfs siehe *Gower/Davies*, Principles of modern company law, Kap. 20–40 ff.

332 *Gower/Davies*, Principles of modern company law, Kap. 20–10; *Paterson*, CL 2006, 204.

333 Siehe nur *Mayson/French/Ryan*, Company Law, Kap. 14.10.5. m.w.N.; *Sealy/Worthington*, Cases and materials in company law, S. 217 f.; *Kasolowsky*, ZBB 2000, 189, 200.

334 *Clemens v Clemens Bros Ltd* [1976] 2 All ER 268 (Ch).

335 *Clemens v Clemens Bros Ltd* [1976] 2 All ER 268 (Ch): „*equitable considerations*".

336 *Clemens v Clemens Bros Ltd* [1976] 2 All ER 268 (Ch).

Mit Einführung des *unfair prejudice* Rechtsbehelfs im Jahr 1980, der auf eine Empfehlung des Jenkins Committee von 1962 zurückgeht,[337] sollte eine deutliche Erleichterung der Voraussetzungen des bisherigen Rechtsbehelfs aus Sec. 210 CA 1948 geschaffen werden. Der seitdem mehrfach angepasste Rechtsbehelf ist gesetzlich nunmehr in Sec. 994 (1) CA 2006 geregelt und erlaubt jedem Gesellschafter die Anrufung des Gerichts, wenn die Angelegenheiten der Gesellschaft in einer Art und Weise durchgeführt werden oder wurden, die sich als unfair und nachteilhaft gegenüber den Interessen ihrer Mitglieder oder eines Teils ihrer Mitglieder erweisen. Erfasst sind unter anderem – aber nicht nur – die von Mehrheitsaktionären gefassten Beschlüsse oder sonstige Handlungen.[338] Die Vorschrift dient damit auch dem Minderheitenschutz.[339] Durch die Satzung kann er nicht ausgeschlossen werden.[340]

Die Interpretation des unscharfen Begriffs *unfairly prejudicial* ist höchst problematisch.[341] In einem ersten Schritt prüfen die Gerichte, ob das gerügte Verhalten bereits gegen die ausdrücklichen Satzungsinhalte verstößt.[342] Ist dies der Fall, wird das Verhalten regelmäßig die Voraussetzungen der Vorschrift erfüllen.[343] Anderenfalls muss in einem zweiten Schritt geprüft werden, ob gegen Gerechtigkeitsgedanken verstoßen wurde.[344] Hierfür kommt es auf die zugrunde gelegten ungeschriebenen legitimen Erwartungen der Anteilsinhaber an.[345] Solche legitimen Erwartungen wird man typischerweise bei Anteilsinhabern in kleinen, personalistisch geprägten Limiteds (sog. *quasi partnership companies*) antreffen.[346]

---

337 *Board of Trade*, Report of the Company Law (Jenkins) Committee, Cmnd. 1749 1962, Rn. 212; zur Entstehungsgeschichte auch *Re Saul D Harrison & Sons plc* [1994] BCC 475 (CA) 488 (LJ Hoffmann); *Paterson*, CL 2006, 204 f.

338 *Gower/Davies*, Principles of modern company law, Kap. 20–3.

339 *Gower/Davies*, Principles of modern company law, Kap. 20–3 und 20–6.

340 *Mayson/French/Ryan*, Company Law, Kap. 15.10.5.

341 Dazu *Gower/Davies*, Principles of modern company law, Kap. 20–10 ff.; *Paterson*, CL 2006, 204, 209.

342 *Re Saul D Harrison & Sons plc* [1994] BCC 475 (CA) 488 (LJ Hoffmann); *O'Neill v Phillips* [1999] WLR 1092 (HL) 1098–1099 (Lord Hoffmann).

343 *Re Saul D Harrison & Sons plc* [1994] BCC 475 (CA) 489 (LJ Hoffmann) will aber Ausnahmen bei unbedeutenden oder bloß technischen Satzungsverstößen vornehmen; auch *O'Neill v Phillips* [1999] WLR 1092 (HL) 1098–1099 (Lord Hoffmann).

344 *O'Neill v Phillips* [1999] WLR 1092 (HL) 1099 (Lord Hoffmann): „*good faith*".

345 *Re Saul D Harrison & Sons plc* [1994] BCC 475 (CA) 490 (LJ Hoffmann): "*legitimate expectations*".

346 *Gower/Davies*, Principles of modern company law, Kap. 20–11.

In größeren, gewinnorientieren Gesellschaften soll hinsichtlich der Anwendung des *unfair prejudice* Rechtsbehelfs äußerste Zurückhaltung geboten sein, da deren Satzung regelmäßig mit professioneller Hilfe entstanden sein wird und daher die Erwartungen der Parteien abschließend in der Satzung geregelt sein sollen.[347] Für börsennotierte PLCs wurde die Anwendbarkeit des Rechtsbehelfs von englischen Gerichten sogar insgesamt in Frage gestellt.[348] In einer Entscheidung des High Court in Hong Kong wurde sie jedoch jüngst ausdrücklich anerkannt.[349] Dort ging es um einen Verstoß gegen die Hong Konger Börsenordnung und ein dadurch drohendes Zwangsdelisting, welches nur durch eine Satzungsänderung abgewendet werden konnte. Das Gericht sah den *unfair prejudice* Rechtsbehelf als einschlägig an.[350]

Als Rechtsfolge einer *unfair prejudice* kann das Gericht gemäß Sec. 996 CA 2006 diejenige Abhilfe verschaffen, die es für angemessen erachtet. Häufig wird insbesondere in personalistisch geprägten Limiteds die in der Vorschrift ausdrücklich genannte Möglichkeit genutzt, die Anteile zwangsweise und zu einem fairen Preis den Mehrheitsaktionären anzudienen.[351] Im oben beschriebenen Fall des High Court in Hong Kong hat das Gericht eine Satzungsänderung angeordnet.[352]

2. Minderheitsaktionäre

Auch die Aktionärsminderheit unterliegt Beschränkungen.[353] Im Fall *Standard Chartered Ltd v Walker*[354] aus dem Jahr 1992 war für die kurz vor dem Zusammenbruch stehende Brent Walker PLC die Auswechslung eines Direktors geplant, was von den finanzierenden Banken als notwendige Bedingung gesehen

---

347 Vgl. *Re Saul D Harrison & Sons plc* [1994] BCC 475 (CA) 490 (LJ Hoffmann); auch *O'Neill v Phillips* [1999] WLR 1092 (HL) 1098 (Lord Hoffmann).

348 *Re Astec (BSR) Plc* [1999] BCC 59 (Ch) 87 (Jonathan Parker J); auch *Re Blue Arrow Plc* [1987] BCC 618 (Ch) 623 (Vinelott J).

349 *Luck Continent Ltd v Cheng Chee Tock Theodore* [2013] 5 HKC 442 (HKCA) [90]; dazu *Fong*, LQR 2015, 367.

350 *Luck Continent Ltd v Cheng Chee Tock Theodore* [2013] 5 HKC 442 (HKCA) [102].

351 *Gower/Davies*, Principles of modern company law, Kap. 20–35; *Andenas/Wooldridge*, European comparative company law, S. 282.

352 Siehe *Luck Continent Ltd v Cheng Chee Tock Theodore* [2013] 5 HKC 442 (HKCA).

353 In der englischen Literatur wird dieser Aspekt bislang kaum aufgegriffen; siehe etwa *Gower/Davies*, Principles of modern company law, Kap. 19; *Mayson/French/Ryan*, Company Law, Kap. 14.10.3 ff.; kurz erwähnt aber in *Sealy/Worthington*, Cases and materials in company law, S. 233.

354 *Standard Chartered Bank Ltd v Walker* [1992] 1 WLR 561 (Ch); dazu auch *Urquhart*, CL 1992, 193 f.

wurde, um weiterhin finanzielle Unterstützung zu gewähren. Ein entsprechender Beschluss sollte auf einer außerordentlichen Hauptversammlung gefasst werden. Die Banken hatten Grund zur Annahme, dass Mr. Walker und ein weiterer Minderheitsaktionär ihre Sperrminorität ausnutzen und die Beschlussfassung verhindern würden. Sie riefen daher das Gericht an und erreichten eine Verfügung, mit der den Antragsgegnern die Ausübung ihrer Stimmrechte versagt wurde. Zur Begründung stellte das Gericht darauf ab, dass niemand das Vermögen einer Gesellschaft zum Nachteil der Gläubiger zerstören dürfe.[355]

Fraglich ist allerdings, ob in dem geschilderten Fall auch die Aktionäre mit dem *unfair prejudice* Rechtsbehelf aus Sec. 994 CA 2006 gegen das Verhalten der Minderheit hätten vorgehen können. Es wurde bereits ausgeführt, dass die Vorschrift voraussetzt, dass es sich um eine „Angelegenheit der Gesellschaft" handelt.[356] Bei einem aktiven Tun von Mehrheitsaktionären ist dies allgemein anerkannt, da diese die Geschicke der Gesellschaft lenken können. Es wird nicht auf das Verhalten des Aktionärs abgestellt, sondern auf die Folgen desselben für die Gesellschaft.[357] Das Gleiche muss aber auch dann gelten, wenn ein oder mehrere Minderheitsaktionäre ihre Sperrminorität ausnutzen und dies zu einem Unterlassen der Gesellschaft führt. Das hat im Ergebnis der High Court in Hong Kong ausdrücklich anerkannt.[358] Auch englische Gerichte lassen ein Unterlassen der Gesellschaft ausreichen.[359] Diese hatten aber, soweit ersichtlich, bislang noch nicht über einen Fall zu entscheiden, der ein Verhalten von Minderheitsaktionären betraf.

II. KGaA (Treuepflichten)

In der KGaA findet die Ausübung von Rechten ihre Grenzen in den Treuepflichten der Gesellschafter. Wegen des hybriden Charakters der KGaA werden die Treuepflichten je nach einschlägiger Verweisungsnorm entweder aus dem Personengesellschaftsrecht (§ 278 Abs. 2 AktG) oder aus dem Aktienrecht (§ 278 Abs. 3 AktG) abgeleitet.[360] Im Personengesellschaftsrecht wurde die Existenz von Treuepflichten der Gesellschafter schon früh angenommen,[361] während sie im

---

355 *Standard Chartered Bank Ltd v Walker* [1992] 1 WLR 561 (Ch) 567 (Vinelott J).
356 Dazu bereits oben, unter 1.
357 *Re Ubisoft Group Ltd (No. 3)* [1994] BCC 766 (Ch) 777 (Harman J).
358 *Luck Continent Ltd v Cheng Chee Tock Theodore* [2013] 5 HKC 442 (HKCA).
359 So ausdrücklich *Re Ubisoft Group Ltd (No. 3)* [1994] BCC 766 (Ch) 777 (Harman J).
360 *Assmann/Sethe*, in: GroßKomm-AktG, § 278 Rn. 57; *Fett*, in: Bürgers/Fett, § 3 Rn. 20.
361 Bereits RG, Warn 1908 Nr. 511; RG, JW 1913, 29; *K. Schmidt*, GesR, § 20 IV 2; zur geschichtlichen Entwicklung siehe *Schäfer*, in: Staub, § 105 HGB Rn. 229.

Aktienrecht durch die Rechtsprechung erst allmählich entwickelt wurden. Da Treuepflichten nunmehr in beiden Regelungsgebieten im Ergebnis anerkannt sind, dürfte die unterschiedliche Herleitung allenfalls für den Umfang der jeweiligen Treuepflichten Bedeutung haben.[362]

1. Mehrheitsaktionäre

Kommanditaktionäre untereinander unterliegen über § 278 Abs. 3 AktG den gleichen Treuepflichten, die auch zwischen Aktionären in einer AG gelten.[363] Dort ist die Anerkennung von Treuepflichten das Ergebnis einer langen Entwicklung, die im Folgenden überblicksartig nachgezeichnet wird.[364] Ein Schutz außenstehender Aktionäre vor Mehrheitsentscheidungen war nicht immer anerkannt.

Noch im Hibernia-Urteil des Reichsgerichts aus dem Jahr 1908 wurde entschieden, dass die Mehrheit nach freiem Ermessen über einen Bezugsrechtsausschluss entscheiden dürfe.[365] Folge eines Bezugsrechtsausschlusses ist, dass die Rechte der ausgeschlossenen Aktionäre unter Umständen verwässert werden. Es sei nicht Aufgabe der Gerichte, zu kontrollieren, wie die Machtverhältnisse in der Gesellschaft ausgeübt würden. Im Ausgangspunkt wurde damit auf das noch heute geltenden Mehrheitsprinzip (§ 133 AktG) abgestellt. Danach können Beschlüsse grundsätzlich mit einfacher Mehrheit – das war damals auch beim Bezugsrechtsausschluss möglich –[366] gefasst werden und müssen so auch von der Minderheit hingenommen werden.[367]

Mit der Victoria-Entscheidung von 1931 hat das Reichsgericht ebenfalls zum Fall eines Bezugsrechtsausschlusses erstmals anerkannt, dass die Mehrheitsaktionäre die Rechte der Minderheit berücksichtigen müssen und sie nicht über Gebühr verletzen dürfen.[368] Diese Entwicklung wurde konsequent fortgezeichnet

---

362 Ähnlich *Wichert*, Die Finanzen der KGaA, S. 77.
363 *Assmann/Sethe*, in: GroßKomm-AktG, § 278 Rn. 87; *Reger*, in: Bürgers/Fett, § 5 Rn. 20; vgl. auch *Mertens/Cahn*, in: KK-AktG, § 278 Rn. 45; ausführlich zu Treuepflichten und ihrer dogmatischen Herleitung in der AG *Hennrichs*, AcP 195 (1995), 221 ff.
364 Zur Entwicklung auch *Schäfer*, in: MüKo-AktG, § 243 Rn. 50 ff.
365 RGZ 68, 235, 245 f. – Hibernia; auch RGZ 105, 373, 375 f. – Union AG, wo eine „bewusste Schädigung der Minderheit" abgelehnt wird.
366 RGZ 68, 235, 245 – Hibernia; *Wiedemann*, in: GroßKomm-AktG, § 186 Rn. 3; *Schürnbrand*, in: MüKo-AktG, § 186 Rn. 11.
367 *Schäfer*, in: MüKo-AktG, § 243 Rn. 48.
368 RGZ 132, 149, 163 – Victoria.

durch die Einführung der Anfechtungsmöglichkeit in § 255 Abs. 2 AktG 1965,[369] wonach eine Anfechtung bei einem Bezugsrechtsausschluss darauf gestützt werden kann, dass der Ausgabebetrag der neuen Aktien unangemessen niedrig ist. Es folgten weitere Entscheidungen des Bundesgerichtshofs zum Bezugsrechtsausschluss,[370] bevor in der Linotype-Entscheidung 1988 endlich auch allgemeine Treuepflichten des Mehrheitsaktionärs gegenüber den Minderheitsaktionären ausdrücklich anerkannt wurden.[371] Dort ging es um einen mit der Mehrheit gefassten Auflösungsbeschluss. Als Gegengewicht zur Macht der Mehrheit, auf die Rechtsstellung der Minderheit einwirken zu können, sei diese zugleich verpflichtet, auf deren Interessen Rücksicht zu nehmen.[372] Minderheitsaktionäre werden damit über die Treuepflichten geschützt.

Als Rechtsfolge von Verstößen gegen Treuepflichten bei positiv gefassten Beschlüssen sieht das Aktienrecht in § 243 AktG die Möglichkeit der Anfechtung durch die Kommanditaktionäre vor, aber auch ein Anspruch auf Zahlung von Schadensersatz ist möglich.[373] Überdies kann die Erfüllung der Treuepflicht eingeklagt oder im Wege des einstweiligen Rechtsschutzes beantragt werden, wobei eine Zustimmung jeweils gemäß § 894 ZPO vom Gericht ersetzt werden kann.[374]

2. Minderheitsaktionäre

Neben den Mehrheitsaktionären ist es im Aktienrecht auch den Minderheitsaktionären untersagt, ihre Rechte ohne Rücksicht auf die Interessen der übrigen Aktionäre auszuüben. Die zur AG entwickelten Grundsätze gelten gemäß § 278 Abs. 3 AktG für die KGaA entsprechend.[375]

---

369 Dazu *Schürnbrand*, in: MüKo-AktG, § 186 Rn. 13.
370 BGHZ 71, 40, 44 ff. – Kali+Salz = NJW 1978, 1316 (Sachkapitalerhöhung mit Bezugsrechtsausschluss); BGHZ 83, 319, 321 ff. – Holzmann = NJW 1982, 2444 (Ermächtigung des Vorstands zum Bezugsrechtsausschluss bei genehmigtem Kapital); stark modifiziert in BGHZ 136, 133, 138 ff. – Siemens/Nold = NJW 1997, 2815.
371 BGHZ 103, 184, 189 f. – Linotype = NJW 1988, 1579; ablehnend aber noch ausdrücklich BGH, WM 1976, 449 – Audi/NSU.
372 BGHZ 103, 184, 189 f. – Linotype = NJW 1988, 1579.
373 Vgl. BGHZ 65, 15, 19 – ITT-Entscheidung = NJW 1976, 191 (Fall betrifft GmbH); *Bungeroth*, in: MüKo-AktG, Vor. §§ 1–75 Rn. 44.
374 *Bungeroth*, in: MüKo-AktG, Vor. §§ 1–75 Rn. 43.
375 Siehe die Fundstellen in Fn. 363.

Anerkannt wurden Treuepflichten von Minderheitsaktionären im Girmes-Urteil aus dem Jahr 1995.[376] Dort klagte ein Aktionär und warf den Minderheitsaktionären, die sich auf eine einheitliche Stimmrechtsausübung verständigt hatten und eine Sperrminorität besaßen, vor, eine notwendige Sanierung der Gesellschaft verhindert zu haben. Mit den Gesellschaftsgläubigern war ein Sanierungskonzept vereinbart worden, wonach diese auf einen Teil ihrer Forderungen verzichten sollten. Die Minderheitsaktionäre stimmten gegen eine vorgeschlagene Kapitalherabsetzung. Die Gesellschaft fiel in der Folge in den Konkurs. Der Kläger behauptete, dass die Kapitalherabsetzung notwendige Bedingung für das Sanierungskonzept war und verlangte von dem Stimmrechtsvertreter der Minderheitsaktionäre Schadensersatz.

Der Bundesgerichtshof führte im Girmes-Urteil zum Inhalt der Treuepflicht aus, dass diese es dem einzelnen (Minderheits-) Aktionär verbiete, eine sinnvolle und mehrheitlich angestrebte Sanierung der Gesellschaft aus eigennützigen Gründen zu verhindern.[377] Letztlich wurde der Rechtsstreit allerdings unter anderem wegen dieser Tatsachenfrage an das Berufungsgericht zurückverwiesen.

Als Rechtsfolge kann eine Verletzung von Treuepflichten durch Minderheiten zu einer Schadensersatzpflicht gegenüber den übrigen Gesellschaftern führen und auch eine positive Beschlussfeststellung kann beantragt werden, wenn der Beschluss ohne die treuwidrig ausgeübten Stimmen zustande gekommen wäre.[378] Denkbar ist ferner ein Unterlassungsanspruch, der nach allgemeinen Grundsätzen im Wege des einstweiligen Rechtsschutzes geltend gemacht werden kann.

3. Sonderstellung der Komplementäre

Eine Sonderstellung trifft in der KGaA die Komplementäre. Einerseits sind sie durch den Grundsatz der Selbstorganschaft Geschäftsführungsorgan der KGaA; die geschäftsführenden Komplementäre unterliegen wie der Vorstand einer AG Treuepflichten gegenüber der Gesellschaft.[379] Andererseits sind die Komplementäre Gesellschafter und unterliegen in dieser Eigenschaft bestimmten Treuepflichten im Verhältnis zu ihren Mitgesellschaftern (Komplementären und Kommanditaktionären). Allein um diese geht es im vorliegenden Abschnitt.

---

376 BGHZ 129, 136, 142 ff. – Girmes = NJW 1995, 1739.

377 BGHZ 129, 136, 152 – Girmes = NJW 1995, 1739.

378 Vgl. *Bungeroth*, in: MüKo-AktG, Vor. §§ 1–75 Rn. 44 f.; zur positiven Beschlussfeststellungsklage auch BGHZ 76, 191, 197 ff. = NJW 1980, 1465.

379 *Assmann/Sethe*, in: GroßKomm-AktG, § 278 Rn. 61; *Reger*, in: Bürgers/Fett, § 5 Rn. 20.

Treuepflichten der Komplementäre untereinander[380] sowie solche der Komplementäre gegenüber der Gesamtheit der Kommanditaktionäre[381] und umgekehrt[382] ergeben sich aus § 278 Abs. 2 AktG. Allein zwischen den Komplementären und einzelnen Kommanditaktionären bestehen keine Treuepflichten.[383] Daraus folgt, dass sämtliche Treuepflichten im Verhältnis der Komplementäre zu ihren Mitgesellschaftern im Personengesellschaftsrecht ihren Ursprung finden. In der kapitalistischen KGaA bestehen aufgrund der engen Verbundenheit zusätzlich Treuepflichten der Gesellschafter der Komplementär-Kapitalgesellschaft gegenüber den Gesellschaftern der KGaA.[384] Relevant werden diese namentlich bei der Bestellung und Abberufung der Geschäftsleiter.[385]

Die Intensität der Treuepflichten ist unterschiedlich stark ausgeprägt. Im Grundsatz wird man annehmen können, dass die Beziehungen der Komplementäre untereinander schon aufgrund der gemeinsamen Haftung vergleichsweise eng sind und sie damit intensiveren Treubindungen unterliegen als im Verhältnis zur Gesamtheit der Kommanditaktionäre.[386] Die Gesamtheit der Kommanditaktionäre trifft Treuepflichten gegenüber den Komplementären insbesondere in den Fällen, in denen sie auf Entscheidungen der Gesellschaft Einfluss nehmen kann,[387] sei es durch Mehrheitsentscheidungen oder umgekehrt durch Ausnutzen einer Sperrminorität. Sie müssen dann gegenüber den Komplementären

---

380 Dazu *Assmann/Sethe*, in: GroßKomm-AktG, § 278 Rn. 57 f.; *Perlitt*, in: MüKo-AktG, § 278 Rn. 90; *Reger*, in: Bürgers/Fett, § 5 Rn. 20; *Fett*, in: Bürgers/Fett, § 3 Rn. 22.

381 *Assmann/Sethe*, in: GroßKomm-AktG, § 278 Rn. 59; *Fett*, in: Bürgers/Fett, § 3 Rn. 22; *Reger*, in: Bürgers/Fett, § 5 Rn. 20: nur geschäftsführende Komplementäre; *Fett/Förl*, NZG 2004, 210, 215.

382 *Reger*, in: Bürgers/Fett, § 5 Rn. 20: soweit zur Mitwirkung an der Geschäftsführung befugt; strenger *Fett*, in: Bürgers/Fett, § 3 Rn. 21: nur bei erheblichen Einflussnahmemöglichkeiten auf die Geschäftsführung; allgemein zu Treuepflichten der „Gesamtheit der Kommanditaktionäre" gegenüber Komplementären *Assmann/Sethe*, in: GroßKomm-AktG, § 278 Rn. 90.

383 *Assmann/Sethe*, in: GroßKomm-AktG, § 278 Rn. 60: es bestehe kein Bedarf; auch *Fett*, in: Bürgers/Fett, § 3 Rn. 23.

384 *Grunewald*, in: MüKo-HGB, § 161 Rn. 66 zur Parallelproblematik in der GmbH & Co. KG; auch *Casper*, in: Staub, § 161 HGB Rn. 113; *Oetker*, in: Oetker, HGB, § 161 Rn. 115; *Grunewald*, BB 1981, 581, 586; *Stimpel*, AG 1986, 117, 118 f.; **a.A.** *Reger*, in: Bürgers/Fett, § 5 Rn. 207: Annahme einer Treuepflicht würde die rechtliche Eigenständigkeit der Komplementärgesellschaft missachten.

385 Ausführlich noch unten, unter H.II.4.a) und b).

386 *Perlitt*, in: MüKo-AktG, § 278 Rn. 90; *Reger*, in: Bürgers/Fett, § 5 Rn. 20.

387 Siehe die Fundstellen in Fn. 382.

Treuepflichten in vergleichbarem Umfang berücksichtigen wie die Kommanditaktionäre untereinander.

Die Verletzung von Treuepflichten kann im Personengesellschaftsrecht ganz unterschiedliche Folgen haben.[388] Eine schuldhafte Verletzung kann zu einem Schadensersatzanspruch aus § 280 BGB führen. Bevor es zu einem Schaden kommt, können die Gesellschafter bereits versuchen, die Erfüllung der Treuepflichten im Wege der Klage oder des einstweiligen Rechtsschutzes durchzusetzen. Je nach Inhalt der Treuepflichten kann ein Leistungs- oder ein Unterlassungsanspruch bestehen.[389]

III. Ergebnis

Die Ausübungskontrolle stellt sich in ihrer geschichtlichen Entwicklung im englischen und deutschen Recht ganz ähnlich dar. Zunächst haben die Gerichte die Herrschaft der Mehrheit akzeptiert und eine Intervention weitgehend vermieden. Erst im Laufe des 20. Jahrhunderts wurden in beiden Rechtsordnungen Mechanismen zum Schutz der Minderheit vor einem opportunistischen Verhalten der Mehrheit entwickelt. Sowohl der englische High Court als auch das Reichsgericht hatten Fälle zu entscheiden, in denen das Kapital der Gesellschaft erhöht wurde und anhand dieser Fälle die Ausübungskontrolle geschaffen.

Heute wird einer missbräuchlichen Stimmrechtsausübung durch Mehrheitsaktionäre in Deutschland mit dem materiellen Rechtsinstitut der Treuepflichten begegnet, während das englische Recht mit dem prozessualen *unfair prejudice* Rechtsbehelf arbeitet. Weiterhin wird aber die Ausübungskontrolle sowohl in der PLC als auch in der KGaA nur als Notanker verstanden und sehr restriktiv angewendet. Je größer der Kreis der Gesellschafter und je weniger eng die persönlichen Bindungen derselben, desto mehr Zurückhaltung ist geboten. Für die PLC wird die Anwendbarkeit – im Unterschied zur Limited – teilweise generell in Frage gestellt.

Auch Beschränkungen der Aktionärsminderheit bei der Stimmrechtsausübung sind im englischen wie im deutschen Recht anerkannt. Sie stellen eine neuere Entwicklung dar, die sich erst in den 1990er Jahren vollzogen hat. Der englische High Court und auch der Bundesgerichtshof hatten einen Fall zu entscheiden, in dem die Minderheit eine notwendige Sanierung verhindert hat. Letztlich handelte es sich um die missbräuchliche Ausübung einer Sperrminorität.

Beide Gerichte gelangten hinsichtlich der Aktionärsminderheit zu einem ähnlichen Ergebnis, wenngleich die Begründung durchaus unterschiedlich ausfiel.

---

388   Überblick bei *Roth*, in: Baumbach/Hopt, § 109 Rn. 28; *K. Schmidt*, in: MüKo-HGB, § 105 Rn. 193; *K. Schmidt*, GesR, § 20 IV 4.

389   *Roth*, in: Baumbach/Hopt, § 109 Rn. 28; *K. Schmidt*, in: MüKo-HGB, § 105 Rn. 193.

Vor dem englischen High Court klagten Gläubiger und so stellte auch das Gericht primär auf den Gläubigerschutz ab, während der Bundesgerichtshof über eine Klage der Aktionäre zu entscheiden hatte und auf die Treuepflichten gegenüber den übrigen Aktionären abstellte. Es erscheint aber naheliegend, dass auch im englischen Recht im gleichen Fall ein Vorgehen der Aktionäre über den *unfair prejudice* Rechtsbehelf Erfolg hätte haben können.

Allein in der KGaA ist schließlich durch die Zweiteilung der Gesellschaftergruppen zusätzlich eine Einbeziehung der Komplementäre erforderlich. Auch sie unterliegen Treuepflichten untereinander sowie gegenüber der Gesamtheit der Kommanditaktionäre und umgekehrt. Diese Treuepflichten werden aus dem Personengesellschaftsrecht hergeleitet. Aufgrund der engen Bindung der Komplementäre untereinander sind die zwischen ihnen bestehenden Treuepflichten in aller Regel besonders intensiv.

E. Aktien mit unterschiedlichem Stimmgewicht

Im folgenden Kapitel wird dargestellt, wie mit einem unterschiedlichen Stimmgewicht der Aktien ein Kontrollerhalt bewirkt werden kann. Damit wird unmittelbar an die in Teil 2 dieser Arbeit aufgestellte Hypothese angeknüpft, dass die Stimmgewichtung in der PLC als wesentliches Instrument zur Kontrollerhaltung genutzt werden kann, während in der KGaA die Struktur der Gesellschafter hierfür ausschlaggebend ist. Auch in der KGaA hat jedoch – worauf dieses Kapitel eingehen wird – die Stimmgewichtung eine nicht unwesentliche Bedeutung. Vorangestellt werden jeweils eine Einführung zu verschiedenen Instrumenten zur Erreichung einer unterschiedlichen Stimmgewichtung in PLC und KGaA sowie die Darstellung ihrer rechtstatsächlichen Bedeutung (jeweils unter 1.). Sodann werden Einzelheiten zu stimmrechtslosen Vorzugsaktien erläutert (jeweils unter 2.), bevor abschließend auf das Schutzinstrument des Sonderbeschlusses eingegangen wird (jeweils unter 3.).

I. PLC

1. Einführung und Rechtstatsachen

Die Satzungsautonomie ermöglicht es in der PLC, eine maßgeschneiderte Kapitalstruktur einzuführen und Aktien mit ganz unterschiedlichen Rechten auszustatten.[390] Das kann die Stimmrechte betreffen, aber auch die mit den Aktien

---

390 *Ferran/Chan Ho*, Principles of corporate finance law, S. 129: *"freedom to tailor capital structures to meet particular needs and preferences"*.

verbundenen Dividendenrechte oder den Anteil am Liquidationserlös,[391] mithin Vermögensrechte. Sec. 284 (3) (a) CA 2006 lässt sich die Grundregel entnehmen, dass jede Aktie die gleichen Stimmrechte gewährt (Proportionalitätsprinzip). Lediglich bei Beschlussfassungen durch Handzeichen hat jeder Aktionär unabhängig von der Anzahl seiner Aktien gemäß Sec. 284 (2) CA 2006 eine Stimme. Auch hinsichtlich der Vermögensrechte gilt bei fehlender abweichender Bestimmung grundsätzlich die Vermutung der Gleichheit aller Aktien.[392]

Aktien, bei denen die mit ihnen verbundenen Rechte in jeder Hinsicht identisch sind, bilden gemäß Sec. 629 CA 2006 eine Gattung. Theoretisch können unzählige Gattungen ausgegeben werden, die nicht einmal als solche bezeichnet werden müssen. Die Zugehörigkeit zu einer Gattung bestimmt sich allein nach der tatsächlichen Ausgestaltung der Aktien.[393] Bei börsennotierten PLCs wird freilich davon abgeraten, zu viele Gattungen auszugeben, da dies die Kapitalstruktur verkompliziert.[394]

Ein unterschiedliches Stimmgewicht kann etwa durch Aktien ohne Stimmrecht erreicht werden, die in der Praxis in aller Regel mit einem Vorzug bei der Gewinnverteilung verbunden sind.[395] Nach einer im Jahr 2007 veröffentlichten europäischen Studie haben 10 von 20 untersuchten britischen Unternehmen mit einer Marktkapitalisierung von über EUR 20 Mio. stimmrechtslose Vorzugsaktien (*preference shares*) ausgegeben.[396] Diese Kombination wird von Investoren verständlicherweise merklich positiver aufgenommen als stimmrechtslose Aktien ohne Vorzug.[397] Im Jenkins Committee 1962 wurde eine Abschaffung von

---

391 *Sealy/Worthington*, Cases and materials in company law, S. 556; *Department of Trade and Industry*, CA 2006: Explanatory Notes, Rn. 929.

392 *Birch v Cropper* (1889) 14 App Cas 525 (HL) (Lord Macnaghten): Fall betrifft Gleichbehandlung von Stamm- und Vorzugsaktionären bei der Verteilung des Liquidationserlöses; ebenso *Re London India Rubber Company* (1868) 5 Eq 519; *Gower/Davies*, Principles of modern company law, Kap. 23–4; *Ferran/Chan Ho*, Principles of corporate finance law, S. 132.

393 Vgl. *Gower/Davies*, Principles of modern company law, Kap. 19–38.

394 *Gower/Davies*, Principles of modern company law, Kap. 23–6.

395 *Ferran/Chan Ho*, Principles of corporate finance law, S. 128.

396 *Institutional Shareholder Services et al*, Report on the Proportionality Principle in the European Union, S. 23 und 78.

397 *Institutional Shareholder Services et al*, Report on the Proportionality Principle in the European Union, S. 82: Vorzugsaktien ohne Stimmrecht erhalten von 252 befragten Investoren die meisten Stimmen bei der Bewertung "neutral" (102 Stimmen), während Stammaktien ohne Stimmrecht von den befragten Investoren die meisten

stimmrechtslosen Aktien ohne Vorzug diskutiert, dies aber letztlich der Selbstregulierung durch den Markt überlassen.[398] Ein zusätzlicher Ausgleich für das fehlende Stimmrecht kann dadurch erreicht werden, dass dieses bei rückständiger Zahlung der Vorzugsdividende wieder auflebt. Eine Obergrenze für die Ausgabe stimmrechtsloser Vorzugsaktien kennt das englische Recht nicht. Auf die rechtliche Ausgestaltung wird noch ausführlich im nächsten Abschnitt eingegangen.

Eine weitere zulässige Gestaltung stellen Aktien mit Mehrstimmrechten dar,[399] wobei diesen aber in börsennotierten PLCs wohl keine praktische Bedeutung zukommt.[400] Die Akzeptanz bei Investoren wäre laut der bereits oben erwähnten europäischen Studie äußerst gering.[401] Schließlich kann eine Einwirkung auf das Stimmgewicht durch Höchststimmrechte erreicht werden, die aber bei börsennotierten PLCs ebenfalls kaum vorkommen.[402] Auch Höchststimmrechte dürften gattungsbegründend sein. Zwar sind sie an die Person und nicht an die Aktien selbst geknüpft, wie dies Sec. 629 CA 2006 für eine Gattung eigentlich voraussetzt. Allerdings genügt nach der englischen Rechtsprechung die Anknüpfung an die Person, wenn diese gerade in ihrer Eigenschaft als Aktionär erfolgt.[403] Wegen der geringen praktischen Relevanz wird auf Mehr- und Höchststimmrechte im Folgenden nicht weiter eingegangen.

Zwingende Einschränkungen gelten nur für solche PLCs, die ein Premium Listing – nicht hingegen für solche, die ein bloßes Standard Listing – an der Londoner Börse anstreben oder innehaben. Die Listing Rules sehen vor, dass die Gesamtheit der mit einer Aktiengattung verbundenen Stimmrechte weitgehend proportional

---

Stimmen bei der Bewertung „sehr negativ" erhalten (82 Stimmen); dazu auch *Sealy/ Worthington*, Cases and materials in company law, S. 557.

398 *Board of Trade*, Report of the Company Law (Jenkins) Committee, Cmnd. 1749 1962, Rn. 123 ff.

399 Siehe etwa *Bushell v Faith* [1970] AC 1099 (HL): Satzung enthielt Mehrstimmrechte für solche Beschlüsse, die die Abwahl eines Direktors betreffen.

400 Vgl. *Institutional Shareholder Services et al*, Report on the Proportionality Principle in the European Union, S. 78.

401 *Institutional Shareholder Services et al*, Report on the Proportionality Principle in the European Union, S. 82.

402 *Institutional Shareholder Services et al*, Report on the Proportionality Principle in the European Union, S. 78.

403 Vgl. *Cumbrian Newspapers Group Ltd v Cumberland & Westmorland Herald Newspaper & Printing Co* [1987] Ch 1 (Ch) 22 (Scott J): Das Vorliegen einer Gattung wurde angenommen bei einem satzungsmäßigen Entsenderecht für einen namentlich benannten Aktionär, der nach der Satzung mindestens 10 Prozent der Kapitalanteile halten musste; auch *Ferran/Chan Ho*, Principles of corporate finance law, S. 143 f.

zu den mit diesen Aktien verbundenen Interessen sein muss (LR 7.2.1 A R –
Premium Listing Principle 4).[404] Dabei darf die FCA als Börsenaufsicht für die Pro-
portionalität zwar verschiedene Faktoren berücksichtigen, etwa Dividendenrechte
oder Vorzüge bei der Verteilung des Liquidationserlöses (LR 7.2.4). Vorzugsakti-
en ohne Stimmrecht und erst recht alle sonstigen Aktien mit unterschiedlichem
Stimmgewicht wird die FCA allerdings für ein Premium Listung nicht zulassen.[405]

2. Stimmrechtslose Vorzugsaktien (Einzelheiten)

Bei stimmrechtslosen Vorzugsaktien (*preference shares*) wird der Vorzug
typischerweise dadurch gewährt, dass eine fixe Vorzugsdividende vorab an den
Aktionär geleistet wird,[406] die etwa durch einen bestimmten Prozentsatz des
Nennwertes der Vorzugsaktie ausgedrückt sein kann.[407] Voraussetzung für eine
Auszahlung ist im Regelfall, dass ein ausschüttungsfähiger Gewinn vorhan-
den ist, da auch Ausschüttungen an Vorzugsaktionäre in vollem Umfang den
Grundsätzen über die Kapitalerhaltung unterliegen.[408] Ob und inwieweit die
Vorzugsaktionäre an einer über die Vorzugsdividende hinausgehenden Gewinn-
ausschüttung teilhaben (*participating preference shares*), muss durch Auslegung
der Satzung ermittelt werden. Von der Rechtsprechung wurde hierzu die Regel
aufgestellt, dass bei fehlender ausdrücklicher Bestimmung eine weitergehende
Teilhabe abzulehnen ist.[409] Nicht-partizipierende Vorzugsaktien dürften auf Investoren freilich deutlich weniger Reiz ausüben.

Überdies stellt sich die Frage, ob die Vorabdividende nachgezahlt werden
muss (*cumulative dividend*), wenn sie in einem oder über mehrere Jahre nicht
gezahlt wurde. Die Rechtsprechung geht von einer solchen Nachzahlungspflicht
aus, sofern nichts Abweichendes bestimmt ist.[410] In der Satzung wird zudem

---

404   Vgl. auch *Sealy/Worthington*, Cases and materials in company law, S. 285.
405   Siehe zu Vorzugsaktien *Financial Services Authority*, Consultation Paper 9/28,
      November 2009, S. 10.
406   *Gower/Davies*, Principles of modern company law, Kap. 23–7.
407   *Ferran/Chan Ho*, Principles of corporate finance law, S. 135.
408   *Ferran/Chan Ho*, Principles of corporate finance law, S. 133: eine Ausnahme gilt bei
      Kapitalherabsetzungen.
409   *Will v United Lankat Plantations Co* [1914] AC 11 (HL); *Gower/Davies*, Principles
      of modern company law, Kap. 23–8, unter Punkt 5; *Ferran/Chan Ho*, Principles of
      corporate finance law, S. 135.
410   *Webb v Earle* (1875) LR 20 Eq 556; *Staples v Eastman Photographic Materials
      Co* [1896] 2 Ch 303 (CA) 306 (Lindley LJ); auch *Gower/Davies*, Principles of modern

regelmäßig vereinbart, dass das Stimmrecht wieder auflebt, solange die Vorabdividende nicht vollständig gezahlt oder nachgezahlt ist.[411] Fehlt es an einer solchen Vereinbarung, so ist mit der allgemeinen Regel davon auszugehen, dass die Satzung, wenn sie bestimmte Rechte normiert, diese auch abschließend regelt,[412] mithin das Stimmrecht nicht wieder auflebt.[413] Rechtsprechung zu dieser Frage existiert, soweit ersichtlich, nicht. Schließlich sei noch darauf hingewiesen, dass von einem Vorzug bei der Gewinnverteilung nicht auf einen Vorzug bei der Verteilung des Liquidationserlöses geschlossen werden kann oder umgekehrt.[414]

3. Anlegerschutz durch Sonderbeschlusserfordernis

Eine „Änderung" von Rechten, die mit einer Aktiengattung verbunden sind, bedarf grundsätzlich eines Sonderbeschlusses der Aktionäre dieser Gattung (Sec. 630 (2) CA 2006). Die formalen Anforderungen legt das Gesetz fest (Sec. 630 (4) CA 2006). Wann eine „Änderung" von Rechten vorliegt, ist gesetzlich nicht geregelt. Eine solche wird angenommen, wenn unmittelbar in Rechte einer Gattung eingegriffen wird, etwa durch Abschaffung oder Reduzierung einer Vorzugsdividende oder von Stimmrechten.[415] Nicht ausreichend ist es hingegen, wenn die Rechtstellung der Aktionäre einer Gattung lediglich mittelbar betroffen ist.[416]

Im Fall *White v Bristol Aeroplane Co Ltd*[417] etwa wurden an die bisherigen Anteilsinhaber zu gleichen Teilen Gratisaktien ausgegeben. Da aber das Stimmgewicht der Anteile schon vorher ungleich war, wurde es durch die Kapitalerhöhung noch weiter verzerrt. Die Verwässerung der Anteile wurde unter anderem

---

company law, Kap. 23–8, unter Punkt 7; *Ferran/Chan Ho*, Principles of corporate finance law, S. 135.

411 *Ferran/Chan Ho*, Principles of corporate finance law, S. 128 und 135; *Hannigan et al*, Butterworths corporate law service, Kap. CL[18.25].

412 Siehe etwa *Re National Telephone Co* [1914] 1 Ch 755 (Ch) 773 f. (Sargant J) speziell zu Vorzugsaktien; *Will v United Lankat Plantations Co* [1914] AC 11 (HL) in Bezug auf eine Partizipation am Mehrgewinn; *Scottish Insurance Corporation Ltd v Wilsons & Clyde Coal Company Ltd* [1949] AC 462 (HL) in Bezug auf den Erlös bei Kapitalherabsetzung und den Liquidationserlös.

413 Vgl. *Gower/Davies*, Principles of modern company law, Kap. 23–8, unter Punkt 5.

414 *Birch v Cropper* (1889) 14 App Cas 525 (HL); *Re London India Rubber Company* (1868) 5 Eq 519; *Gower/Davies*, Principles of modern company law, Kap. 23–8, unter Punkt 3.

415 *Ferran/Chan Ho*, Principles of corporate finance law, S. 147.

416 Vgl. *Gower/Davies*, Principles of modern company law, Kap. 19–35; *Ferran/Chan Ho*, Principles of corporate finance law, S. 148.

417 *White v Bristol Aeroplane Co Ltd* [1953] 1 All ER 40 (CA).

mit der Begründung als zulässig erachtet, dass mit den Aktien nicht das Stimmgewicht verbunden sei, sondern nur die Stimme selbst.[418] Ein Sonderbeschluss war somit nicht erforderlich.

In *Greenhalgh v Arderne Cinemas Ltd*[419] hatte die Mehrheit der Aktionäre ihre Stimmrechte durch einen Split ihrer Aktiengattung (10-*shilling*-Anteile) effektiv verfünffacht, während die Stimmrechte der anderen Aktiengattung (2-*shilling*-Anteile) sich nicht erhöht haben. Das Gericht hat dies für zulässig erachtet und auch einen Sonderbeschluss der Inhaber der 2-*shilling*-Anteile für nicht erforderlich gehalten, da ihre Rechte nicht unmittelbar geändert wurden. Heute könnte eine derart krasse Übervorteilung der Minderheitsgesellschafter möglicherweise über den *unfair prejudice* Rechtsbehelf im Rahmen der Ausübungskontrolle verhindert werden, der zum Entscheidungszeitpunkt aber noch nicht in dieser Form existierte.[420]

In der Praxis behelfen sich Unternehmen regelmäßig damit, dass sie in der Satzung in Form von Katalogen selbst festlegen, was als „Änderung" von Rechten gilt und was nicht.[421] Ob eine spezielle Maßnahme von den Katalogen erfasst ist, muss dann im Wege der Auslegung ermittelt werden.[422] Positivkataloge erhöhen den Rechtsschutz der Anleger und sind damit ohnehin zulässig.[423] Eine Klausel kann etwa vorsehen, dass eine Änderung von Gattungsrechten dann vorliegt, wenn zusätzliche Aktien ausgegeben werden, die ein vorrangiges Recht auf Zahlung von Dividenden oder vorteilhaftere Stimmrechte gewähren.[424]

Negativkataloge sind in Satzungen ebenfalls üblich. Häufig wird etwa vereinbart, dass die Ausgabe neuer Aktien mit gleichstufigen Rechten (*pari passu*) keine

---

418 *White v Bristol Aeroplane Co Ltd* [1953] 1 All ER 40 (CA) 49 (Romer LJ).

419 *Greenhalgh v Arderne Cinemas Ltd* [1946] 1 All ER 512 (CA); dazu etwa *Gower/Davies,* Principles of modern company law, Kap. 19–35; *Sealy/Worthington,* Cases and materials in company law, S. 572 f.; *Ferran/Chan Ho,* Principles of corporate finance law, S. 147.

420 Dazu bereits oben, unter D.I.1.; das Nebeneinander von Sonderbeschluss und dem allgemeinen *unfair prejudice* Rechtsbehelf ordnet Sec. 632 CA 2006 ausdrücklich an. Einen speziellen *unfair prejudice* Rechtsbehelf für den Fall, dass eine Änderung von Gattungsrechten vorliegt, enthält Sec. 633 (5) CA 2006. Siehe dazu *Ferran/Chan Ho,* Principles of corporate finance law, S. 151 f.

421 Verschiedene Beispiele bei *Hannigan et al,* Butterworths corporate law service, Kap. CL[18.62].

422 *Ferran/Chan Ho,* Principles of corporate finance law, S. 147.

423 *Gower/Davies,* Principles of modern company law, Kap. 19–36.

424 Siehe die Satzung der ASTRAZENECA PLC i.d.F. vom 29. April 2010, Ziffer 12.2 (b).

Änderung von Rechten einer Gattung darstellt.[425] Diese Klausel dürfte nach dem oben Gesagten aber wohl ausschließlich klarstellenden Charakter haben, da deren Inhalt nach der dargestellten restriktiven Rechtsprechung ohnehin nicht als Änderung von Rechten gelten würde. Unzulässig wäre hingegen eine Klausel, die die Rechte der Anleger über das gesetzliche Maß einschränkt, da das Erfordernis eines Sonderbeschlusses allgemein als Schutzinstrument zu Gunsten der Anleger gesehen wird.[426]

II. KGaA

1. Einführung und Rechtstatsachen

In der KGaA gilt hinsichtlich der Kapitalstruktur gemäß § 278 Abs. 3 i.V.m. § 23 Abs. 5 AktG der Grundsatz der Satzungsstrenge.[427] Von den gesetzlichen Vorschriften abweichende Gestaltungen sind damit nur zulässig, soweit dies ausdrücklich zugelassen ist. Die mit der Mitgliedschaft verbundenen Rechte lassen sich einteilen in Verwaltungs- und Vermögensrechte.[428] Aus § 134 Abs. 1 Satz 1 AktG ergibt sich der Grundsatz, dass die Stimmkraft einer Aktie sich nach dem Anteil an der Kapitalbeteiligung des Aktionärs richtet (Proportionalitätsprinzip).[429] Gemäß § 11 Satz 2 AktG bilden Aktien, die mit den gleichen mitgliedschaftlichen Rechten und zusätzlich – über den Wortlaut hinaus – gleichen Pflichten verbunden sind,[430] eine Gattung. Gattungsbegründend sind etwa die in § 11 Satz 1 AktG ausdrücklich genannten Rechte auf Gewinn- und Liquidationserlösverteilung, aber auch das Stimmrecht.[431]

---

425 Siehe die Satzung der ASTRAZENECA PLC i.d.F. vom 29. April 2010, Ziffer 12.2 (c); Satzung der Barclays PLC i.d.F. vom 30. April 2010, Ziffer 8.2; Satzung der BHP Billiton PLC aus 2010, Ziffer 32; Satzung der GlaxoSmithKline plc i.d.F. vom 7. Mai 2014, Ziffer 8.

426 Vgl. *Gower/Davies*, Principles of modern company law, Kap. 19–36; *Ferran/Chan Ho*, Principles of corporate finance law, S. 147.

427 Siehe bereits oben, unter A.II.3.a).

428 *Vatter*, in: Spindler/Stilz, § 11 Rn. 7 ff.; *Heider*, in: MüKo-AktG, § 11 Rn. 12 ff.; *Ziemons*, in: K. Schmidt/Lutter, § 11 Rn. 17 ff.; *Hüffer/Koch*, AktG, § 11 Rn. 3 f.

429 *Rieckers*, in: Spindler/Stilz, § 134 Rn. 6; *Vatter*, in: Spindler/Stilz, § 12 Rn. 6; *Heider*, in: MüKo-AktG, § 12 Rn. 5; *Ziemons*, in: K. Schmidt/Lutter, § 12 Rn. 5.

430 *Vatter*, in: Spindler/Stilz, § 11 Rn. 3; *Heider*, in: MüKo-AktG, § 11 Rn. 28; *Ziemons*, in: K. Schmidt/Lutter, § 11 Rn. 5; *Hüffer/Koch*, AktG, § 11 Rn. 7.

431 *Vatter*, in: Spindler/Stilz, § 11 Rn. 13; *Ziemons*, in: K. Schmidt/Lutter, § 11 Rn. 7; *Hüffer/Koch*, AktG, § 11 Rn. 7.

Das einzige derzeit im deutschen Aktienrecht zulässige Instrument, um das Stimmgewicht in börsennotierten Gesellschaften zu verändern, stellen Vorzugsaktien ohne Stimmrecht dar (§§ 139 ff. AktG).[432] Diese haben auch in der KGaA eine nicht unerhebliche praktische Relevanz.[433] Das dürfte sich damit erklären lassen, dass die Hauptversammlung entscheidende Kompetenzen hat, etwa die Feststellung des Jahresabschlusses (§ 286 Abs. 1 AktG), die Beschlussfassung über die Gewinnverwendung (§ 174 AktG i.V.m. § 278 Abs. 3 AktG), die Wahl und Abberufung von Aufsichtsratsmitgliedern (§ 101 Abs. 1 i.V.m. § 278 Abs. 3 AktG) sowie die Bestellung des Abschlussprüfers (§ 318 Abs. 1 Satz 1 HGB).[434] Die genannten Kompetenzen können der Hauptversammlung nicht entzogen werden.[435] Allein durch die Entziehung des Stimmrechts lässt sich die Einflussnahme von Eigenkapitalgebern insoweit beschränken. Stimmrechtslose Aktien müssen zwingend mit einem Vorzug bei der Gewinnverwendung verbunden werden; folglich gibt es keine stimmrechtslosen Stammaktien.

Als wesentlicher Nachteil von stimmrechtslosen Vorzugsaktien wird die Obergrenze angesehen, wonach diese nur bis zur Hälfte des Grundkapitals ausgegeben werden dürfen (§ 139 Abs. 2 AktG).[436] Auf stimmrechtslose Vorzugsaktien wird im nachfolgenden Abschnitt genauer eingegangen (dazu sogleich, unter 2.).

Bis vor einigen Jahren war auch bei börsennotierten Gesellschaften noch die Einführung von Mehr- sowie von Höchststimmrechten zulässig. Namentlich für Mehrstimmrechte war aber eine behördliche Genehmigung erforderlich, die

---

432 *Vatter*, in: Spindler/Stilz, § 11 Rn. 13.

433 Vorzugsaktien wurden etwa von den folgenden KGaAs ausgegeben (Stand: 10. August 2016): Drägerwerk AG & Co. KGaA (10.160.000 Stammaktien und 7.600.000 Vorzugsaktien); EUROKAI GmbH & Co. KGaA (6.759.480 Stammaktien und 6.708.494 Vorzugsaktien); Henkel AG & Co. KGaA (259.795.875 Stammaktien und 178.162.875 Vorzugsaktien).

434 Siehe den Überblick über die Hauptversammlungskompetenzen bei *Assmann/Sethe*, in: GroßKomm-AktG, § 285 Rn. 5; *Bachmann*, in: Spindler/Stilz, § 285 Rn. 6.

435 Siehe nur *Perlitt*, in: MüKo-AktG, § 286 Rn. 60 zur Feststellung des Jahresabschlusses; auch *Bachmann*, in: Spindler/Stilz, § 286 Rn. 2; *Hüffer/Koch*, AktG, § 286 Rn. 1; *Perlitt*, in: MüKo-AktG, § 286 Rn. 80 zur Beschlussfassung über die Gewinnverwendung; auch *K. Schmidt*, in: K. Schmidt/Lutter, § 286 Rn. 12; *Habersack*, in: MüKo-AktG, § 101 Rn. 3 zur Wahl und Abberufung von Aufsichtsratsmitgliedern; auch *Spindler*, in: Spindler/Stilz, § 101 Rn. 3; *Ebke*, in: MüKo-HGB, § 318 Rn. 4 zur Bestellung des Abschlussprüfers; siehe allgemein zur zwingenden Natur der geschriebenen Hauptversammlungskompetenzen und zu Gestaltungsmöglichkeiten durch bedingte Hauptversammlungsbeschlüsse *Grunewald*, AG 1990, 133, 134 und 137 ff.

436 Dazu bereits oben, unter Teil 2, A.I.

in der Praxis nur in wenigen Fällen erteilt wurde.[437] Mit dem KonTraG 1998[438] wurde die Schaffung von Aktien mit Mehrstimmrechten dann generell untersagt (§ 12 Abs. 2 AktG) und bei börsennotierten Gesellschaften wurden auch Höchststimmrechte verboten (vgl. § 134 Abs. 1 Satz 2 AktG). In der Regierungsbegründung wurde hierzu ausgeführt, dass Anleger üblicherweise die Vorstellung haben, Eigentum und Stimmrecht fielen zusammen.[439] Mit Blick auf diese Argumentation hätten freilich auch stimmrechtslose Vorzugsaktien abgeschafft werden müssen. Ihre Beibehaltung wurde damit gerechtfertigt, dass das Fehlen des Stimmrechts für Anleger bei diesen erkennbar sei und sie die Aktien entsprechend niedriger bewerten würden.[440] Gemäß § 5 Abs. 1 Satz 1 EGAktG sind alle vorhandenen Mehrstimmrechte zum 1. Juni 2003 erloschen, wenn nicht die Hauptversammlung mit qualifizierter Mehrheit ihre Fortgeltung beschlossen hat.

2. Stimmrechtslose Vorzugsaktien (Einzelheiten)

Bei stimmrechtslosen Vorzugsaktien kann der Vorzug gemäß § 139 Abs. 1 Satz 2 AktG n.F.[441] insbesondere in einem auf die Aktie vorweg entfallenden Gewinnanteil (Vorabdividende) oder einem erhöhten Gewinnanteil (Mehrdividende) bestehen. Vorabdividende bedeutet zunächst nur, dass im Rahmen der Gewinnausschüttung ein objektiv bestimmbarer Betrag an die Vorzugsaktionäre vorab gezahlt wird, bevor – bei ausreichendem Bilanzgewinn – eine Gewinnausschüttung auch an die übrigen Aktionäre erfolgt.[442] Sofern nichts Abweichendes vereinbart ist, hat der Vorzugsaktionär an der darüber hinausgehenden Gewinnausschüttung ebenfalls teil (*partizipierende Vorzugsaktien*).[443] Partizipierende

---

437 *Brändel*, in: FS Quack, S. 175, 175 f.: insgesamt 19 Genehmigungen (Stand: 30. November 1989); zur früheren Rechtslage auch *Heider*, in: MüKo-AktG, § 12 Rn. 40; *Hüffer/Koch*, AktG, § 12 Rn. 9.

438 Gesetz zur Kontrolle und Transparenz im Unternehmensbereich vom 27. April 1998, BGBl. I S. 786.

439 Begr. RegE zum KonTraG 1998, BT-Drs. 13/3912, S. 12 und 20.

440 Begr. RegE zum KonTraG 1998, BT-Drs. 13/3912, S. 12.

441 Siehe zu den Neuregelungen durch die Aktienrechtsnovelle 2016: RegE, BT-Drs. 18/4349, S. 25 f.; *Müller-Eising*, GWR 2015, 50; *Paschos/Goslar*, NJW 2016, 359, 361 f.; *Söhner*, ZIP 2016, 151; *Daghles*, GWR 2016, 45, 46; *Ihrig/Wandt*, BB 2016, 6, 14 f.

442 *Hüffer/Koch*, AktG, § 139 Rn. 6.

443 *Schröer*, in: MüKo-AktG, § 139 Rn. 22; *Bormann*, in: Spindler/Stilz, § 139 Rn. 14; *Spindler*, in: K. Schmidt/Lutter, § 139 Rn. 14; siehe aber *Zöllner*, in: KK-AktG, 1. Aufl. 1985, § 139 Rn. 12, der nicht-partizipierende („limitierte") Vorzugsaktien generell für unzulässig hält.

Vorzugsaktien stellen in der Praxis den absoluten Regelfall dar.[444] Bei einer Mehrdividende hingegen erhält der Vorzugsaktionär keine Dividende vorab, sondern bekommt im Rahmen der Gewinnausschüttung eine höhere Dividende – beispielsweise um 2 Prozent oder um EUR 1 mehr – als die übrigen Aktionäre.[445] Vorabdividende und Mehrdividende können miteinander kombiniert werden.[446] Voraussetzung für jede Dividendenzahlung ist grundsätzlich, dass ein ausschüttungsfähiger Gewinn vorhanden ist, da Ausschüttungen an Vorzugsaktionäre in vollem Umfang den Grundsätzen über die Kapitalerhaltung unterliegen (§ 57 Abs. 3 AktG).[447]

Es stellt sich die Frage, ob ein Vorzug nachgezahlt werden muss, wenn er in einem oder über mehrere Jahre nicht gezahlt wurde. Eine Auslegungsregel findet sich für die Vorabdividende nunmehr in § 139 Abs. 1 Satz 3 AktG n.F., wonach eine Nachzahlungspflicht besteht, sofern die Satzung nichts Abweichendes bestimmt. Im Umkehrschluss besteht eine Nachzahlungspflicht bei einer Mehrdividende ohne entsprechende Satzungsbestimmung nicht.[448] Die bis zur Aktienrechtsreform 2016 geltende zwingende Nachzahlungspflicht ist damit abgeschafft worden.[449] Das Stimmrecht lebt nach § 140 Abs. 2 AktG n.F. wieder auf, wenn der Vorzug nicht gezahlt wird. Im Gesetz wird hinsichtlich des wiederauflebenden Stimmrechts danach differenziert, ob eine Nachzahlungspflicht besteht oder nicht. Im Fall der Nachzahlungspflicht lebt das Stimmrecht erst im zweiten Jahr der Nichtzahlung des Vorzugs auf und erlischt so lange nicht, bis

444 *Bezzenberger*, in: GroßKomm-AktG, § 139 Rn. 17; *Spindler*, in: K. Schmidt/Lutter, § 139 Rn. 14; *Hüffer/Koch*, AktG, § 139 Rn. 8.

445 *Schröer*, in: MüKo-AktG, § 139 Rn. 22; *Spindler*, in: K. Schmidt/Lutter, § 139 Rn. 14; *Hüffer/Koch*, AktG, § 139 Rn. 6.

446 RegE zur Aktienrechtsnovelle 2016, BT-Drs. 18/4349, S. 26; siehe beispielhaft die Satzung der Metro AG i.d.F. vom 19. Februar 2016, § 21: „(1) Die Inhaber von Vorzugsaktien ohne Stimmrecht erhalten aus dem jährlichen Bilanzgewinn eine Vorzugsdividende von 0,17 Euro je Vorzugsaktie. [...] (3) Nach Ausschüttung der Vorzugsdividende erhalten die Inhaber von Stammaktien eine Dividende von 0,17 Euro je Stammaktie. Danach wird an die Inhaber von Vorzugsaktien ohne Stimmrecht eine nicht nachzahlbare Mehrdividende von 0,06 Euro je Vorzugsaktie gezahlt. [...]".

447 *Winzen*, Vorzugsaktie und KGaA, S. 97; zu Ausnahmen vom Verbot der Einlagenrückgewähr siehe nur *Cahn/v. Spannenberg*, in: Spindler/Stilz, § 57 Rn. 132 ff.

448 *Paschos/Goslar*, NJW 2016, 359, 361; *Ihrig/Wandt*, BB 2016, 6, 14 f.; siehe aber *Bormann*, in: Spindler/Stilz, § 139 Rn. 11 und 19, der davon ausgeht, dass bei einer Mehrdividende der Ausschluss der Nachzahlbarkeit sogar zwingend ist.

449 RegE zur Aktienrechtsnovelle 2016, BT-Drs. 18/4349, S. 13 und 25.

sämtliche Rückstände gezahlt sind (§ 140 Abs. 2 Satz 1 AktG n.F.). Im Fall der fehlenden Nachzahlungspflicht lebt das Stimmrecht bereits beim ersten Rückstand auf, erlischt aber dafür bereits dann wieder, wenn der im aktuellen Jahr fällige Vorzug gezahlt wird (§ 140 Abs. 2 Satz 2 AktG n.F.). Schließlich sei noch darauf hingewiesen, dass von einem Vorzug bei der Gewinnverteilung nicht auf einen Vorzug bei der Verteilung des Liquidationserlöses (§ 271 Abs. 2 AktG) geschlossen werden kann.[450]

3. Anlegerschutz durch Sonderbeschlusserfordernis

In bestimmten Fällen muss durch Aktionäre einer bestimmten Gattung ein Sonderbeschluss gefasst werden. Die formalen Anforderungen legt § 138 AktG fest. Wann ein Sonderbeschluss erforderlich ist, ergibt sich aus verschiedenen anderen Vorschriften. Diese sind zahlreich und sollen an dieser Stelle nicht abschließend aufgezählt werden.[451] Die folgenden Ausführungen beschränken sich daher auf Vorzugsaktien und unterschiedliche Stimmgewichte.

Praktisch relevant für Vorzugsaktionäre ist namentlich § 141 AktG. Unmittelbare Eingriffe in die Vorzugsrechte durch Aufhebung oder Beschränkung des Vorzugs bedürfen bereits nach § 141 Abs. 1 AktG eines Sonderbeschlusses.[452] Denkbar ist bei Vorzugsaktien etwa die Herabsetzung einer betragsmäßigen festgesetzten Vorabdividende oder die Abschaffung der Nachzahlungspflicht. Bei bestimmten mittelbaren Eingriffen[453] in die Rechte der Vorzugsaktionäre ist ein Sonderbeschluss nach § 141 Abs. 2 AktG erforderlich. Ausweislich des Wortlauts ist Voraussetzung, dass neue Vorzugsaktien ausgegeben werden, die bei der Verteilung des Gewinns oder des Gesellschaftsvermögens den vorhandenen Vorzugsaktien ohne Stimmrecht vorgehen oder ihnen gleichstehen. Die Vorschrift will damit verhindern, dass die Werthaltigkeit der vorhandenen Vorzugsaktien dadurch beeinträchtigt wird, dass die Zahl der vorzugsberechtigten Aktionäre ansteigt und der Bilanzgewinn möglicherweise nicht mehr zur Bedienung aller

---

450 RGZ 33, 16, 17 f.; *Riesenhuber*, in: K. Schmidt/Lutter, § 271 f. Rn. 10; *Koch*, in: MüKo-AktG, § 271 Rn. 22.

451 Übersicht bei *Spindler*, in: K. Schmidt/Lutter, § 138 Rn. 6 f.; *Hüffer/Koch*, AktG, § 138 Rn. 2.

452 OLG Schleswig, AG 2008, 39, 41; LG Frankfurt, AG 1991, 405, 406; *Schröer*, in: MüKo-AktG, § 141 Rn. 4; *Bormann*, in: Spindler/Stilz, § 141 Rn. 6; *Spindler*, in: K. Schmidt/Lutter, § 141 Rn. 5; *Hüffer/Koch*, AktG, § 141 Rn. 4.

453 Zu mittelbaren Eingriffen auch *Schröer*, in: MüKo-AktG, § 141 Rn. 5; *Bormann*, in: Spindler/Stilz, § 141 Rn. 6; *Spindler*, in: K. Schmidt/Lutter, § 141 Rn. 6.

ausreicht.[454] Eine analoge Anwendung auf nicht geregelte Fälle ist nicht zulässig.[455] Kapitalherabsetzungen erfordern hingegen keinen Sonderbeschluss der stimmrechtslosen Vorzugsaktionäre;[456] von § 141 Abs. 2 AktG ist nur die Ausgabe neuer Vorzugsaktien erfasst, § 141 Abs. 1 AktG erfasst nur unmittelbare Eingriffe und § 222 Abs. 2 AktG setzt bei Kapitalherabsetzungen ausweislich seines Wortlauts nur einen Sonderbeschluss von stimmberechtigen – und nicht von stimmrechtslosen – Aktionären voraus.

Schließlich bedarf es gemäß § 179 Abs. 3 AktG eines Sonderbeschlusses der benachteiligten Aktionäre, wenn das bisherige Verhältnis mehrerer Gattungen von Aktien zum Nachteil einer Gattung geändert wird. Theoretisch gilt die Vorschrift auch für Vorzugsaktionäre ohne Stimmrecht. Allerdings greift sie nur subsidiär zu den §§ 141 Abs. 1 und Abs. 2 AktG und ist auch gegenüber den §§ 182 Abs. 2, 222 Abs. 2 AktG nachrangig, soweit der Anwendungsbereich der jeweiligen Vorschriften reicht.[457] Dem praktischen Anwendungsbereich des § 179 Abs. 3 AktG unterfällt etwa die Umwandlung von stimmrechtslosen Vorzugsaktien in Stammaktien, die dann einen Sonderbeschluss der Stammaktionäre erforderlich werden lässt.[458] Zu Gunsten von Vorzugsaktionären greift § 179 Abs. 3 AktG etwa dann ein, wenn ein Liqudationsvorzug aufgehoben wird, da dieser nicht schon von § 141 Abs. 1 AktG erfasst wird.[459] Die Beseitigung noch vorhandener Mehrstimmrechte bedarf gemäß § 5 Abs. 2 Satz 3 EGAktG abweichend von § 179 Abs. 3 AktG keines Sonderbeschlusses der betroffenen Aktionäre.[460]

---

454 *Bezzenberger*, in: GroßKomm-AktG, § 141 Rn. 26; *Schröer*, in: MüKo-AktG, § 141 Rn. 21; *Spindler*, in: K. Schmidt/Lutter, § 141 Rn. 24.

455 *Schröer*, in: MüKo-AktG, § 141 Rn. 21; *Bormann*, in: Spindler/Stilz, § 141 Rn. 26; *Spindler*, in: K. Schmidt/Lutter, § 141 Rn. 25; *Hüffer/Koch*, AktG, § 141 Rn. 12.

456 Vgl. LG Frankfurt, AG 1991, 405 zu § 222 AktG a.F.; *Schröer*, in: MüKo-AktG, § 141 Rn. 10 f.; *Spindler*, in: K. Schmidt/Lutter, § 141 Rn. 16; *Hüffer/Koch*, AktG, § 141 Rn. 9; **a.A.** für bestimmte Fallkonstellationen *Lutter*, in: KK-AktG, § 222 Rn. 7; auch *Bormann*, in: Spindler/Stilz, § 141 Rn. 13 ff.

457 *Seibt*, in: K. Schmidt/Lutter, § 179 Rn. 49; *Stein*, in: MüKo-AktG, § 179 Rn. 180–182; *Holzborn*, in: Spindler/Stilz, § 179 Rn. 179–181; *Hüffer/Koch*, AktG, § 179 Rn. 42.

458 Vgl. OLG Köln, ZIP 2001, 2049, 2050 – Metro AG.

459 *Stein*, in: MüKo-AktG, § 179 Rn. 181.

460 *Seibt*, in: K. Schmidt/Lutter, § 179 Rn. 49; *Stein*, in: MüKo-AktG, § 179 Rn. 183; *Hüffer/Koch*, AktG, § 179 Rn. 42.

Durch die Satzung können – in den Grenzen des § 23 Abs. 5 AktG – zusätzliche Gegenstände für Sonderbeschlüsse festgelegt werden.[461] Praktische Bedeutung kommt dem nicht zu.[462] Umgekehrt kann aber gemäß § 141 Abs. 2 Satz 3 AktG die Zustimmungspflicht der Vorzugsaktionäre bei der Ausgabe neuer Vorzugsaktien in der Satzung unter bestimmten Umständen ausgeschlossen und damit ihre Rechte beschränkt werden.

III. Ergebnis

Hinsichtlich der Ausgangsfrage des Kontrollerhalts kann zusammenfassend festgehalten werden, dass ein solcher sowohl in der PLC als auch – in beschränkterem Maße – in der KGaA über Vorzugsaktien ohne Stimmrecht möglich ist. Allein in der PLC können zudem Höchststimmrechte oder Mehrstimmrechte eingeführt werden. Selbst dort ist dies jedoch dann nicht möglich, wenn ein Premium Listing an der Londoner Börse angestrebt wird. Zudem werden von Investoren am ehesten Vorzugsaktien ohne Stimmrecht akzeptiert. Bei Höchststimmrechten oder Mehrstimmrechten würde die Selbstregulierung des Marktes durch Kursabschläge oder gar eine gänzlich fehlende Kaufbereitschaft ihren Teil beitragen.

Vorzugsaktien ohne Stimmrecht – gleich ob in PLC oder KGaA – ermöglichen über ihr Alles-oder-Nichts-Prinzip, eine bestimmte Gruppe von Aktionären von der Einflussnahme vollständig auszuschließen. Während in der PLC eine Obergrenze für die Ausgabe von stimmrechtslosen Vorzugsaktien nicht existiert, ist die Ausgabe in der KGaA gemäß § 139 Abs. 2 AktG auf die Hälfte des Grundkapitals beschränkt. Zudem kann in der PLC das Stimmrecht vollständig ausgeschlossen werden, während es in der KGaA gemäß § 140 Abs. 2 AktG in bestimmten Fällen zwingend wieder auflebt. Die Akzeptanz am Kapitalmarkt wird aber auch in der PLC umso geringer sein, je weiter die Rechte der Aktionäre eingeschränkt werden.

Als Instrument des Anlegerschutzes ist schließlich in beiden Rechtsordnungen das Erfordernis von Sonderbeschlüssen bei Eingriffen in die Rechte von Aktionären einzelner Aktiengattungen vorgesehen. In der PLC ist der Anwendungsbereich aber auf unmittelbare Eingriffe beschränkt und gewährt damit praktisch nur ein äußerst geringes Schutzniveau, während in der KGaA ein Sonderbeschluss auch bei bestimmten mittelbaren Eingriffen erforderlich ist. In der PLC bleiben bei

---

461 *Bezzenberger*, in: GroßKomm-AktG, § 138 Rn. 13 f.; *Schröer*, in: MüKo-AktG, § 138 Rn. 18; *Spindler*, in: K. Schmidt/Lutter, § 138 Rn. 8.
462 *Bezzenberger*, in: GroßKomm-AktG, § 138 Rn. 13; *Hüffer/Koch*, AktG, § 138 Rn. 2.

mittelbaren Eingriffen allenfalls die Möglichkeit satzungsmäßiger Erweiterungen des Sonderbeschlusserfordernisses oder die Ausübungskontrolle.[463]

F. Kapitalerhöhungen

Kapitalerhöhungen dienen der Kapitalbeschaffung der Gesellschaft, können aber zugleich das Verhältnis der Kapitalbeteiligungen der Gesellschafter empfindlich verändern. Nimmt ein (stimmberechtigter) Aktionär an einer Kapitalerhöhung nicht teil, so werden seine Stimmrechte verwässert, und, sofern der Ausgabebetrag unter dem Börsenkurs liegt, tritt zudem ein Wertverlust seiner vermögensmäßigen Beteiligung ein. Diese Problematik stellt sich im englischen und im deutschen Recht gleichermaßen.[464]

Das folgende Kapitel wird darauf eingehen, mit welchen Mitteln dem in der PLC und in der KGaA entgegengewirkt wird. Dazu werden einführend allgemein die Voraussetzungen für Kapitalerhöhungen dargestellt (jeweils unter 1.). Sodann wird auf Bezugsrechte der Altaktionäre und auf den Bezugsrechtsausschluss (jeweils unter 2.) eingegangen. In der KGaA ergeben sich Besonderheiten durch die neben dem Grundkapital möglichen Komplementäreinlagen, die ebenfalls zu erörtern sind (unter II.3.).

I. PLC

1. Kapitalerhöhungen und Vorratsermächtigungen

Nach Sec. 549 (1) CA 2006 dürfen die Direktoren neue Aktien – vorbehaltlich einiger in der Vorschrift genannter Spezialfälle – nur dann ausgeben, wenn sie hierzu ermächtigt sind. Eine Ermächtigung kann durch die Satzung oder durch *ordinary resolution* der Hauptversammlung erfolgen (Sec. 551 (1) und (8) CA 2006). Eine *ordinary resolution* erfordert regelmäßig einen einfachen Mehrheitsbeschluss (vgl. Sec. 282 (1) CA 2006). Zulässig und in der Praxis bei börsennotierten PLCs üblich ist eine generelle Ermächtigung (*general authorisation*) zu Kapitalerhöhungen.[465] Das dient der Flexibilisierung der Kapitalbeschaffung. In der Ermächtigung müssen die maximale Anzahl der auszugebenden Aktien und ein Ablaufdatum für dieselbe angegeben werden, welches eine Dauer von fünf Jahren (Sec. 551 (3) CA 2006) nicht überschreiten darf. Die Ermächtigung kann

---

463   Dazu bereits oben, unter D.

464   Vgl. dazu *Gower/Davies*, Principles of modern company law, Kap. 24–6; auch *Schürnbrand*, in: MüKo-AktG, § 186 Rn. 2 f.

465   Dazu *Gower/Davies*, Principles of modern company law, Kap. 24–5.

jeweils für einen Zeitraum von maximal fünf weiteren Jahren erneuert werden (Sec. 551 (4) CA 2006). Eine Höchstgrenze für den Umfang der Kapitalerhöhung im Rahmen einer generellen Ermächtigung kennt das Gesetz nicht. Allerdings sehen Leitlinien der Association of British Insurers (ABI) vor, dass eine solche nur bis zur Höhe von zwei Dritteln des Grundkapitals erteilt werden soll.[466]

2. Bezugsrecht und Bezugsrechtsausschluss

a) CA 2006 und Richterrecht

Den Altaktionären steht bei der Ausgabe neuer Aktien gemäß Sec. 561 CA 2006 ein Bezugsrecht (*right of pre-emption*) entsprechend ihrem bisherigen Beteiligungsverhältnis am Grundkapital zu. Allerdings kann das Bezugsrecht im Wege einer *special resolution*, d.h. mit qualifiziertem Mehrheitsbeschluss, ausgeschlossen werden (Sec. 570 f. CA 2006). Ein solcher Beschluss kann zusammen mit der generellen Ermächtigung zu Kapitalerhöhungen (siehe dazu oben) gefasst werden und kann dann ebenso lange gültig sein wie diese (Sec. 570 (3) CA 2006), mithin bis zu fünf Jahre. Solche Vorratsbeschlüsse sind gängige Praxis.[467] Daneben besteht die Möglichkeit, das gesetzliche Bezugsrecht durch sogenannte *cashbox* Strukturen vollständig zu unterlaufen.[468] Im Kern wird dies über eine Sachkapitalerhöhung erreicht, bei der gemäß Sec. 565 CA 2006 *per se* kein Bezugsrecht besteht. Eine Geldleistung fließt der Emittentin dann mittelbar über zwischengeschaltete Gesellschaften zu, die speziell zu diesem Zweck errichtet werden.

Materielle Anforderungen speziell für den Ausschluss des Bezugsrechts stellt der CA 2006 nicht auf. Es existieren lediglich einige allgemeine Rechtsinstitute.[469] Am ehesten kann wohl auf den *unfair prejudice* Rechtsbehelf aus Sec. 994 (1) CA 2006 zurückgegriffen werden. Mit ihm können (Minderheits-) Gesellschafter nicht nur, wie bereits erörtert,[470] gegen ein Verhalten der Mehrheit, sondern auch gegen ein solches der Direktoren vorgehen.[471] Erhebliche Unsicherheiten bestehen aber schon deshalb, weil die Anwendbarkeit auf die PLC zumindest

---

466   Siehe allgemein zur Funktion der Leitlinien bereits oben, unter A.I.3.d).

467   *Gower/Davies*, Principles of modern company law, Kap. 24–11; *Kasolowsky*, in: Hirte/Bücker, § 5 Rn. 51.

468   Siehe ausführlich dazu *Ferran/Chan Ho*, Principles of corporate finance law, S. 118 f.; *Wagstaff/Mayo/Rentoul*, PLC Magazine 8/2009, 23, 24 f.; weitere Umgehungsmöglichkeiten bei *Gower/Davies*, Principles of modern company law, Kap. 24–7 (dort Fn. 43) und 24–8.

469   Ausführlich dazu *Kasolowsky*, ZBB 2000, 189, 194 ff.

470   Dazu bereits oben, unter D.I.1.

471   *Gower/Davies*, Principles of modern company law, Kap. 20–26 ff.

fraglich ist.[472] Zudem handelt es sich um einen Billigkeitsrechtsbehelf, der auf Ausnahmefälle beschränkt ist und daher allenfalls einen absoluten Mindestschutz ermöglicht. Beispielhaft kann auf die bereits an anderer Stelle dargestellten Urteile *Clemens v Clemens Bros Ltd*[473] und *Greenhalgh v Arderne Cinemas Ltd*[474] verwiesen werden.[475] Insgesamt ist der materielle Schutz unter dem CA 2006 und dem bislang ergangenen Richterrecht als wenig effektiv zu bezeichnen.[476]

b) Listing Rules

Die Listing Rules (LR 9.3.11 R und LR 9.3.12 R) enthalten zunächst einige Vorschriften, die mit denen des CA 2006 praktisch identisch sind. Bedeutung erlangen sie daher namentlich für Auslandsgesellschaften mit einer Börsennotierung in London, für die der CA 2006 nicht gilt. Der Anwendungsbereich ist nicht auf das Premium Listing Segment beschränkt, sondern erfasst auch solche Gesellschaften, deren Aktien lediglich im Standard Listing Segment notiert sind. Inhaltlich verlangen die Vorschriften ein Bezugsrecht für Altaktionäre bei Barkapitalerhöhungen (LR 9.3.11 R), welches jedoch durch einen qualifizierten Mehrheitsbeschluss ausgeschlossen werden kann (LR 9.3.12 R (1) i.V.m. Sec. 570 f. CA 2006).

Über die Anforderungen des CA 2006 hinaus normieren die Listing Rules materielle Anforderungen für die Ausgabe neuer Aktien. Danach darf der Ausgabepreis maximal 10 Prozent unter dem mittleren Börsenkurs (*middle market price*) des Tages liegen, an dem die Kapitalerhöhung angekündigt wird (vgl. LR 9.5.10 R). Das gilt nur dann nicht, wenn die Aktionäre einer Abweichung zustimmen (LR 9.5.10 R (3)). Anwendung finden diese Vorschriften allerdings nur auf solche Gesellschaften, deren Aktien am Premium Listing Segment an der Londoner Börse notiert sind (vgl. LR 9.1.1 R). Eine PLC, deren Aktien ausschließlich im Standard Listing Segment oder an einer deutschen Börse notiert sind, ist folglich nicht erfasst.

---

472 Siehe oben, unter D.I.1.
473 Siehe oben, unter D.I.1.
474 Siehe oben, unter E.I.3.
475 Siehe ferner *Re a Company, ex parte Harries* [1989] BCLC 383: Fall betrifft Kapitalerhöhung, durch die der Mehrheitsgesellschafter seinen Anteilsbesitz von 60 auf 96,1 Prozent erhöht hatte.
476 *Kasolowsky*, ZBB 2000, 189, 201; *Schall*, NZG 2007, 338, 338 ff.; *Hirte*, in: FS Priester, S. 221, 225 f.

c) Leitlinien institutioneller Investoren

Daneben haben sich die Leitlinien der Pre-Emption Group als Standards für das Abstimmungsverhalten und die Erwartungen institutioneller Investoren etabliert. Die Schlagkraft der Leitlinien im Vereinigten Königreich wurde bereits an anderer Stelle erläutert.[477] In Bezug auf einen antizipierten Bezugsrechtsausschluss sehen die Leitlinien der Pre-Emption Group eine höhenmäßige (grundsätzlich jährlich bis maximal 5 Prozent des Grundkapitals) und zeitliche (maximal 15 Monate oder bis zur nächsten ordentlichen Hauptversammlung) Grenze vor (Part 2A, Abs. 3 und 4). Mit Blick auf die oben skizzierten *cashbox* Strukturen (bereits oben, unter a) wurde mittlerweile klargestellt, dass diese den gleichen Anforderungen unterfallen und sie damit als Umgehungsmechanismen nicht toleriert werden (Part 1 Abs. 2). Die Leitlinien sollen aber lediglich für Gesellschaften mit einem Premium Listing gelten; solche mit einem Standard Listing werden lediglich zur Einhaltung ermutigt (Part 1, Abs. 1).

II. KGaA

1. Kapitalerhöhungen und Vorratsermächtigungen

In der KGaA richten sich das Grundkapital betreffende Maßnahmen über die Verweisungsnorm des § 278 Abs. 3 AktG nach den §§ 182 ff. AktG.[478] Eine reguläre (auch: ordentliche) Kapitalerhöhung erfordert danach einen Mehrheitsbeschluss durch die Hauptversammlung, der vorbehaltlich anderslautender Satzungsbestimmungen mit mindestens drei Vierteln des bei der Beschlussfassung vertretenen Grundkapitals gefasst wird (§ 182 Abs. 1 AktG). Zusätzlich ist die einfache Mehrheit der abgegebenen Stimmen (§ 133 Abs. 1 AktG) sowie die Zustimmung der Komplementäre erforderlich (§ 285 Abs. 2 Satz 1 AktG). Häufig[479] werden die geschäftsführenden Komplementäre ermächtigt, das Grundkapital bis zu einem bestimmten Betrag (genehmigtes Kapital) durch Ausgabe neuer Aktien gegen Einlagen zu erhöhen (§§ 202 ff. AktG). Dies ermöglicht eine rasche und flexible Beschaffung neuen Kapitals.[480] Die Ermächtigung erfolgt durch Satzungsbestimmung, wobei sie eine Gültigkeit von höchstens fünf Jahren hat,

---

477 Siehe oben, unter A.I.3.d).
478 *Assmann/Sethe*, in: GroßKomm-AktG, § 278 Rn. 185.
479 Siehe in rechtstatsächlicher Hinsicht zum genehmigten Kapital eingehend *Bayer*, in: MüKo-AktG, § 202 Rn. 14 ff.; daneben kennt das Gesetz noch zwei weitere Arten der Kapitalerhöhung, namentlich die bedingte Kapitalerhöhung (§§ 192 ff. AktG) und die Kapitalerhöhung aus Gesellschaftsmitteln (§§ 207 ff. AktG).
480 *Bayer*, in: MüKo-AktG, § 202 Rn. 1.

die aber jederzeit erneuert werden kann (vgl. §§ 202 Abs. 1 und 2 AktG). Eine Höchstgrenze für den Nennbetrag des genehmigten Kapitals legt das Gesetz bei der Hälfte des zur Zeit der Ermächtigung vorhandenen Grundkapitals fest (§ 202 Abs. 3 AktG).

2. Bezugsrecht und Bezugsrechtsausschluss

Bei der Ausgabe neuer Aktien steht jedem Altaktionär ein Bezugsrecht entsprechend seinem Anteil am bisherigen Grundkapital zu (§§ 278 Abs. 3, 186 Abs. 1 AktG). Über die Verweisungsnorm des § 203 Abs. 1 AktG gilt dies auch beim genehmigten Kapital. Das Bezugsrecht kann ausgeschlossen werden, wobei bestimmte formelle Voraussetzungen eingehalten werden müssen. Danach bedarf es bei der ordentlichen Kapitalerhöhung eines Beschlusses der Hauptversammlung mit qualifizierter Mehrheit (§ 186 Abs. 3 AktG) sowie der Zustimmung der Komplementäre (§ 285 Abs. 2 Satz 1 AktG). Beim genehmigten Kapital ist eine Satzungsbestimmung erforderlich, durch die das Bezugsrecht entweder von vorneherein ausgeschlossen wird (§§ 203 Abs. 1 Satz 1, 186 Abs. 1 Satz 1 AktG) oder durch die die Geschäftsleitung zum Ausschluss ermächtigt wird (§ 203 Abs. 2 AktG).

Hinzu kommen materielle Anforderungen an den Bezugsrechtsausschluss (materielle Beschlusskontrolle). Bei der ordentlichen Kapitalerhöhung sind die Interessen der Gesellschaft mit denen der ausgeschlossenen Aktionäre abzuwägen und der Ausschluss wird einer Verhältnismäßigkeitsprüfung unterzogen.[481] Beim genehmigten Kapital hat sich hingegen ein zweistufiges Kontrollkonzept etabliert. Nach den im Siemens/Nold Urteil festgelegten Grundsätzen kann ein Bezugsrechtsrechtsausschluss beschlossen oder es können die geschäftsführenden Komplementäre hierzu ermächtigt werden, wenn die damit bezweckte Maßnahme „im wohlverstandenen Interesse der Gesellschaft liegt und sie der Hauptversammlung allgemein und in abstrakter Form bekanntgegeben wird".[482] Ferner darf die Ermächtigung nur ausgeübt werden, „wenn das konkrete Vorhaben seiner abstrakten Umschreibung entspricht und auch im Zeitpunkt seiner Realisierung noch im wohlverstandenen Interesse der Gesellschaft liegt".[483]

---

481 BGHZ 71, 40, 46 – Kali & Salz = WM 1978, 401.
482 BGHZ 136, 133, 139 – Siemens/Nold = AG 1997, 465; anders noch BGHZ 83, 319, 325 – Holzmann = WM 1982, 660: es seien konkrete Anhaltspunkte dafür erforderlich, dass sich ein Bezugsrechtsausschluss in Zukunft als notwendig erweisen wird.
483 BGHZ 136, 133, 139 – Siemens/Nold = AG 1997, 465.

Einer materiellen Beschlusskontrolle im vorgenannten Sinne bedarf es dann nicht, wenn die Voraussetzungen des erleichterten Bezugsrechtsausschlusses nach § 186 Abs. 3 Satz 4 AktG vorliegen.[484] Das ist der Fall, wenn eine Kapitalerhöhung gegen Bareinlagen 10 Prozent des Grundkapitals nicht übersteigt und der Ausgabebetrag den Börsenpreis nicht wesentlich (im Regelfall nicht mehr als 3 Prozent, maximal jedoch 5 Prozent)[485] unterschreitet. Es wird dann unwiderleglich vermutet, dass der Bezugsrechtsausschluss im Interesse der Gesellschaft liegt.[486] Weiterhin anwendbar bleiben allerdings der spezielle Anfechtungsgrund des § 255 Abs. 2 AktG wegen unangemessen niedrigen Ausgabebetrags und der allgemeine Gleichbehandlungsgrundsatz aus § 53a AktG.[487]

3. Komplementäreinlage als Besonderheit

Eine Besonderheit bei der KGaA liegt darin, dass neben dem von den Aktionären aufzubringenden Grundkapital gesonderte Kapitaleinlagen durch die Komplementäre (Komplementäreinlagen) erbracht werden können. Grundkapital und Komplementäreinlagen bilden zusammen das Gesamtkapital. Die Erhöhung der Komplementäreinlagen erfolgt im Wege der Satzungsänderung (§ 281 Abs. 2 AktG), so dass die Hauptversammlung grundsätzlich zustimmen muss.[488] Sofern das Zustimmungserfordernis abbedungen wird, sind dem in Anlehnung an die Grundsätze zum genehmigten Kapital Grenzen gesetzt.[489] Schließlich kann eine

---

484   *Wiedemann*, in: GroßKomm-AktG, § 186 Rn. 150; *Schürnbrand*, in: MüKo-AktG, § 186 Rn. 137; *Servatius*, in: Spindler/Stilz, § 186 Rn. 61; *Hüffer/Koch*, AktG, § 186 Rn. 39e; *Veil*, in: K. Schmidt/Lutter, § 186 Rn. 44; vgl. auch BGH, NZG 2007, 907: Spezialfall sachlicher Rechtfertigung.

485   Beschlußempfehlung und Bericht des Rechtsausschusses, BT-Drs. 12/7848, S. 9; *Schürnbrand*, in: MüKo-AktG, § 186 Rn. 135; *Hüffer/Koch*, AktG, § 186 Rn. 39d; *Servatius*, in: Spindler/Stilz, § 186 Rn. 59: maximal 5 Prozent; auch *Veil*, in: K. Schmidt/Lutter, § 186 Rn. 42.

486   *Veil*, in: K. Schmidt/Lutter, § 186 Rn. 44; a.A. *Wiedemann*, in: GroßKomm-AktG, § 186 Rn. 150: widerlegliche Vermutung; wohl auch *Goette*, ZGR 2012, 505, 513.

487   *Schürnbrand*, in: MüKo-AktG, § 186 Rn. 138; *Servatius*, in: Spindler/Stilz, § 186 Rn. 61; *Veil*, in: K. Schmidt/Lutter, § 186 Rn. 44; *Hüffer/Koch*, AktG, § 186 Rn. 39e; **a.A.** *Martens*, in: FS Bezzenberger, S. 267, 277 f. zu § 255 Abs. 2 AktG.

488   Siehe zu Satzungsänderungen bereits oben, unter C.II.2.

489   Vgl. *Perlitt*, in: MüKo-AktG, § 278 Rn. 400; *Bachmann*, in: Spindler/Stilz, § 281 Rn. 12: Kernbereichslehre und Vorgaben aus § 281 Abs. 1 AktG; auch *Wichert*, AG 1999, 362, 368 f.; *Hoffmann-Becking/Herfs*, in: FS Sigle, S. 273, 293 f.: § 202 Abs. 3 Satz 1 AktG analog.

Erhöhung des Grundkapitals ohne gleichzeitige Erhöhung der Komplementär-einlage zur Verwässerung von Vermögensrechten der Komplementäre führen, da sich die Gewinnverteilung in der Regel nach dem Verhältnis zum Gesamt-kapital bemisst.[490] Um eine Verwässerung zu verhindern, kann in der Satzung vorgesehen werden, dass die Komplementäre ihre Einlage im gleichen Verhältnis erhöhen („mitziehen") können.[491] Umgekehrt gilt dies für das Grundkapital bei einer Erhöhung der Komplementäreinlage.[492]

III. Ergebnis

Im Ergebnis kann festgehalten werden, dass Kapitalerhöhungen sowohl in der PLC als auch in der KGaA einer Zustimmung durch die Aktionäre bedürfen. In beiden Rechtssystemen kann die Entscheidung durch einen Vorratsbeschluss auf die Geschäftsleitung übertragen werden. Das ist in der Praxis üblich und dient der Flexibilisierung der Kapitalbeschaffung. Allerdings unterliegt eine solche generelle Ermächtigung Grenzen, die sich auf das Verhältnis der betreffenden Kapitalerhöhung zum vorhandenen Grundkapital bezieht (in der PLC darf sie maximal zwei Drittel umfassen, in der KGaA maximal die Hälfte). In der PLC findet sich diese Grenze in Leitlinien institutioneller Investoren, die in der Praxis bei einer Börsennotierung in London regelmäßig eingehalten werden, andern-orts aber vermutlich wenig Wirkung entfalten dürften. In der KGaA ergibt sich die Grenze aus dem AktG. Dort ist sie von zwingender Natur.

Als Schutzinstrument gegen die Verwässerung der Stimmrechte ist in PLC und KGaA grundsätzlich ein Bezugsrecht der Altaktionäre vorgesehen. Dieses kann mit einem qualifizierten Mehrheitsbeschluss ausgeschlossen werden. Es bestehen Grenzen, die namentlich den Umfang der Kapitalerhöhung im Verhält-nis zum Grundkapital (in der PLC maximal 5 Prozent, in der KGaA maximal 10 Prozent) sowie die zulässige Abweichung von Ausgabebetrag und Börsen-kurs betreffen (in der PLC maximal 10 Prozent, in der KGaA regelmäßig 3 und maximal 5 Prozent). In der PLC ergeben sich die Grenzen aus den kapitalmarkt-rechtlichen Listing Rules und aus (nicht zwingenden) Leitlinien institutioneller

---

490 *Herfs*, in: Münch. Hdb. AktR, § 80 Rn. 5; *Herfs*, in: VGR Jahrestagung 1998, S. 23, 50; *Hoffmann-Becking/Herfs*, in: FS Sigle, S. 273, 292 f.

491 *Herfs*, in: Münch. Hdb. AktR, § 80 Rn. 10; *Hoffmann-Becking/Herfs*, in: FS Sigle, S. 273, 292 f.; *Assmann/Sethe*, in: GroßKomm-AktG, § 278 Rn. 186; *Perlitt*, in: MüKo-AktG, § 278 Rn. 400; *Bachmann*, in: Spindler/Stilz, § 281 Rn. 14.

492 *Herfs*, in: Münch. Hdb. AktR, § 80 Rn. 4; *Herfs*, in: VGR Jahrestagung 1998, S. 23, 50; *Hoffmann-Becking/Herfs*, in: FS Sigle, S. 273, 293.

Investoren. Der Anwendungsbereich beschränkt sich jeweils auf PLCs, die ein Premium Listing an der Londoner Börse innehaben. In der KGaA ergeben sich die Grenzen hingegen aus dem AktG. Dort ist eine Überschreitung bei einer sachlichen Rechtfertigung zulässig.

G. Unternehmerische Mitbestimmung und Einfluss der Arbeitnehmer

Die unternehmerische Mitbestimmung kann eine entscheidende Einschränkung der Kontrolle der Aktionäre bedeuten. Zur Darstellung der Rechtslage in PLC und KGaA werden die Länderberichte anders als in vielen vorangegangen Kapiteln keinem parallelen Aufbau folgen. Für die PLC wird zunächst die Rechtslage unter dem CA 2006 aufgezeigt (unter I.1.) und sodann wird auf Ausnahmen bei grenzüberschreitenden Verschmelzungen eingegangen (unter I.2.). Für die KGaA werden, da die Bedeutung der Mitbestimmung für den Kontrollerhalt maßgeblich hiervon abhängt, zunächst die Kompetenzen des Aufsichtsrats erörtert (unter II.1.). Anschließend wird auf mögliche Besonderheiten in der kapitalistischen KGaA eingegangen (unter II.2.). Hinsichtlich der Zusammensetzung und Größe des mitbestimmten Aufsichtsrats wird auf die bereits an anderer Stelle erfolgten Ausführungen verwiesen.[493]

I. PLC

1. CA 2006 und Verweigerungshaltung des Vereinigten Königreichs

Im Grundsatz kennt die PLC bislang keine Beteiligung der Arbeitnehmer auf gesellschaftsrechtlicher Ebene.[494] Der CA 2006 enthält keine Regelungen zur Mitbestimmung. Das steht geradezu sinnbildlich für die liberale Natur des englischen Gesellschaftsrechts. Der Arbeitnehmerschutz wird der Privatautonomie und dem Arbeitsrecht überlassen.[495] Den Gesellschaftern einer PLC bleibt es unbenommen, Mitbestimmungsregeln in der Satzung aufzunehmen.[496]

Mehrere Versuche in der Vergangenheit, eine unternehmerische Mitbestimmung im Vereinigten Königreich einzuführen, sind gescheitert. Mit der Fünften

---

493 Siehe oben, unter Teil 2, B.II.
494 *Gower/Davies*, Principles of modern company law, Kap. 14–68; *Ringe/Otte*, in: Triebel et al, Englisches Handels- und Wirtschaftsrecht, Kap. V Rn. 258.
495 *Gower/Davies*, Principles of modern company law, Kap. 14–68.
496 So bereits *Schall*, NZG 2007, 338, 340.

Gesellschaftsrechtlichen Richtlinie (sog. Strukturrichtlinie) sollten Aktiengesellschaften aus sämtlichen EU-Mitgliedsstaaten einem Mitbestimmungsregime unterworfen werden.[497] Ein erster Vorschlag für die Richtlinie wurde von der Kommission bereits 1972 unterbreitet und sah eine Unternehmensmitbestimmung ab einer Anzahl von 500 Arbeitnehmern vor.[498] Dieser und auch spätere Entwürfe konnten sich vor allem wegen des Widerstands aus dem Vereinigten Königreich nicht durchsetzen.[499] Im krassen Widerspruch dazu stehen die jüngsten Pläne der seit dem 13. Juli 2016 amtierenden englische Premierministerin May, die eine Unternehmensmitbestimmung einzuführen gedenkt.[500] Freilich ist derzeit noch völlig unklar, wie dies geregelt werden soll und ob sich eine politische Mehrheit hierfür finden wird.

2. Ausnahme nur bei grenzüberschreitender Verschmelzung

Ausnahmsweise kann eine PLC nach den Regelungen der CCBMR,[501] in denen die grenzüberschreitende Verschmelzung von EU- und EWR-Gesellschaften geregelt wird, mitbestimmt sein.[502] Die CCBMR gehen auf die Verschmelzungsrichtlinie zurück. Darin befindliche Mitbestimmungsregeln sind stark an diejenigen angelehnt, die auch für die SE gelten.[503] Unklar ist nach dem EU-Referendum vom 23. Juni 2016, ob eine grenzüberschreitende Verschmelzung auf eine PLC in Zukunft

---

497 *Schall*, in: Van Hulle/Gesell, European corporate law, Teil 1, Rn. 70 ff., insb. Rn. 74; *Spahlinger/Wegen*, in: Spahlinger/Wegen, Rn. 1025 ff.; ausführlich *Kolvenbach*, DB 1983, 2235; *Sonnenberger*, AG 1974, 1.

498 Abl. EG Nr. C 131 vom 13. Dezember 1972, S. 49 ff., insb. Art. 4; zur Historie auch *Spahlinger/Wegen*, in: Spahlinger/Wegen, Rn. 1026.

499 *Schall*, in: Van Hulle/Gesell, European corporate law, Teil 1, Rn. 74; *Spahlinger/Wegen*, in: Spahlinger/Wegen, Rn. 1026; *Kolvenbach*, DB 1983, 2235; *Sonnenberger*, AG 1974, 1, 2 f.

500 *o. V.*, Was Großbritanniens neue starke Frau will, FAZ vom 12. Juli 2016, Nr. 160, S. 15.

501 SI 2007/2974 (The Companies (Cross-Border Mergers) Regulations 2007).

502 Dies hat der Verfasser bereits in einer unveröffentlichten Masterarbeit kurz festgestellt, siehe dazu Fn. 9; zur Arbeitnehmerbeteiligung bei grenzüberschreitender Verschmelzung auch *Gower/Davies*, Principles of modern company law, Kap. 29–13; auch *Wooldridge*, CL 2007, 118; in Deutschland finden sich vergleichbare Regeln im MgVG.

503 Grundlage ist die RL 2005/56/EG des Europäischen Parlaments und des Rates vom 26. Oktober 2005 (über die Verschmelzung von Kapitalgesellschaften aus verschiedenen Mitgliedsstaaten); diese wiederum nimmt weitgehend Bezug auf die RL 2001/86/EG des Rates vom 8. Oktober 2001 (zur Ergänzung des Status der Europäischen Gesellschaft hinsichtlich der Beteiligung der Arbeitnehmer) und auf die Verordnung

noch möglich sein wird. Dies hängt maßgeblich vom Ausgang der Verhandlungen mit dem Vereinigten Königreich ab.[504] Nur, wenn die Möglichkeit einer grenzüberschreitenden Verschmelzung weiterhin besteht, kann den CCBMR auch künftig ein Anwendungsbereich zukommen.

Nach derzeitiger Rechtslage finden die Vorschriften über die Arbeitnehmerbeteiligung auf eine Gesellschaft englischen Rechts unter anderem dann Anwendung, wenn eine der zu verschmelzenden Gesellschaften in den letzten sechs Monaten vor der Veröffentlichung des Verschmelzungsplans eine durchschnittliche Anzahl von 500 Arbeitnehmern überschreitet und in dieser ein System der Arbeitnehmermitbestimmung besteht (Reg. 22 (1) (a) CCBMR). Allerdings erfassen die CCBMR grundsätzlich nur die grenzüberschreitende Verschmelzung. Durch eine nachfolgende innerstaatliche Verschmelzung kann die Mitbestimmung wieder entfallen, wenn bis dahin eine Wartezeit von drei Jahren abgewartet wird (vgl. Reg. 40 CCBMR).

Die Ausgestaltung der Mitbestimmung kann unterschiedlich erfolgen. Möglich ist eine einvernehmliche Lösung über die Beteiligung der Arbeitnehmer mit einem besonderen Verhandlungsgremium (Reg. 28 ff. CCBMR). Alternativ können gesetzliche Auffangregeln eingreifen. Das ist namentlich der Fall, wenn die beteiligten Gesellschaften dies – auch ohne vorherige Verhandlungen mit dem besonderen Verhandlungsgremium – vereinbaren (Reg. 36 CCBMR), wenn die Anwendung derselben mit dem besonderen Verhandlungsgremium vereinbart wird (Reg. 37 (1) (a) CCBMR) oder wenn die Verhandlungen mit dem besonderen Verhandlungsgremium scheitern und bestimmte weitere Voraussetzungen erfüllt sind (vgl. Reg. 37 (1) (b) CCBMR). Das für die Verschmelzung zuständige Gericht wird über die Verschmelzung solange nicht positiv bescheiden, bis eine endgültige Lösung für die Mitbestimmung feststeht (Reg. 16 (1) (f) CCBMR).

Sofern die Auffangregelungen eingreifen, haben Arbeitnehmervertreter oder die Arbeitnehmer in der aufnehmenden Gesellschaft das Recht, eine bestimmte Anzahl (dazu sogleich) der Direktoren direkt zu wählen, zu bestellen oder die Bestellung zu empfehlen oder abzulehnen (Reg. 38 (1) CCBMR). Damit findet die Mitbestimmung unmittelbar auf der Ebene der Geschäftsleitung und nicht lediglich in einem Aufsichtsorgan statt. Ob und inwieweit eine Beschränkung der Rechte der von der Arbeitnehmerseite stammenden Direktoren zulässig

---

(EG) Nr. 2157/2001 des Rates vom 8. Oktober 2001 (über das Statut der Europäischen Gesellschaft (SE)).

504 Siehe allgemein zu möglichen Szenarien bereits oben, unter Teil 1, B.

ist, wird bislang offenbar nicht diskutiert. Nach dem Grundsatz der richtlinien-konformen Auslegung[505] dürfte es geboten sein, das vor der Verschmelzung bestehende Niveau zu erhalten. Mit den arbeitnehmerschützenden Vorschriften in der Verschmelzungsrichtlinie soll nämlich sichergestellt werden, dass eine vorhandene Mitbestimmung weder beseitigt noch eingeschränkt wird.[506]

Die Anzahl der Arbeitnehmervertreter bemisst sich bei Einschlägigkeit der Auffangregelungen nach dem jeweils höchsten Anteil an Arbeitnehmervertretern, der in den Organen der beteiligten Gesellschaften bestanden hat („Vorher-Nachher-Prinzip"). Ausnahmsweise ist eine Reduzierung des Anteils der Arbeitnehmervertreter auf ein Drittel zulässig, wenn zunächst Verhandlungen mit dem besonderen Verhandlungsgremium stattgefunden haben (Reg. 39 CCBMR). Erfolgreich müssen diese nicht gewesen sein.

II. KGaA

1. Eingeschränkte Kompetenzen des Aufsichtsrats

Je weiter die Kompetenzen des Aufsichtsrats reichen, desto einschneidender ist die Wirkung der Mitbestimmung. Nach dem Gesetz kommen dem Aufsichtsrat zwingend die Überwachungskompetenz über die Geschäftsleitung, die Ausführungskompetenz für Beschlüsse der Hauptversammlung (§ 287 Abs. 1 AktG) und bestimmte Vertretungskompetenzen (§ 287 Abs. 2 und §§ 278 Abs. 3, 112 AktG) zu.[507] Ausfluss der Überwachungskompetenz sind insbesondere die Berichtspflicht der Komplementäre gegenüber dem Aufsichtsrat (§§ 283 Nr. 4, 90 AktG) sowie die Prüfung des Jahresabschlusses und des Lageberichts (§§ 278 Abs. 3, 171 Abs. 1 AktG).[508] Als zulässig angesehen wird eine mittelbare Einschränkung der Überwachungskompetenz dadurch, dass bestimmte Geschäftsführungsaufgaben von den Komplementären auf andere Organe (etwa einen

---

505 Siehe dazu *Geismann*, in: von der Groeben/Schwarze/Hatje, Art. 288 AEUV, Rn. 55; *Nettesheim*, in: Grabitz/Hilf/Nettesheim, Art. 288 AEUV Rn. 133 ff.

506 Vgl. Erwägungsgrund 3 der RL 2001/86/EG des Rates vom 8. Oktober 2001 (zur Ergänzung des Status der Europäischen Gesellschaft hinsichtlich der Beteiligung der Arbeitnehmer).

507 Siehe zur Anwendbarkeit des § 112 AktG in der KGaA die Fundstellen in Fn. 170.

508 *Assmann/Sethe*, in: GroßKomm-AktG, § 287 Rn. 34; *Mertens/Cahn*, in: KK-AktG, § 287 Rn. 14 zu § 90 AktG; *Perlitt*, in: MüKo-AktG, § 287 Rn. 37; *Bachmann*, in: Spindler/Stilz, § 287 Rn. 7 zu § 90 AktG; *Bürgers*, in: Bürgers/Fett, § 5 Rn. 481 und 484.

Beirat) verlagert werden.[509] Anders als die Komplementäre ist ein Beirat nicht gegenüber dem Aufsichtsrat berichtspflichtig.[510] Die praktische Relevanz einer solchen Einschränkung ist allerdings fraglich. Die Ausführungskompetenz kann hingegen vollständig auf andere Organe übertragen werden.[511]

Im Unterschied zur AG sind dem Aufsichtsrat in der KGaA bestimmte Kompetenzen von vorneherein vorenthalten. Das sind unter anderem solche, die die Geschäftsleitung betreffen.[512] Diese unterfällt vorbehaltlich der soeben erwähnten Ausnahmen zur Vertretungskompetenz gemäß § 287 Abs. 2 AktG dem Personengesellschaftsrecht. Daraus folgt, dass der Aufsichtsrat nicht entsprechend § 111 Abs. 4 Satz 2 AktG Zustimmungsvorbehalte für bestimmte Arten von Geschäften festlegen darf[513] und dass er überdies nicht entsprechend § 77 Abs. 2 Satz 1 AktG eine Geschäftsordnung für die Komplementäre erlassen darf.[514] Die Satzung kann freilich Abweichendes bestimmen.[515] Aus dem personengesellschaftsrechtlichen Grundsatz der Selbstorganschaft folgt ein weiteres: Der Aufsichtsrat kann die Komplementäre – anders als den Vorstand in einer AG – weder ernennen noch abberufen.[516] Schließlich sieht § 286 Abs. 1 Satz 1 AktG im Gegensatz zu § 172 AktG vor, dass die originäre Zuständigkeit für die Feststellung des Jahresabschlusses bei der Hauptversammlung liegt.

---

509 *Assmann/Sethe*, in: GroßKomm-AktG, § 287 Rn. 45; *Mertens/Cahn*, in: KK-AktG, § 287 Rn. 16; *Perlitt*, in: MüKo-AktG, § 287 Rn. 51; *Bürgers*, in: Bürgers/Fett, § 5 Rn. 490.

510 *Mertens/Cahn*, in: KK-AktG, § 287 Rn. 16; *Bürgers*, in: Bürgers/Fett, § 5 Rn. 489; vgl. auch *Bachmann*, in: Spindler/Stilz, § 287 Rn. 8.

511 *Assmann/Sethe*, in: GroßKomm-AktG, § 287 Rn. 55; *Mertens/Cahn*, in: KK-AktG, § 287 Rn. 18; *Perlitt*, in: MüKo-AktG, § 287 Rn. 10; *Bachmann*, in: Spindler/Stilz, § 287 Rn. 23.

512 *Bürgers*, in: Bürgers/Fett, § 5 Rn. 479 f.; vgl. auch *Perlitt*, in: MüKo-AktG, § 287 Rn. 44.

513 *Assmann/Sethe*, in: GroßKomm-AktG, § 287 Rn. 39; *Mertens/Cahn*, in: KK-AktG, § 287 Rn. 17; *Perlitt*, in: MüKo-AktG, § 287 Rn. 43; *Bachmann*, in: Spindler/Stilz, § 287 Rn. 10; *Bürgers*, in: Bürgers/Fett, § 5 Rn. 479.

514 *Assmann/Sethe*, in: GroßKomm-AktG, § 287 Rn. 40; *Mertens/Cahn*, in: KK-AktG, § 287 Rn. 14; *Perlitt*, in: MüKo-AktG, § 287 Rn. 43; *Bachmann*, in: Spindler/Stilz, § 287 Rn. 9; *Bürgers*, in: Bürgers/Fett, § 5 Rn. 480.

515 *Assmann/Sethe*, in: GroßKomm-AktG, § 287 Rn. 76; *Bachmann*, in: Spindler/Stilz, § 287 Rn. 16 und 18; zu § 111 AktG auch *Mertens/Cahn*, in: KK-AktG, § 287 Rn. 25.

516 *Assmann/Sethe*, in: GroßKomm-AktG, § 287 Rn. 38; *Mertens/Cahn*, in: KK-AktG, § 287 Rn. 14; *Perlitt*, in: MüKo-AktG, § 287 Rn. 43; *Bachmann*, in: Spindler/Stilz, § 287 Rn. 9; *Bürgers*, in: Bürgers/Fett, § 5 Rn. 478.

2. Keine Besonderheiten in der kapitalistischen KGaA

Es stellt sich die Frage, ob die mitbestimmungsrechtliche Privilegierung auch in der kapitalistischen KGaA eingreift. Setzt der Unternehmer eine Kapitalgesellschaft und keine natürliche Person als Komplementärin ein, so kann er die Haftung auf deren Vermögen beschränken. Da die Haftung dann wirtschaftlich derjenigen einer AG oder GmbH entspricht, könnte darin eine Umgehung der Vorschriften des MitbestG gesehen werden.[517]

a) Meinungsstand

Nach teilweise vertretener Ansicht soll eine analoge Anwendung von § 4 MitbestG in Betracht kommen.[518] Der unmittelbare Anwendungsbereich der Norm erfasst nur die Kapitalgesellschaft & Co. KG, nicht hingegen die Kapitalgesellschaft & Co. KGaA. Die Vorschrift setzt unter anderem voraus, dass die Mehrheit der Kommanditisten zugleich die Mehrheit an der Komplementär-Kapitalgesellschaft hält (Mehrheitsidentität). Zudem muss es sich bei der Komplementär-Kapitalgesellschaft um eine der in § 1 Abs. 1 Nr. 1 MitbestG genannten Rechtsformen handeln. Als Rechtsfolge sieht § 4 Abs. 1 MitbestG vor, dass die Arbeitnehmer der KG der Komplementär-Kapitalgesellschaft zugerechnet werden. Wendet man § 4 MitbestG analog auf eine GmbH & Co. KGaA an, so bedeutet dies, dass bei Überschreiten von 2.000 Arbeitnehmern und dem Vorliegen der übrigen Voraussetzungen in der Komplementär-GmbH ein zusätzlicher mitbestimmter Aufsichtsrat gebildet werden müsste (§ 6 Abs. 1 MitbestG). Bei einer Publikums-KGaA wäre die Vorschrift aber meist schon wegen der fehlenden Mehrheitsidentität nicht einschlägig.[519]

---

517 Vgl. *Assmann/Sethe*, in: GroßKomm-AktG, Vor § 287 Rn. 9; *Grafmüller*, Die KGaA, S. 271.

518 *Oetker*, in: GroßKomm-AktG, § 4 MitbestG Rn. 2; *Oetker*, in: ErfK-ArbR, § 4 MitbestG Rn. 1; *Ulmer/Habersack*, in: H/H/U, § 1 MitbestG Rn. 40a; *Raiser/Veil*, MitbestR, § 4 MitbestG Rn. 5a; *Koberski*, in: W/K/K, § 4 MitbestG Rn. 13a; *Arnold*, Die GmbH & Co. KGaA, S. 114 ff.; wohl auch *Joost*, ZGR 1997, 334, 343 ff.; **a.A.** OLG Celle, ZIP 2015, 123; *Assmann/Sethe*, in: GroßKomm-AktG, Vor § 287 Rn. 14 f.; *Mertens/Cahn*, in: KK-AktG, Vor. § 278 Rn. 20; *Perlitt*, in: MüKo-AktG, § 278 Rn. 304; *Bachmann*, in: Spindler/Stilz, § 278 Rn. 85; *Hüffer/Koch*, AktG, § 278 Rn. 22; *Hecht*, in: Bürgers/Fett, § 5 Rn. 529 ff.; *Hoffmann-Becking/Herfs*, in: FS Sigle, S. 273, 279; *Hennerkes/May*, DB 1988, 537, 541; *Jaques*, NZG 2000, 401, 405; *Uwe H. Schneider*, ZGR 1977, 335, 344 zur kapitalistischen OHG; i.E. auch BGHZ 134, 392 = NJW 1997, 1923; *Schlitt/Winzen*, CFL 2012, 261, 269 f.

519 *Bachmann*, in: Spindler/Stilz, § 278 Rn. 86; *Arnold*, Die GmbH & Co. KGaA, S. 119; *Kessler*, NZG 2005, 145, 150.

Daneben wird von einigen § 5 MitbestG als einschlägig erachtet.[520] Nach dieser Vorschrift werden dem herrschenden Unternehmen (Komplementärgesellschaft) im Konzern die Arbeitnehmer des abhängigen Unternehmens (KGaA) für die Zwecke der Mitbestimmung zugerechnet. Eine Weichenstellung für die Anwendbarkeit auf die Kapitalgesellschaft & Co. KGaA liegt in der Frage, wie der Begriff des herrschenden Unternehmens zu interpretieren ist. Geht man von der unmodifizierten aktienrechtlichen Definition aus, so wird man eine anderweitige wirtschaftliche Interessenbindung fordern müssen.[521] Die Komplementär-Gesellschaft fungiert aber regelmäßig allein als Organ der KGaA und wird damit die Begriffsmerkmale nicht erfüllen.[522] Lediglich diejenigen, die eine anderweitige wirtschaftliche Interessenbindung für entbehrlich halten, gelangen daher zu einer möglichen Anwendbarkeit von § 5 MitbestG.[523] Es stellt sich dann zusätzlich die Frage, ob § 5 MitbestG nicht durch § 4 MitbestG als Spezialvorschrift verdrängt wird. Nur wenn man ein solches Spezialitätsverhältnis ablehnt, können die Arbeitnehmer der KGaA der Komplementär-Kapitalgesellschaft nach § 5 MitbestG im Ergebnis zugerechnet werden.[524] Gegen

---

520 *Ulmer/Habersack*, in: H/H/U, § 1 MitbestG Rn. 40a und vgl. auch § 5 MitbestG Rn. 9; *Raiser/Veil*, MitbestR, § 5 MitbestG Rn. 20 f. allgemein zur Kapitalgesellschaft & Co.; **a.A.** OLG Celle, ZIP 2015, 123; *Assmann/Sethe*, in: GroßKomm-AktG, Vor § 287 Rn. 13; *Mertens/Cahn*, in: KK-AktG, Vor. § 278 Rn. 20; *Perlitt*, in: MüKo-AktG, § 278 Rn. 306; *Bachmann*, in: Spindler/Stilz, § 278 Rn. 87; *Hüffer/Koch*, AktG, § 278 Rn. 22; *Hecht*, in: Bürgers/Fett, § 5 Rn. 538; *Hoffmann-Becking/Herfs*, in: FS Sigle, S. 273, 279; *Arnold*, Die GmbH & Co. KGaA, S. 120.

521 In diesem Sinne OLG Celle, ZIP 2015, 123; OLG Bremen, DB 1980, 1332, 1334; *Perlitt*, in: MüKo-AktG, § 278 Rn. 307; *Meilicke/Meilicke*, BB 1978, 406, 409; *Joost*, ZGR 1998, 334, 347; *Arnold*, Die GmbH & Co. KGaA, S. 120 f.; vgl. auch RegE zum MitbestG, BT-Drs. 7/2172, S. 21, die aber auf den vorliegenden Spezialfall nicht Bezug nimmt; siehe allgemein zum aktienrechlichen Begriff des herrschenden Unternehmens nur *Hüffer/Koch*, AktG, § 15 Rn. 10 m.w.N.

522 Vgl. OLG Celle, ZIP 2015, 123; auch *Hoffmann-Becking/Herfs*, in: FS Sigle, S. 273, 279.

523 In diesem Sinne OLG Frankfurt, ZIP 2008, 880, 881; OLG München, BB 1998, 2129, 2130; *Gach*, MüKo-AktG, § 5 MitbestG Rn. 6; *Oetker*, in: GroßKomm-AktG, § 5 MitbestG Rn. 6; *Oetker*, in: ErfK-ArbR, § 5 MitbestG Rn. 3 f.; *Ulmer/Habersack*, in: H/H/U, § 5 MitbestG Rn. 16; *Raiser/Veil*, MitbestR, § 5 MitbestG Rn. 5.

524 In diesem Sinne *Oetker*, in: GroßKomm-AktG, § 5 MitbestG Rn. 9; *Oetker*, in: ErfK-ArbR, § 5 MitbestG Rn. 4; *Ulmer/Habersack*, in: H/H/U, § 4 MitbestG Rn. 5 und § 5 MitbestG Rn. 9; *Raiser/Veil*, MitbestR, § 5 MitbestG Rn. 21; *Arnold*, Die GmbH & Co. KGaA, S. 122; **a.A.** für ein Spezialitätsverhältnis *Perlitt*, in: MüKo-AktG, § 278 Rn. 306; *Hoffmann-Becking/Herfs*, in: FS Sigle, S. 273, 279; *Joost*, ZGR 1998, 334, 346 f.; *Jaques*, NZG 2000, 401, 405.

ein Spezialitätsverhältnis wird vorgebracht, dass sich die Tatbestandsmerkmale beider Normen unterscheiden.[525]

Die Rechtsprechung sowie die überwiegende Literatur lehnen die Anwendung der Zurechnungsvorschriften ab.[526] In seinem Beschluss vom 24. Februar 1997 hat der Bundesgerichtshof in einem *obiter dictum* klargestellt, dass es nicht Aufgabe der Gerichte sein könne, den „auf politischem Wege gefundenen Mitbestimmungskompromiß durch eine Rechtsfortbildung zu korrigieren"[527] und damit jedenfalls der analogen Anwendung von § 4 MitbestG eine Absage erteilt.[528] In der Folge wurde konstatiert, dass die Untätigkeit des Gesetzgebers hinsichtlich dieser Problemstellung und die gleichzeitige Berücksichtigung der kapitalistischen KGaA in der Neuregelung des § 279 Abs. 2 AktG[529] die Richtigkeit dieser Auffassung belegen würden.[530] Eine Äußerung zu § 5 MitbestG enthält der Beschluss des Bundesgerichtshofs nicht. Die obergerichtliche Rechtsprechung führt gegen die Anwendbarkeit der Vorschrift die fehlende Unternehmenseigenschaft (anderweitige wirtschaftliche Interessenbindung) der Komplementär-Kapitalgesellschaft an, ein Teil der Lehre zusätzlich die Verdrängung durch den vermeintlich spezielleren § 4 MitbestG.[531]

b) Stellungnahme

Der Auffassung des Bundesgerichtshofs und der obergerichtlichen Rechtsprechung ist im Ergebnis zu folgen. Lediglich die Begründung des OLG Celle muss an einigen Stellen präzisiert werden.

Zunächst ist der Rechtsprechung darin zu folgen, dass eine analoge Anwendung von § 4 MitbestG auf die kapitalistische KGaA ausscheidet. Es handelt sich um eine Ausnahmevorschrift, die nicht analogiefähig ist.[532] Überdies liegt auch keine planwidrige Regelungslücke vor. Zum Zeitpunkt des Gesetzeserlasses

---

525   *Oetker*, in: GroßKomm-AktG, § 5 MitbestG Rn. 9; *Oetker*, in: ErfK-ArbR, § 5 MitbestG Rn. 4; *Raiser/Veil*, MitbestR, § 5 MitbestG Rn. 21; *Arnold*, Die GmbH & Co. KGaA, S. 122.

526   Siehe die Gegenansichten in den Fn. 518 und 520.

527   BGHZ 134, 392 = NJW 1997, 1923.

528   Siehe nur *Kessler*, NZG 2005, 145, 149.

529   § 279 Abs. 2 AktG wurde neugefasst durch das HRefG vom 22. Juni 1998 (BGBl. I S. 1474).

530   OLG Celle, ZIP 2015, 123; *Jaques*, NZG 2000, 401, 405.

531   Siehe die Fundstellen in Fn. 524.

532   *Perlitt*, in: MüKo-AktG, § 278 Rn. 304.

gab es praktisch noch keine kapitalistischen KGaAs.[533] Um eine Regelungslücke anzunehmen, müsste man dem Gesetzgeber daher unterstellen, dass er, wenn von ihm die Verbreitung der kapitalistischen KGaA vorausgesehen worden wäre, diese auch in den Anwendungsbereich einbezogen hätte. Dagegen spricht, dass schon die mehrheitsidentische Kapitalgesellschaft & Co. KG – nur diese ist vom unmittelbaren Anwendungsbereich der Vorschrift erfasst – kaum praktische Bedeutung hat.[534] Die Bedeutung der mehrheitsidentischen Kapitalgesellschaft & Co. KGaA wäre wohl noch geringer, so dass hierfür überhaupt kein Regelungsbedarf besteht.

Nicht überzeugend ist es hingegen, im Rahmen von § 5 MitbestG den unmodifizierten aktienrechtlichen Begriff des herrschenden Unternehmens anzuwenden und schon damit die Anwendung desselben auf die kapitalistische KGaA auszuschließen. Dem Zweck der Vorschrift wird auf diese Weise nicht ausreichend Rechnung getragen. Diese will verhindern, dass die Arbeitnehmer durch die Verlagerung der Entscheidungsprozesse auf andere Konzernebenen nicht mehr an selbigen beteiligt sind.[535] Einer solchen Umgehungsgefahr entgegnet § 5 MitbestG durch eine Zurechnung der Arbeitnehmer zur Konzern- oder Teilkonzernspitze. Das Aktienkonzernrecht verfolgt hingegen einen anderen Zweck. Es soll unter anderem Konzernkonflikten entgegnet werden, die freilich nur dann entstehen, wenn das herrschende Unternehmen eine anderweitige wirtschaftliche Interessenbindung aufweist.[536] Auf diese Einschränkung des Unternehmensbegriffs kann es aus teleologischer Sicht im Mitbestimmungsrecht nicht ankommen.[537]

Damit stellt sich die Frage, ob § 5 MitbestG deshalb ausgeschlossen ist, weil er durch den (nicht anwendbaren) § 4 MitbestG verdrängt wird. Zwar stellt § 4 MitbestG, anders als vielfach angenommen, begrifflich keine *lex specialis* zu § 5 MitbestG dar.[538] Als *lex specialis* wird in der juristischen Methodenlehre nämlich allein der Fall bezeichnet, dass eine Norm A die dieselben Tatbestandsmerkmale wie die Norm B und noch mindestens ein weiteres Merkmal aufweist, beide aber

---

533 Vgl. *Raiser/Veil*, MitbestR, § 4 MitbestG Rn. 5a; *Joost*, ZGR 1998, 334, 340.

534 Bis zum Jahr 2002 sind lediglich 28 GmbH & Co. KG und AG & Co. KG bekannt geworden, die unter § 4 MitbestG fallen, vgl. *Raiser/Veil*, MitbestR, § 4 MitbestG Rn. 4.

535 Siehe dazu die Fundstellen in Fn. 523.

536 *Bayer*, in: MüKo-AktG, § 15 Rn. 13; *Schall*, in: Spindler/Stilz, § 15 Rn. 23.

537 Siehe die Fundstellen in Fn. 523.

538 Siehe die Fundestellen in Fn. 524.

zu unterschiedlichen, sich widersprechenden Rechtsfolgen gelangen.[539] Norm A verdrängt dann als speziellere Vorschrift die Norm B. Diese Voraussetzungen sind hinsichtlich § 4 und § 5 MitbestG nicht erfüllt, da sich deren Tatbestandsmerkmale gänzlich unterscheiden.[540]

Allerdings würde es zu kurz greifen, das Verhältnis von § 4 zu § 5 MitbestG allein durch Ablehnung eines Spezialitätsverhältnisses als geklärt anzusehen.[541] In Betracht kommt ein sonstiger Normwiderspruch, den es aufzulösen gilt. Der *lex specialis* Grundsatz bezeichnet lediglich einen Sonderfall des Normwiderspruchs.[542] Aufzulösen ist aber jeder Normwiderspruch, also alle Fälle, in denen für denselben Sachverhalt durch zwei verschiedene Rechtsnormen Rechtsfolgen angeordnet sind, die miteinander unvereinbar sind. Dem liegt der Gedanke zugrunde, dass niemand sinnlose oder unanwendbare Gesetzesnormen aufstellen will.[543] Ansatzpunkt muss daher die Frage sein, ob zwischen § 4 und § 5 MitbestG ein Normwiderspruch vorliegt.

Hinsichtlich der Kapitalgesellschaft & Co. KG ist die Antwort naheliegend. Der Gesetzgeber hat diese in § 4 MitbestG unter der sehr engen Voraussetzung einer Mehrheitsidentität in die Zurechnungsvorschriften des Mitbestimmungsrechts mit einbezogen. Die Vorschrift würde überflüssig, wenn die Kapitalgesellschaft & Co. KG auch § 5 MitbestG unterfallen würde.[544] Das Erfordernis der Mehrheitsidentität aus § 4 MitbestG würde unterlaufen.[545] Damit geht § 4 MitbestG in Hinblick auf die Kapitalgesellschaft & Co. KG der Vorschrift des § 5 MitbestG vor.

Fraglich ist, ob der Gesetzgeber darüber hinaus auch allgemein für die Kapitalgesellschaft & Co. und damit auch für die kapitalistische KGaA eine abschließende Regelung in § 4 MitbestG schaffen wollte. Lehnte man dies ab, würde neben der kapitalistischen KGaA selbst die kapitalistische OHG dem Anwendungsbereich des weniger strengen § 5 MitbestG unterfallen. Die Gesetzgebungsmaterialien äußern sich zu dieser Frage nicht. In der Regierungsbegründung zu § 4 MitbestG

---

539 *Larenz*, Methodenlehre der Rechtswissenschaft, S. 266 f.; vgl. auch *Bydlinski*, Juristische Methodenlehre und Rechtsbegriff, S. 465; *Zippelius*, Juristische Methodenlehre, S. 39.

540 Siehe die Fundstellen in Fn. 525.

541 So aber die Literatur in Fn. 524, die ein Spezialitätsverhältnis ablehnt.

542 *Bydlinski*, Juristische Methodenlehre und Rechtsbegriff, S. 465.

543 *Bydlinski*, Juristische Methodenlehre und Rechtsbegriff, S. 464.

544 In diesem Sinne OLG Celle, ZIP 2015, 123; *Bachmann*, in: Spindler/Stilz, § 278 Rn. 87; *Joost*, ZGR 1998, 334, 347.

545 *Perlitt*, in: MüKo-AktG, § 278 Rn. 306; *Joost*, ZGR 1998, 334, 347.

ist weder die KGaA noch die OHG erwähnt.[546] Die ausdrückliche Einbeziehung der Kapitalgesellschaft & Co. KG, die unter der sehr engen Voraussetzung der Mehrheitsidentität liegt, legt aber nahe, dass nur diese vom MitbestG erfasst sein soll. Damit ist in § 4 MitbestG auch hinsichtlich der kapitalistischen KGaA eine abschließende Regelung zu sehen.

Im Ergebnis ist damit festzuhalten, dass die Kapitalgesellschaft & Co. KGaA nicht von § 4 MitbestG (analog) erfasst ist. Ferner fällt sie nicht unter § 5 MitbestG, weil die Norm insoweit durch den (nicht anwendbaren) § 4 MitbestG verdrängt wird. Darin liegt kein Widerspruch, weil der Gesetzgeber bewusst nur die Kapitalgesellschaft & Co. KG und nicht jede Form der Kapitalgesellschaft & Co. in den Anwendungsbereich der Zurechnungsvorschriften einbezogen hat.

III. Ergebnis

In der PLC sind Arbeitnehmer grundsätzlich nicht kraft Gesetzes über die unternehmerische Mitbestimmung in den Gesellschaftsorganen vertreten. Die Idee, durch europäische Rechtsakte eine verpflichtende Mitbestimmung für nationale Rechtsformen zu schaffen, konnte sich insbesondere wegen des Widerstands aus dem Vereinigten Königreich nicht durchsetzen. Ausnahmsweise kann, im Falle einer grenzüberschreitenden Verschmelzung, eine unternehmerische Mitbestimmung auch in der PLC eingreifen. Das ist insbesondere bei einem Wechsel von einer deutschen Rechtsform in die PLC zu beachten. Die Folgen sind weitreichend, da die Arbeitnehmer dann unmittelbar im *board* vertreten sind, mithin im Leitungsorgan der Gesellschaft. Eine Umgehung durch die Beschränkung von Kompetenzen der auf diese Weise von den Arbeitnehmern berufenen Direktoren ist unzulässig.

Die KGaA hat zwar bei Überschreiten der maßgeblichen Schwellenwerte einen mitbestimmten Aufsichtsrat; die praktischen Auswirkungen der Mitbestimmung sind wegen der eingeschränkten Kompetenzen des Aufsichtsrats aber gering. Viele bedeutende, dem Aufsichtsrat einer AG zustehende Rechte stehen dem Aufsichtsrat in der KGaA nicht zu. Diesem wird insbesondere keine Personalkompetenz zuteil. Im Wesentlichen verbleiben dem Aufsichtsrat die Überwachungs- und bestimmte Vertretungskompetenzen. In der kapitalistischen KGaA existieren nach zutreffender herrschender Auffassung, der sich auch die Rechtsprechung angeschlossen hat, keine Besonderheiten gegenüber der personalistischen KGaA. Insbesondere muss in der kapitalistischen KGaA entgegen einer Mindermeinung kein zweiter mitbestimmter Aufsichtsrat gebildet werden.

---

546 RegE zum MitbestG, BT-Drs. 7/2172, S. 20 f.

H. Geschäftsleitung und Einflussnahmemöglichkeiten

In diesem Kapitel werden bestimmte Aspekte der Kompetenzverteilung zwischen Geschäftsleitung und Gesellschaftern beleuchtet.[547] Dazu wird zunächst erörtert, durch wen die Funktion der Geschäftsleitung wahrgenommen wird (jeweils unter 1.). Sodann wird auf mögliche Weisungsrechte gegenüber der Geschäftsleitung eingegangen (jeweils unter 2.). Ein praktisch relevantes Instrument der Einflussnahme in börsennotierten Gesellschaften stellt die Entlastung der Geschäftsleitung dar (jeweils unter 3.). Anschließend wird die Zuständigkeit für die Wahl und Möglichkeiten der Absetzung der Geschäftsleiter beschrieben (jeweils unter 4.), bevor auf Zustimmungs- und sonstige Mitwirkungsvorbehalte eingegangen wird (jeweils unter 5.). Bei den Ausführungen wird der praktische Bezug stets in besonderem Maße berücksichtigt.

I. PLC

1. Leitung der Gesellschaft

Die Zuweisung der Geschäftsleitungskompetenz wird in der PLC – vorbehaltlich einiger zwingender Mitwirkungsvorbehalte –[548] durch die Satzung vorgenommen. In der Praxis werden die Direktoren mit einer eigenverantwortlichen umfänglichen Leitungsmacht betraut. Auch wenn die Schaffung eigener Regeln einer Gesellschaft freisteht, orientieren sich jedenfalls die Satzungen großer börsennotierter PLCs am Wortlaut der Mustersatzung oder ihren Vorgängerversionen,[549] deren Ziffer 3 derzeit[550] wie folgt lautet:

---

547 Teilaspekte der Kompetenzverteilung in der PLC hat der Verfasser in anderer Form bereits in einer unveröffentlichen Masterarbeit dargestellt, siehe dazu Fn. 9. Das betrifft namentlich Weisungsrechte und Mitwirkungsvorbehalte der Aktionäre.

548 Dazu noch unten, unter 5.

549 Siehe die Satzung der ASTRAZENECA PLC i.d.F. vom 29. April 2010, Ziffer 80; die Satzung der Barclays PLC i.d.F. vom 30. April 2010, Ziffer 95; die Satzung der BHP Billiton PLC i.d.F. aus 2010, Ziffer 103 (Leitungsmacht beim *board*); die Satzung der BP plc i.d.F. vom April 2010, Ziffer 119; die Satzung der GlaxoSmithKline plc i.d.F. vom 7. Mai 2014, Ziffer 10; die Satzung der LLOYDS BANKING GROUP plc i.d.F. vom 15. Mai 2014, Ziffer 102; die Satzung der Rio Tinto plc i.d.F. vom 1. Oktober 2009, Ziffer 104; die Satzung der ROLLS-ROYCE HOLDINGS PLC i.d.F. vom 8. März 2010, Ziffer 124; die Satzung der J SAINSBURY plc i.d.F. vom 14. Juli 2010, Ziffer 99; die Satzung der STANDARD CHARTERED PLC i.d.F. 7. Mai 2010, Ziffer 100; die Satzung der VODAFONE GROUP PUBLIC LIMITED COMPANY i.d.F. vom 27. Juli 2014, Ziffer 107.

550 Siehe den Anhang 3 zu SI 2008/3229 (The Companies (Model Articles) Regulations 2008).

Subject to the articles, the directors are responsible for the management of the company's business, for which purpose they may exercise all the powers of the company.

Innerhalb des *board* werden die Aufgaben börsennotierter PLCs in der Praxis zwischen den *executive directors* und den *non-executive directors* aufgeteilt. Normativer Anknüpfungspunkt hierfür sind die *Supporting Principles* zu Ziffer B.1 des UK Corporate Governance Code, dem freilich keine bindende Wirkung zukommt.[551] Die Vorschrift lautet:

The board should include an appropriate combination of executive and non-executive directors (and, in particular, independent non-executive directors) such that no individual or small group of individuals can dominate the board's decision taking.

Die Leitungsmacht wird in der Praxis den *executive directors* zugewiesen. Es wurde bereits an anderer Stelle erwähnt, dass den *non-executive directors* im Wesentlichen die Funktion der Festlegung der Geschäftsstrategie sowie die der Überwachung der *executive directors* zukommt.[552] Damit sind die *non-executive directors* zwar Teil des *board* als Leitungsorgan. Eine Leitungsfunktion kommt ihnen allerdings nicht zu.

2. Weisungsrechte

Eine Standarddiskussion im englischen Kapitalgesellschaftsrecht beschäftigt sich mit der Thematik, ob und inwieweit den Aktionären Weisungsrechte gegenüber den Direktoren zustehen.[553] Sie soll im Überblick dargestellt werden. Im Kern geht es, jedenfalls nach der vorzugswürdigen herrschenden Auffassung (zur Gegenansicht sogleich), um die Frage der Auslegung von Satzungsbestimmungen.[554] Die Rechtsprechung hierzu hat mittlerweile eine über hundertjährige Entwicklung

---

551 Siehe dazu bereits oben, unter A.I.3.c).

552 Oben, unter A.I.2.

553 Auch *Gower/Davies*, Principles of modern company law, Kap. 14–5; *Mayson/French/Ryan*, Company Law, Kap. 15.10.2.5; *Sealy/Worthington*, Cases and materials in company law, S. 186 ff.; *Goodison*, in: Mortimore, Company directors, Kap. 4.20 ff.

554 Ausdrücklich *Automatic Self-Cleansing Filter Syndicate Co v Cuninghame* [1906] 2 Ch 34 (CA) 40 (Collins MR); *Salmon v Quin & Axtens Ltd* [1909] 1 Ch 311 (Ch) 319 (Farwell LJ); *Gower/Davies*, Principles of modern company law, Kap. 14–5; auch *Goldberg*, MLR (33) 1970, 177 ff. zu Art. 80 des Table A zum CA 1948; *Sullivan*, LQR (93) 1977, 569 ff.; im Ansatzpunkt anders aber *Mayson/French/Ryan*, Company Law, Kap. 15.10.2.5.

durchlaufen.[555] Das liegt namentlich darin begründet, dass sich die Mustersatzung im Laufe der Jahrzehnte mehrfach änderte, so dass sich auch die Rechtsprechung stets neu zu entscheiden hatte. Die Satzung einiger Gesellschaften hat aber heute noch den Wortlaut älterer Mustersatzungen. Folglich kann auch ältere Rechtsprechung weiterhin Gültigkeit haben.

Unklarheiten bestanden insbesondere darüber, ob Weisungen mit einfacher oder nur mit qualifizierter Mehrheit erteilt werden können. Die Mustersatzung aus dem Jahr 1985 stellte in ihrem Art. 70 erstmals unmissverständlich hinsichtlich der Leitungsmacht der Direktoren klar, dass es für Weisungen der Aktionäre einer *special resolution*, also einer qualifizierten Mehrheit, bedarf.[556] Wie bereits an anderer Stelle erwähnt, implementieren börsennotierte PLCs zwar stets eigene, von der Mustersatzung abweichende Satzungen.[557] Allerdings wird gerade die erwähnte Vorschrift aus der Mustersatzung von großen Gesellschaften häufig nahezu wortgleich übernommen.[558]

Inzwischen ist die Weisungsbefugnis mit qualifizierter Mehrheit in leicht abgewandelter Form in einer eigenen Vorschrift (Ziffer 4 (1) der Mustersatzung) standardmäßig vorgesehen. Sie trägt die Überschrift *„Members' reserve power"* und lautet wie folgt:

The members may, by special resolution, direct the directors to take, or refrain from taking, specified action.

Die weiterführende Frage, ob auch Weisungsrechte einzelner Aktionäre in der Satzung einer PLC wirksam vereinbart werden können, wird – soweit ersichtlich – in Rechtsprechung und Literatur nicht diskutiert. Aufgrund der Satzungsautonomie dürften solche Gestaltungen aber ohne weiteres möglich sein; denn grundsätzlich darf in der Satzung alles geregelt werden, was nicht durch Gesetz

---

555 Wegweisend zu Weisungsrechten etwa *Isle of Wight Railway Company v Tahourdin* (1883) 25 Ch D 320 (CA) 329 (Cotton LJ), zum Companies Clauses Consolidation Act 1845; *Automatic Self-Cleansing Filter Syndicate Co v Cuninghame* [1906] 2 Ch 34 (CA) 40 (Collins MR); *Salmon v Quin & Axtens Ltd* [1909] 1 Ch 311 (Ch) 319 (Farwell LJ); *John Shaw & Sons (Salford) Ltd v Shaw* [1935] 2 KB 113 (CA).

556 *Gower/Davies*, Principles of modern company law, Kap. 14–7; siehe SI 1985/805 (Companies (Tables A to F) Regulations 1985).

557 Siehe oben, unter B.I.3.

558 So etwa die Satzung der ASTRAZENECA PLC i.d.F. vom 29. April 2010, Ziffer 80; die Satzung der Barclays PLC i.d.F. vom 30. April 2010, Ziffer 95; die Satzung der GlaxoSmithKline plc i.d.F. vom 7. Mai 2014, Ziffer 100; die Satzung der STANDARD CHARTERED PLC i.d.F. 7. Mai 2010, Ziffer 100.

oder das Richterrecht abschließende Regelungen erfahren hat.[559] Denkbar ist es insbesondere, Weisungsrechte mit bestimmten Aktien zu verknüpfen.[560] Diese Aktien würden dann eine gesonderte Gattung darstellen.[561] Mit Weisungsrechten verbundene Aktien könnten etwa an Familienmitglieder ausgegeben werden und die Übertragbarkeit der Aktien zum Schutz vor Überfremdung der Gesellschaft von einer Zustimmung der Direktoren oder bestimmter Aktionärsgruppen abhängig gemacht werden.[562]

Anzumerken ist schließlich, dass die Diskussion über satzungsmäßige Weisungsrechte nach einer abzulehnenden Mindermeinung[563] nicht als eine solche über die Auslegung von Satzungsbestimmungen verstanden wird. Vielmehr will diese Auffassung unabhängig von der konkreten Ausgestaltung der Satzung eine generelle Trennung der Kompetenzen zwischen den Aktionären und den Direktoren (*division of powers*) in die Rechtsprechung hineinlesen. Daraus folge, dass Weisungen mit einfacher Mehrheit selbst bei einer entsprechend lautenden Satzungsbestimmung nicht möglich seien. Ferner folge daraus, dass Weisungen in ihrer Intensität und Häufigkeit keinesfalls ein Ausmaß erreichen dürften, das faktisch an eine Übernahme der Geschäftsleitung heranreiche.[564]

3. Entlastungsbeschluss?

Einen allgemeinen Entlastungsbeschluss, mit dem die Aktionäre die Billigung der Tätigkeit der Direktoren ausdrücken, sieht das englische Recht nicht vor.[565] Auch in der Praxis ist ein solcher Beschluss, wenngleich er theoretisch möglich wäre, nicht üblich. Eine Billigung der Tätigkeit erfolgt aber rein faktisch häufig dadurch, dass über die Verlängerung der Amtszeit eines jeden Direktors in der ordentlichen Hauptversammlung jährlich neu abgestimmt wird.[566] Das hängt

---

559 Dazu ausführlich oben, unter B.I.4.

560 Siehe zur Durchsetzbarkeit von Satzungsbestimmungen durch Aktionäre *Gower/ Davies*, Principles of modern company law, Kap. 3–21 ff.

561 Siehe zu verschiedenen Aktiengattungen Sec. 629 CA 2006 sowie oben, unter E.I.1.

562 Siehe zur Übertragung von Aktien und zu möglichen Übertragungsbeschränkungen *Gower/Davies*, Principles of modern company law, Kap. 27; börsennotierte Aktien müssen selbstverständlich frei übertragbar sein, vgl. die Listing Rules, LR 2.2.4.

563 *Mayson/French/Ryan*, Company Law, Kap. 15.10.2.5.

564 *Mayson/French/Ryan*, Company Law, Kap. 15.10.2.5.

565 Allein für Haftungsfälle der Direktoren stellt Sec. 239 CA 2006 eine Vorschrift dar, wonach eine Freistellung durch einen Hauptversammlungsbeschluss erfolgen kann.

566 Siehe beispielhaft die Satzung der ASTRAZENECA PLC i.d.F. vom 29. April 2010, Ziffer 66; dies wird auch tatsächlich so gelebt, vgl. ASTRAZENECA PLC, Notice

mit einer Vorgabe aus dem UK Corporate Governance Code zusammen, wonach auch die Laufzeit der Anstellungsverträge ein Jahr nicht überschreiten soll (Ziffer D.1.5). Fehlt diese Möglichkeit der Entlastung,[567] bleibt es den Aktionären freilich unbenommen, ihre Missgunst über das Verhalten eines oder mehrerer Direktoren durch das Verlangen nach einem Abwahlbeschluss im Sinne von Sec. 168 CA 2006 auszudrücken.[568]

4. Personalkompetenz

a) Wahl der Direktoren

Hinsichtlich der Wahl der Direktoren in einer PLC findet sich im Gesetz lediglich die Vorgabe, dass die Wahl mehrerer Direktoren grundsätzlich durch mehrere gesonderte Beschlüsse zu erfolgen hat (Sec. 160 (1) CA 2006).[569] Alles Weitere wird durch die Satzung geregelt. Regelmäßig sehen die Satzungen börsennotierter PLCs vor, dass die Wahl durch die Hauptversammlung erfolgt,[570] wobei der Vorschlag des Kandidaten durch die Direktoren oder durch einen hierfür eingerichteten Ausschuss unterbreitet wird.[571] Freilich kann die Wahl auch ausschließlich oder in bestimmten Fällen (etwa bei unterjähriger Entstehung einer Vakanz) auf die Direktoren übertragen werden. Nicht ausgeschlossen ist ferner, dass die Wahlentscheidung bestimmten Aktionären, bestimmten Anleihegläubigern oder gar externen Dritten zugestanden wird.[572]

Davon zu unterscheiden ist die praktisch ebenfalls äußerst relevante Frage, wie die Rollen innerhalb des *board* zugewiesen werden. Gemeint ist die Aufteilung in *executive* und *non-executive directors*, aber auch die Zuweisung besonderer Funktionen wie die des CEO – im Britischen Englisch teilweise *managing director* genannt –[573] oder die des CFO. In der Praxis wird die Entscheidung hierüber

---

of Annual General Meeting 2016, Tagesordnungspunkt 5; siehe auch Satzung der GlaxoSmithKline plc i.d.F. vom 7. Mai 2014, Ziffer 83.

567 Siehe beispielhaft die Satzung der Air Berlin PLC i.d.F. vom 7. Juni 2012, Ziffer 139: mehrjährige Amtszeit der Direktoren.

568 Dazu sogleich, unter 4.b).

569 Dazu *Gower/Davies*, Principles of modern company law, Kap. 14–25.

570 In diesem Sinne auch der UK Corporate Governance Code, Ziffer B.7.

571 Siehe beispielhaft die Satzung der ASTRAZENECA PLC i.d.F. vom 29. April 2010, Ziffer 69.

572 *Gower/Davies*, Principles of modern company law, Kap. 14–24; in diesem Sinne bereits die unveröffentlichte Masterarbeit des Verfassers, siehe dazu Fn. 9.

573 Vgl. *Gower/Davies*, Principles of modern company law, Kap. 14–10.

in großen börsennotierten PLCs dem *board* zugewiesen.[574] Zulässig und in der Praxis üblich ist es, dass die einzelnen Direktoren schon bei ihrer Wahl durch die Hauptversammlung für eine bestimmte Rolle vorgeschlagen werden.[575]

b) Absetzung der Direktoren

Die Abwahl eines Direktors kann die Hauptversammlung gemäß Sec. 168 (1) CA 2006 stets im Wege der *ordinary resolution* beschließen. Diese setzt nach Sec. 282 (1) CA 2006 regelmäßig die einfache Mehrheit der abgegebenen Stimmen voraus. Ein wichtiger Grund ist nicht erforderlich. Durch die Satzung kann die Befugnis zur Abwahl zwar nicht abbedungen, wohl aber faktisch ausgehebelt werden (dazu sogleich). Möglich ist die Erweiterung um zusätzliche Möglichkeiten zur Abwahl eines Direktors, typischerweise etwa durch die Einräumung einer Abwahlbefugnis durch die übrigen Direktoren.[576]

Faktisch kann die Vorschrift des Sec. 168 (1) CA 2006 dadurch unterlaufen werden, dass einem Direktor, der zugleich Aktionär ist, bei der Abstimmung über seine Abwahl eine ausreichende Anzahl an Stimmen für die Blockade dieses Beschlusses zusteht (sog. *weighted voting rights*). Dies wird allgemein als zulässig erachtet.[577] Diese Möglichkeit ist vor dem Hintergrund zu sehen, dass auch das englische Gesellschaftsrecht kein allgemeines Stimmverbot bei der Abstimmung über eigene Angelegenheiten vorsieht.[578] In einer PLC mit einem Premium Listing an der Londoner Börse sind derartige Gestaltungsmöglichkeiten allerdings nicht zulässig.[579]

Ein weiteres faktisches Hindernis für eine Abwahl kann darin liegen, dass der betroffene Direktor nach seinem Anstellungsvertrag zu hohen Abfindungszahlungen berechtigt ist. Das ist freilich von den Umständen des Einzelfalls abhängig,

---

574   Siehe beispielhaft die Satzung der ASTRAZENECA PLC i.d.F. vom 29. April 2010, Ziffer 92.

575   Vgl. ASTRAZENECA PLC, Notice of Annual General Meeting 2016, S. 5 ff.

576   *Gower/Davies,* Principles of modern company law, Kap. 14–49; zu weiteren Möglichkeiten siehe *Loose/Griffiths/Impey,* The company director, Kap. 4.11, unter (6).

577   *Bushell v Faith* [1970] AC 1099 (HL); dazu *Gower/Davies,* Principles of modern company law, Kap. 14–51.

578   Siehe nur *Burland v Earle* [1902] AC 83 (Privy Council) 94 (Lord Davey); *Citco Banking Corporation NV v Pusser's Ltd* [2007] UKPC 13 (Privy Council) at 27 (Lord Hoffmann); eine Ausnahme findet sich in Sec. 239 (4) CA 2006 für die Freistellung eines Direktors von seiner Haftung.

579   *Sealy/Worthington,* Cases and materials in company law, S. 285; vgl. auch die Listing Rules, LR 7.2.1 A R, Premium Listing Principle 3 und 4.

etwa davon, ob die Fortdauer des Anstellungsvertrags über Koppelungsklauseln von der Fortdauer der Organstellung abhängt, oder, falls nicht, ob der Anstellungsvertrag im konkreten Fall gekündigt werden kann.[580] Die Rechte eines Direktors werden umso weitreichender sein, je stärker seine Verhandlungsposition beim Abschluss des Anstellungsvertrags ist. Abfindungsbeträge können durchaus eine Höhe erreichen, die eine Abwahl des Direktors während seiner Amtsperiode unzweckmäßig werden lassen.[581]

5. Mitwirkungsvorbehalte

a) Bestimmte Strukturmaßnahmen

Das englische Recht schreibt bei verschiedenen Maßnahmen zwingend ein Zustimmungserfordernis der Aktionäre vor,[582] welches nicht durch die Satzung abbedungen werden kann. Dazu gehören insbesondere solche Maßnahmen, die die Interessen der Aktionäre möglicherweise berühren können.[583] Zustimmungspflichtig sind danach bestimmte Strukturmaßnahmen, etwa Satzungsänderungen (Secs. 21 ff. CA 2006), Formwechsel von der PLC in eine Limited oder umgekehrt (Secs. 89 ff. CA 2006), verschiedene Kapitalmaßnahmen (Secs. 549 ff. CA 2006), *schemes of arrangement* (Secs. 895 ff. CA 2006)[584] sowie der Beschluss zur Auflösung der Gesellschaft (Secs. 84 ff. Insolvency Act 1986).

b) Sonstige bedeutende Geschäfte

In Bezug auf bedeutende Transaktionen (*significant transactions*) enthalten die Listing Rules in Kapitel 10 besondere Schutzvorschriften. Der Anwendungsbereich erfasst allerdings nur solche Gesellschaften, deren Aktien im Premium Listing Segment der Londoner Börse notiert sind (LR 10.1.1 R). Mit dem Begriff der bedeutenden Transaktionen sind sämtliche verbindlichen Vereinbarungen mit Dritten und auch bloße Optionen gemeint, sofern ihre Ausübung im alleinigen Ermessen der Gesellschaft steht (LR 10.1.3 R (2)). Das können sowohl Zukäufe als auch Veräußerungen sein.[585] Konzerninterne Umstrukturierungen

---

580 Dazu *Gower/Davies*, Principles of modern company law, Kap. 14–53 ff.

581 *Gower/Davies*, Principles of modern company law, Kap. 14–55.

582 Eine Auflistung findet sich bei *Gower/Davies*, Principles of modern company law, Kap. 14–18 ff.; auch *Mayson/French/Ryan*, Company Law, Kap. 14.4.4.

583 *Gower/Davies*, Principles of modern company law, Kap. 14–18.

584 Siehe zu *schemes of arrangement* ausführlich *Gower/Davies*, Principles of modern company law, Kap. 29.

585 *Gower/Davies*, Principles of modern company law, Kap. 14–20.

sind hingegen nicht erfasst. Die Transaktionen können entweder von der börsennotierten Gesellschaft selbst oder von einer ihrer Tochtergesellschaften eingegangen worden sein (LR 10.1.3 R (1)). Ausgenommen sind solche Transaktionen, die zwischen der Gesellschaft und einer 100-prozentigen Tochtergesellschaft stattfinden (LR 10.1.3 R (5)). Ebenfalls ausgenommen sind Transaktionen, die sich im Rahmen der üblichen Geschäftstätigkeit bewegen (LR 10.1.3 R (3)).

Hinsichtlich der eingreifenden Schutzmechanismen differenzieren die Listing Rules nach der Größe der Transaktion, die wiederum danach festgelegt wird, in welchem Verhältnis bestimmte finanzielle Kennziffern zueinander stehen. Die maßgeblichen Vergleichspaare sind in Annex 1 zu LR 10 der Listing Rules genau definiert. Dazu gehören beispielsweise der Kaufpreis verglichen mit der Marktkapitalisierung der Gesellschaft (*consideration test*) oder das Gesamtvermögen der Zielgesellschaft verglichen mit dem Gesamtvermögen der Gesellschaft (*gross assets test*). Bei den kleineren *class 2* Transaktionen – das Verhältnis der Kennziffern in irgendeinem Vergleichspaar muss 5 Prozent übersteigen – ergeben sich lediglich Mitteilungspflichten (LR 10.4.1 R). Bei den größeren *class 1* Transaktionen – das Verhältnis der Kennziffern in irgendeinem Vergleichspaar muss 25 Prozent übersteigen – muss die PLC darüber hinaus sicherstellen, dass der Vollzug der Transaktion unter der Bedingung steht, dass die Zustimmung der Aktionäre eingeholt wurde (LR 10.5.1 R (3)).

c) Geschäfte der Direktoren mit der Gesellschaft

Bestimmte Arten von Geschäften zwischen den Direktoren und der PLC unterliegen nach dem CA 2006 Zustimmungsvorbehalten durch die Hauptversammlung.[586] Dazu gehören zunächst Geschäfte, in denen bedeutende Sachwerte (*substantial non-cash assets*) der Gesellschaft von einem Direktor erworben werden oder umgekehrt (Secs. 190 ff. CA 2006). Erfasst sind auch Geschäfte mit nahestehenden Personen sowie mit Direktoren von Holdinggesellschaften und mit diesen nahestehenden Personen (Sec. 190 (1) (a) CA 2006). Die Schwelle zum bedeutenden Sachwert bemisst sich entweder am Wert der Sache selbst (mehr als GBP 100.000) oder am Verhältnis des Sachwerts zum Buchwert der Gesellschaft (mehr als 10 Prozent, wobei zusätzlich der Sachwert mindestens GBP 5.000 betragen muss). Ausnahmen vom Zustimmun0..0gsvorbehalt werden unter anderem für bestimmte Geschäfte im Konzernverbund gemacht (Sec. 192 CA 2006), etwa für solche mit 100-prozentigen Tochtergesellschaften.

---

586 *Gower/Davies,* Principles of modern company law, Kap. 16–119.

Zudem unterfallen einem Zustimmungsvorbehalt gemäß Secs. 197 ff. CA 2006 auch Darlehen (*loans*) und ähnliche Geschäfte mit den Direktoren. Der Begriff des *loans* wird eng verstanden und erfasst nur solche Geschäfte, in denen Gelder an einen Direktor weitergeleitet werden.[587] Daher wurde der sachliche Anwendungsbereich der Vorschriften auch auf ähnliche Geschäfte wie *quasi-loans* (Sec. 199 CA 2006) und *credit transactions* (Sec. 202 CA 2006) ausgedehnt, zu denen etwa die Stundung von Zahlungen in jeglicher Art und Weise gehört.[588] Der persönliche Anwendungsbereich umfasst überdies Geschäfte mit nahestehenden Personen sowie mit Direktoren von Holdinggesellschaften und mit diesen nahestehenden Personen. Ausnahmen vom Zustimmungsvorbehalt werden namentlich bei solchen Geschäften gemacht, die bestimmte Schwellenwerte (GBP 10.000 bei *loans* und *quasi-loans*, GBP 15.000 bei *credit transactions*) nicht überschreiten (Sec. 207 CA 2006).

Schließlich unterliegen zwei unmittelbar mit dem Anstellungsverhältnis zusammenhängende Typen von Geschäften einem Zustimmungsvorbehalt. Eine Zustimmung ist danach erforderlich für den Abschluss von Anstellungsverträgen mit einer Dauer von über zwei Jahren (Secs. 188 f. CA 2006). Die praktische Relevanz für große börsennotierte PLCs dürfte freilich gering sein, da ohnehin nach Ziffer D.1.5 des UK Corporate Governance Code die Laufzeit des Anstellungsvertrags ein Jahr nicht übersteigen soll. Ferner muss für Abfindungszahlungen bei Verlust des Amtes eine Zustimmung der Hauptversammlung eingeholt werden (Secs. 215 ff. CA 2006). Ausgenommen sind aber namentlich solche Zahlungen, die vertraglich zugesichert wurden (Sec. 220 (1) (a) CA 2006). Das kann etwa eine nach dem Amtsverlust fortdauernde Vergütungspflicht sein oder eine vertraglich zugesicherte Abfindung.

II. KGaA

1. Leitung der Gesellschaft

In der KGaA bestimmen sich die Geschäftsführung und Vertretung gemäß § 278 Abs. 2 AktG nach dem Personengesellschaftsrecht.[589] Als Grundregel gilt gemäß §§ 161 Abs. 2, 115 Abs. 1, 164 Satz 1 HGB, dass jeder Komplementär allein zur Geschäftsführung befugt ist. Jeder Komplementär ist zudem „geborenes" – und

---

587   *Gower/Davies*, Principles of modern company law, Kap. 16–134.
588   Dazu *Gower/Davies*, Principles of modern company law, Kap. 16–135.
589   *Reger*, in: Bürgers/Fett, § 5 Rn. 76.

nicht wie ein Vorstandsmitglied in der AG bestelltes – Geschäftsleitungsorgan.[590] Die konkrete Ausgestaltung der Geschäftsführung und Vertretung unterliegt der Satzungsautonomie. Eine Grenze wird namentlich durch den Grundsatz der Selbstorganschaft gesetzt. Danach wäre es etwa unzulässig, sämtliche Komplementäre von der Geschäftsführung auszuschließen.[591] Auch entbindet der generelle Ausschluss eines Komplementärs von der Geschäftsführungsbefugnis denselben nicht von bestimmten seiner in § 283 AktG aufgezählten Rechten und Pflichten und den damit zusammenhängenden Geschäftsführungsbefugnissen.[592]

Es stellt sich die Frage, welche konkreten Gestaltungen vorstellbar und üblich sind. In der Praxis dominiert die kapitalistische KGaA mit einer Kapitalgesellschaft als Komplementärin.[593] Die organschaftlichen Vertreter der Komplementär-Kapitalgesellschaft übernehmen dann die Geschäftsführung und Vertretung der KGaA. Daneben existieren Gesellschaften, in denen externe Dritte als Komplementäre ohne Kapitalbeteiligung aufgenommen werden (sog. Geschäftsführer-Komplementäre).[594] Sie übernehmen zwingend die persönliche Haftung und erhalten hierfür eine Gegenleistung, die typischerweise in einer Haftungsfreistellung und einer zusätzlichen Risikoprämie besteht.[595] Die Entlohnung erfolgt über eine Tätigkeitsvergütung; am Geschäftsergebnis haben die Geschäftsführer-Komplementäre üblicherweise nur über eine Tantieme teil.[596] Schließlich können auch Dritte mit weitreichenden rechtsgeschäftlichen – nicht aber mit organschaftlichen – Geschäftsführungsbefugnissen ausgestattet werden.[597]

---

590 Siehe die Fundstellen in Fn. 142.
591 *Assmann/Sethe*, in: GroßKomm-AktG, § 278 Rn. 138; *Mertens/Cahn*, in: KK-AktG, § 278 Rn. 89; *Perlitt*, in: MüKo-AktG, § 278 Rn. 32; *Bachmann*, in: Spindler/Stilz, § 278 Rn. 58.
592 Ausführlich *Mertens/Cahn*, in: KK-AktG, § 278 Rn. 88: dazu gehören die Nrn. 1, 2, 6 und 13 des § 283 AktG; auch *Perlitt*, in: MüKo-AktG, Vor. § 283 Rn. 8 ff. mit Unterschieden im Detail; *Reger*, in: Bürgers/Fett, § 5 Rn. 94.
593 Siehe bereits oben, unter A.II.1.
594 *Assmann/Sethe*, in: GroßKomm-AktG, Vor. § 287 Rn. 16; *Reger*, in: Bürgers/Fett, § 5 Rn. 106; *Herfs*, in: Münch. Hdb. AktR, § 79 Rn. 3; siehe beispielhaft die Satzung der Merck KGaA vom 19. Juli 2015, § 9.
595 *Assmann/Sethe*, in: GroßKomm-AktG, Vor. § 287 Rn. 16
596 *Reger*, in: Bürgers/Fett, § 5 Rn. 106.
597 *Reger*, in: Bürgers/Fett, § 5 Rn. 96.

2. Weisungsrechte

Die Zulässigkeit von Weisungsrechten gegenüber der Geschäftsleitung unterscheidet sich grundlegend danach, ob es sich um eine personalistische oder um eine kapitalistische KGaA handelt:

In der personalistischen KGaA sowie auch in der kapitalistischen KGaA können satzungsmäßige Weisungsrechte unmittelbar auf der Ebene der KGaA eingeführt werden. Im Grundsatz ist die Einräumung von Weisungsrechten zugunsten der Hauptversammlung,[598] des Aufsichtsrats[599] oder zusätzlich geschaffener Gesellschaftsorgane (Beirat oder Verwaltungsrat)[600] anerkannt. Grenzen ergeben sich aus den organschaftlichen Mindestbefugnissen.[601] So müssen die Komplementäre die in § 283 AktG aufgeführten Kompetenzen noch eigenverantwortlich wahrnehmen können.[602] Ferner darf die Trennung von Kontrolle und Geschäftsführung nicht aufgehoben werden.[603] Dem Aufsichtsrat können Weisungsbefugnisse daher nur insoweit übertragen werden, als ihm nach § 111 Abs. 4 Satz 2 AktG (dieser gilt in der KGaA nicht)[604] Zustimmungsvorbehalte übertragen werden könnten.[605] Nicht zulässig sollen Weisungsbefugnisse einzelner Kommanditaktionäre sein, da sich in der KGaA die Mitwirkung der Kommanditaktionäre an der Geschäftsführung allein über die Hauptversammlung vollzieht.[606]

In der kapitalistischen KGaA sind satzungsmäßige Weisungsrechte darüber hinaus auch auf der Ebene der Komplementärgesellschaft denkbar. Solche Weisungsrechte richten sich nach dem für die Komplementärgesellschaft maßgeblichen Recht. Sofern es sich bei der Komplementärgesellschaft beispielsweise um

---

598 OLG Köln, AG 1978, 17, 18; *Assmann/Sethe*, in: GroßKomm-AktG, § 278 Rn. 104; *Mertens/Cahn*, in: KK-AktG, § 278 Rn. 92; *Perlitt*, in: MüKo-AktG, § 278 Rn. 232; *Bachmann*, in: Spindler/Stilz, § 278 Rn. 41; *von Eiff/Otte*, GWR 2015, 246, 247.

599 OLG Köln, AG 1978, 17, 18; *Assmann/Sethe*, in: GroßKomm-AktG, § 278 Rn. 151; *Mertens/Cahn*, in: KK-AktG, § 278 Rn. 92.

600 OLG Köln, AG 1978, 17, 18; *Assmann/Sethe*, in: GroßKomm-AktG, § 278 Rn. 151 in Bezug auf die „Grundsätze der Geschäftspolitik"; *Reichert*, ZIP 2014, 1957, 1960; vgl. auch BGHZ 75, 96, 106 = NJW 1979, 1823, 1826.

601 *Perlitt*, in: MüKo-AktG, § 278 Rn. 225 und 232.

602 *von Eiff/Otte*, GWR 2015, 246, 246.

603 OLG Köln, AG 1978, 17, 18.

604 Siehe die Fundstellen in Fn. 513.

605 *Mertens/Cahn*, in: KK-AktG, § 278 Rn. 92; siehe zu den Grenzen des § 111 Abs. 4 Satz 2 AktG etwa *Hüffer/Koch*, AktG, § 111 Rn. 40 ff.

606 *Assmann/Sethe*, in: GroßKomm-AktG, § 278 Rn. 104; *Perlitt*, in: MüKo-AktG, § 278 Rn. 232; tendenziell auch *Bachmann*, in: Spindler/Stilz, § 278 Rn. 59; **a.A.** *Kessler*, Die rechtlichen Möglichkeiten der Kommanditaktionäre, S. 234.

eine GmbH handelt, ergeben sich Weisungsrechte der Gesellschafterversammlung aus den §§ 37 Abs. 1, 45 GmbHG.[607] Davon erfasst sind auch Weisungen betreffend die Geschäftsführung der KGaA.[608] Über die Satzung der GmbH können Weisungsrechte einem Beirat oder einzelnen GmbH-Gesellschaftern (etwa Familienmitgliedern) zugewiesen werden,[609] wobei die Zuweisung aber nach teilweise vertretener Ansicht durch einfachen Gesellschafterbeschluss revidierbar sein soll und auch das Weisungsrecht der Gesellschafterversammlung erhalten bleiben soll.[610]

3. Entlastungsbeschluss

Nach § 120 Abs. 1 AktG ist die Hauptversammlung zuständig für die Entlastung der persönlich haftenden Gesellschafter und der Mitglieder des Aufsichtsrats. § 285 Abs. 1 Satz 2 Nr. 2 AktG lässt sich entnehmen, dass die Vorschrift auch in der KGaA gilt.[611] Über die Entlastung wird jährlich in des ersten acht Monaten des Geschäftsjahres beschlossen (§ 120 Abs. 1 Satz 1 AktG). Durch die Entlastung billigt die Hauptversammlung die Verwaltung der Gesellschaft (§ 120 Abs. 2 Satz 1 AktG). Damit signalisieren die Aktionäre, ob sie mit der Geschäftsführung zufrieden sind oder nicht.[612] Zwar hat eine verweigerte Entlastung keine unmittelbaren rechtlichen Konsequenzen.[613] Insbesondere ist mit ihr kein Verzicht auf Ersatzansprüche verbunden (§ 120 Abs. 2 Satz 2 AktG). Allerdings kommt der Entlastung, gerade in börsennotierten Gesellschaften, erhebliche Symbolwirkung zu.[614]

---

607 *Grunewald*, in: MüKo-HGB, § 161 Rn. 70; *Hopt*, in: Baumbach/Hopt, Anh. § 177a Rn. 27; *Konzen*, NJW 1989, 2977, 2983; jeweils in Bezug auf die GmbH & Co. KG; vgl. auch *Reichert*, ZIP 2014, 1957, 1960; **a.A.** *Esch*, NJW 1988, 1553, 1559.
608 In diesem Sinne die Fundstellen zur GmbH & Co. KG in Fn. 607.
609 *Zöllner/Noack*, in: Baumbach/Hueck, § 43 Rn. 33; *Stephan/Tieves*, in: MüKo-GmbHG, § 37 Rn. 109; *Kleindiek*, in: Lutter/Hommelhoff, § 37 Rn. 19; *Uwe H. Schneider/Sven H. Schneider*, in: Scholz, GmbHG, § 37 Rn. 40.
610 *Konzen*, NJW 1989, 2977, 2980 m.w.N.
611 *Bachmann*, in: Spindler/Stilz, § 285 Rn. 17.
612 *Seyfarth*, Vorstandsrecht, § 1 Rn. 70 zur Aktiengesellschaft.
613 *Hüffer/Koch*, AktG, § 120 Rn. 16; *Seyfarth*, Vorstandsrecht, § 1 Rn. 80.
614 *Spindler*, in: K. Schmidt/Lutter, § 120 Rn. 4; *Seyfarth*, Vorstandsrecht, § 1 Rn. 78.

4. Personalkompetenz

a) Wahl der Geschäftsleiter

Die Kompetenz für die Wahl oder Ernennung der Geschäftsleiter hängt in erster Linie davon ab, wer die Funktion der Geschäftsleitung in der KGaA innehat.[615] Handelt es sich um eine kapitalistische KGaA, so bestimmt sich die Wahl der Geschäftsleiter nach den für die Komplementär-Gesellschaft geltenden Vorschriften, d.h. für den Vorstand einer AG nach dem AktG, für den Geschäftsführer einer GmbH nach dem GmbHG.

In der Praxis finden sich familienbeherrschte kapitalistische KGaAs, bei denen sich die Anteile der Komplementär-Kapitalgesellschaft unmittelbar oder mittelbar in den Händen einer Familie befinden.[616] Die Kommanditaktionäre der KGaA haben dann keinen Einfluss auf die Zusammensetzung der Geschäftsleitung. Allerdings darf die Bestellung der Geschäftsleiter nicht im krassen Widerspruch zu den Interessen der Kommanditaktionäre liegen.[617] Hergeleitet wird dies aus den Treuepflichten, die aufgrund der engen Verbundenheit zwischen den Gesellschaftern der Komplementär-Kapitalgesellschaft und Kommanditaktionären bestehen.[618] Die genaue Ausgestaltung und Zuständigkeit für die Bestellung der Geschäftsleitung lassen sich der Satzung der KGaA nicht entnehmen.[619] Sie richtet sich allein nach der Binnenverfassung der Komplementär-Gesellschaft und kann etwa durch Familienmitglieder erfolgen.

Einige börsennotierte KGaAs sind demgegenüber als (kapitalistische) Einheits-KGaAs ausgestaltet, bei der die KGaA alle Anteile an der Komplementär-Kapitalgesellschaft hält.[620] In der Satzung der KGaA sollte dann bestimmt

---

615 Siehe dazu bereits oben, unter 1.

616 Vgl. Dräger, Geschäftsbericht 2015, S. 53; EUROKAI, Jahresbericht 2015, S. 41.

617 BGHZ 134, 392, 399 = NJW 1997, 1923: auf Belange der Kommanditaktionäre ist Rücksicht zu nehmen; *Perlitt*, in: MüKo-AktG, § 278 Rn. 370: begründete Bedenken sind zu berücksichtigen.

618 *Grunewald*, in: MüKo-HGB, § 161 Rn. 77, 66 zur Parallelproblematik in der GmbH & Co. KG; siehe allgemein zu derartigen Treuepflichten auch die Fundstellen in Fn. 384; vgl. auch BGHZ 134, 392, 399 = NJW 1997, 1923, der auf Treuepflichten der Komplementär-Kapitalgesellschaft abstellt; i.E. auch *Perlitt*, in: MüKo-AktG, § 278 Rn. 370.

619 Vgl. die Satzung der Drägerwerk AG & Co. KGaA vom 6. März 2014; die Satzung der EUROKAI GmbH & Co. KGaA vom September 2014.

620 *Assmann/Sethe*, in: GroßKomm-AktG, § 278 Rn. 41; *Perlitt*, in: MüKo-AktG, § 278 Rn. 388; vgl. etwa die Satzung der Hella KGaA Hueck & Co. vom 31. Oktober 2014, § 7 Abs. 5; Satzung der Henkel AG & Co. KGaA vom 13. April 2015, Ziffer 8 Abs. 5.

werden, wer die Geschäftsleiter bestellt.[621] Üblich ist es, dies einem Gesell-schafterausschuss zu überlassen, dessen Mitglieder wiederum durch die Haupt-versammlung der KGaA bestellt werden können.[622] Die Aktionäre haben damit – ähnlich wie in einer AG – mittelbar Einfluss auf die Zusammensetzung der Geschäftsleitung. Der Hauptversammlung werden bei diesem Modell in Bezug auf die Wahl der Geschäftsleitung mehr Rechte eingeräumt als ihr bei einer ge-setzestypischen KGaA zustehen würden.

Schließlich ist in der (weniger verbreiteten) gesetzestypischen KGaA die Ge-schäftsleitung unmittelbar an die Komplementärstellung geknüpft. Namentlich bei Geschäftsführer-Komplementären[623] kann ein Wechsel derselben gewünscht sein. Grundsätzlich ist für die Aufnahme neuer Komplementäre in der KGaA eine Satzungsänderung erforderlich.[624] Die Satzung kann jedoch vorsehen, dass die Aufnahme außerhalb der Satzung geregelt wird,[625] etwa durch eine Über-tragung der Entscheidung auf die Hauptversammlung, auf Dritte oder auf einen Komplementär.[626] In diesen Fällen bedarf es für die Aufnahme eines neuen Kom-plementärs lediglich einer Fassungsänderung der Satzung.[627]

b) Absetzung der Geschäftsleiter

Auch die Absetzung der Geschäftsleiter richtet sich nach der konkreten Ausge-staltung der KGaA und gegebenenfalls ihrer Komplementärgesellschaft. Nament-lich kann ein Ausscheiden durch Ausschließung bei Vorliegen eines wichtigen

---

621 *Reger*, in: Bürgers/Fett, § 5 Rn. 216.

622 Vgl. die Satzung der Hella KGaA Hueck & Co. vom 31. Oktober 2014, § 22 Abs. 1 und § 23 Abs. 1; Satzung der Henkel AG & Co. KGaA vom 13. April 2015, Ziffern 26 und 27 Abs. 2.

623 Siehe zu Geschäftsführer-Komplementären bereits oben, unter 1.

624 *Assmann/Sethe*, in: GroßKomm-AktG, § 278 Rn. 49; *Perlitt*, in: MüKo-AktG, § 278 Rn. 66; *Bachmann*, in: Spindler/Stilz, § 278 Rn. 48; *Reger*, in: Bürgers/Fett, § 5 Rn. 312; bereits oben, unter C.II.2.

625 *Assmann/Sethe*, in: GroßKomm-AktG, § 278 Rn. 46; *Hüffer/Koch*, AktG, § 278 Rn. 19a; siehe beispielhaft dazu die Satzung der Merck KGaA vom 19. Juli 2015, § 9 Abs. 2 Satz 1 (Eintritt) und § 11 Abs. 1 Satz 1 (Ausscheiden).

626 *Assmann/Sethe*, in: GroßKomm-AktG, § 278 Rn. 47; *Perlitt*, in: MüKo-AktG, § 278 Rn. 68; *Bachmann*, in: Spindler/Stilz, § 278 Rn. 49; *Reger*, in: Bürgers/Fett, § 5 Rn. 313; *Cahn*, AG 2001, 579, 585.

627 *Assmann/Sethe*, in: GroßKomm-AktG, § 281 Rn. 9; *Perlitt*, in: MüKo-AktG, § 281 Rn. 16; *Hüffer/Koch*, AktG, § 278 Rn. 19a; *Reger*, in: Bürgers/Fett, § 5 Rn. 316; siehe aber *Bachmann*, in: Spindler/Stilz, § 281 Rn. 23, der nicht einmal eine Fassungs-änderung für erforderlich hält.

Grundes in der Person des Komplementärs verlangt werden (§ 289 Abs. 1 Fall 2 AktG, §§ 161 Abs. 2, 140 Abs. 1 Satz 1, 133 Abs. 1 HGB). Dazu bedarf es grundsätzlich eines gerichtlichen Gestaltungsurteils. Die Klage ist von allen übrigen Komplementären und der Gesamtheit der Kommanditaktionäre – diese vertreten durch den Aufsichtsrat – anzustrengen.[628] Es bedarf eines Hauptversammlungsbeschlusses, der mit satzungsändernder Mehrheit gefasst werden muss.[629] Die erforderliche Beschlussmehrheit kann auf eine einfache Mehrheit herabgesetzt werden.[630] Durch Satzungsbestimmung kann zudem das Erfordernis einer Gerichtsentscheidung abbedungen und eine Entscheidung durch Hauptversammlungsbeschluss zugelassen werden.[631] Schließlich ist eine Übertragung der Entscheidung auf einzelne Gesellschafter oder auf andere Organe zulässig.[632] In jedem Fall muss aber ein wichtiger Grund für die Ausschließung vorliegen.[633]

Als milderes Mittel gegenüber der Ausschließung kommt auch die Entziehung der Geschäftsführungs- und Vertretungsbefugnis durch Gestaltungsurteil in Betracht (§ 278 Abs. 2 AktG, §§ 161 Abs. 2, 117 und 127 HGB). Die Komplementärstellung bleibt in diesem Fall erhalten. Die Voraussetzungen für die Entziehung entsprechen im Wesentlichen denen des Ausscheidens durch Ausschließung. Namentlich ist ein wichtiger Grund zwingend erforderlich. Allerdings genügt für den Hauptversammlungsbeschluss eine einfache Mehrheit.[634] Abweichende Satzungsgestaltungen sind ebenfalls zulässig. Durch diese kann etwa die Übertragung der Entscheidung auf einzelne Gesellschafter oder auf andere Organe erfolgen.[635]

---

628 *Assmann/Sethe,* in: GroßKomm-AktG, § 289 Rn. 92; *Bachmann,* in: Spindler/Stilz, § 289 Rn. 19; *Hüffer/Koch,* AktG, § 289 Rn. 7; vgl. auch *Perlitt,* in: MüKo-AktG, § 289 Rn. 125.

629 *Assmann/Sethe,* in: GroßKomm-AktG, § 289 Rn. 92; *Perlitt,* in: MüKo-AktG, § 289 Rn. 125; *Bachmann,* in: Spindler/Stilz, § 289 Rn. 19; *Hüffer/Koch,* AktG, § 289 Rn. 7; *Reger,* in: Bürgers/Fett, § 5 Rn. 326.

630 *Perlitt,* in: MüKo-AktG, § 289 Rn. 125; *Reger,* in: Bürgers/Fett, § 5 Rn. 331.

631 *Assmann/Sethe,* in: GroßKomm-AktG, § 289 Rn. 110; *Mertens/Cahn,* in: KK-AktG, § 289 Rn. 62; *Perlitt,* in: MüKo-AktG, § 289 Rn. 122; *Bachmann,* in: Spindler/Stilz, § 289 Rn. 19; *Reger,* in: Bürgers/Fett, § 5 Rn. 331.

632 *Perlitt,* in: MüKo-AktG, § 289 Rn. 122; *Reger,* in: Bürgers/Fett, § 5 Rn. 331; *Mertens/Cahn,* in: KK-AktG, § 289 Rn. 62: Übertragung auf die Komplementäre.

633 *Assmann/Sethe,* in: GroßKomm-AktG, § 289 Rn. 111; *Reger,* in: Bürgers/Fett, § 5 Rn. 331; *Perlitt,* in: MüKo-AktG, § 289 Rn. 124: sachlicher Grund; auch *Mertens/Cahn,* in: KK-AktG, § 289 Rn. 61: sachliche Gründe für abweichende Satzungsbestimmung erforderlich.

634 *Perlitt,* in: MüKo-AktG, § 278 Rn. 188 zur Geschäftsführungsbefugnis; auch *Bachmann,* in: Spindler/Stilz, § 278 Rn. 75 sowie 82 zur Vertretungsbefugnis.

635 *Perlitt,* in: MüKo-AktG, § 278 Rn. 222 zur Geschäftsführungsbefugnis.

Ein Sonderproblem kann in der kapitalistischen KGaA auftreten. Verletzt der Geschäftsleiter der Komplementär-Gesellschaft in unzumutbarer Weise die Interessen der KGaA, so kann darin ein wichtiger Grund zur Ausschließung der Komplementär-Gesellschaft (§ 140 HGB) bzw. zur Entziehung ihrer Geschäftsführung- und Vertretungsbefugnis (§§ 117 und 127 HGB) liegen. Eine solche wird aber häufig nicht gewünscht sein.[636] Maßnahmen gegen den Geschäftsleiter der Komplementär-Gesellschaft hingegen sind alleinige Angelegenheit der Komplementär-Gesellschaft und können nicht durch die KGaA oder ihre Gesellschafter erfolgen. Nach einer Mindermeinung wird über den sogenannten Abberufungsdurchgriff gleichwohl die direkte Abberufung des Geschäftsleiters für möglich gehalten.[637] Die vorzugswürdige Gegenauffassung stellt – wie schon bei der Bestellung der Geschäftsleiter (oben, unter a) – auf die Treuepflichten ab und will die Gesellschafter der Komplementär-Gesellschaft beim Vorliegen eines wichtigen Grundes verpflichten, den betroffenen Geschäftsleiter abzubestellen.[638]

5. Mitwirkungsvorbehalte

a) Bestimmte Strukturmaßnahmen

In der KGaA unterliegt eine Vielzahl von Maßnahmen Zustimmungsvorbehalten.[639] So bedürfen etwa Satzungsänderungen (§§ 179 ff. AktG),[640] Umwandlungsmaßnahmen (etwa §§ 78, 125, 233 oder 240 UmwG),[641] Unternehmensverträge

636 *Perlitt*, in: MüKo-AktG, § 278 Rn. 368; *Reger*, in: Bürgers/Fett, § 5 Rn. 202 f.; *Ihrig/Schlitt*, in: Ulmer, Die GmbH & Co. KGaA, ZHR Sonderheft 67, S. 33, 53.

637 *Overlack*, RWS-Forum 10 Gesellschaftsrecht 1997, S. 237, 254 f.; **a.A.** *Assmann/Sethe*, in: GroßKomm-AktG, § 278 Rn. 172; *Perlitt*, in: MüKo-AktG, § 278 Rn. 372; *Bachmann*, in: Spindler/Stilz, § 278 Rn. 78; *Ihrig/Schlitt*, in: Ulmer, Die GmbH & Co. KGaA, ZHR Sonderheft 67, S. 33, 53 f.; *Wichert*, AG 2000, 268, 275; auch *Reger*, in: Bürgers/Fett, § 5 Rn. 211.

638 *Grunewald*, in: MüKo-HGB, § 161 Rn. 79, 66 zur Parallelproblematik in der GmbH & Co. KG; i.E. *Perlitt*, in: MüKo-AktG, § 278 Rn. 371; ähnlich *Assmann/Sethe*, in: GroßKomm-AktG, § 278 Rn. 170: Treuepflicht der Komplementär-Gesellschaft; auch *Bachmann*, in: Spindler/Stilz, § 278 Rn. 78; *Ihrig/Schlitt*, in: Ulmer, Die GmbH & Co. KGaA, ZHR Sonderheft 67, S. 33, 52; *Herfs*, in: VGR Jahrestagung 1998, S. 23, 46; **a.A.** *Reger*, in: Bürgers/Fett, § 5 Rn. 207: weder Abberufungsdurchgriff noch Treuepflichten.

639 Einführend zu den Mitwirkungsvorbehalten bereits oben, unter B.II.4.a).

640 Dazu ausführlich oben, unter C.II.2.

641 *Assmann/Sethe*, in: GroßKomm-AktG, § 278 Rn. 124; *Mertens/Cahn*, in: KK-AktG, § 278 Rn. 9; *Perlitt*, in: MüKo-AktG, § 278 Rn. 180; *Hüffer/Koch*, AktG, § 278 Rn. 20; *Reger*, in: Bürgers/Fett, § 5 Rn. 404 f.

(§§ 291 ff. AktG),[642] Kapitalmaßnahmen (§§ 182 ff. AktG)[643] und der freiwillige Auflösungsbeschluss (§§ 262 ff. AktG) der Zustimmung der Hauptversammlung.[644] Zusätzlich muss, da es sich um sogenannte Grundlagengeschäfte handelt,[645] die Zustimmung sämtlicher Komplementäre eingeholt werden (§ 285 Abs. 2 Satz 1 AktG).[646] Allein das Zustimmungserfordernis der Komplementäre kann ausgeschlossen werden, weil es aus dem grundsätzlich dispositiven Personengesellschaftsrecht folgt.[647] Umgekehrt können der Hauptversammlung oder anderen Organen weitere Zustimmungsvorbehalte eingeräumt werden.[648]

b) Sonstige bedeutende Geschäfte

Nach der gesetzlichen Grundregel bedarf es bei „außergewöhnlichen Geschäften" – so der Terminus im deutschen Recht – der Zustimmung sowohl der Hauptversammlung (§ 278 Abs. 2 AktG, § 164 S. 1 HGB) als auch der Komplementäre (§ 278 Abs. 2 AktG, §§ 161 Abs. 2, 116 Abs. 2 HGB).[649] Entscheidend für die Einordnung eines Geschäfts als außergewöhnlich ist, ob dieses im konkreten Einzelfall und unter Berücksichtigung der Verhältnisse der Gesellschaft nach seinem Inhalt und Zweck über den üblichen Rahmen des Geschäftsbetriebs hinausgeht bzw. ob ihm durch seine Bedeutung und die mit ihm verbundenen

---

642 *Mertens/Cahn*, in: KK-AktG, § 278 Rn. 9; *Perlitt*, in: MüKo-AktG, § 278 Rn. 180; *K. Schmidt*, in: K. Schmidt/Lutter, § 278 Rn. 46; *Hüffer/Koch*, AktG, § 278 Rn. 20.

643 *Assmann/Sethe*, in: GroßKomm-AktG, § 278 Rn. 124; *Perlitt*, in: MüKo-AktG, § 278 Rn. 267; *Reger*, in: Bürgers/Fett, § 5 Rn. 398.

644 Siehe zu den Mehrheitserfordernissen *Reger*, in: Bürgers/Fett, § 5 Rn. 51 ff.

645 *Reger*, in: Bürgers/Fett, § 5 Rn. 90; allgemein zu Grundlagengeschäften in der KGaA auch *Assmann/Sethe*, in: GroßKomm-AktG, § 278 Rn. 122 ff.; *Bachmann*, in: Spindler/Stilz, § 278 Rn. 64 ff.; *Hüffer/Koch*, AktG, § 278 Rn. 17a.

646 *Bachmann*, in: Spindler/Stilz, § 285 Rn. 32; *Perlitt*, in: MüKo-AktG, § 278 Rn. 180; *K. Schmidt*, in: K. Schmidt/Lutter, § 285 Rn. 28; *Hüffer/Koch*, AktG, § 285 Rn. 2.

647 *Bachmann*, in: Spindler/Stilz, § 285 Rn. 32; *Hüffer/Koch*, AktG, § 285 Rn. 2: einzelnen Komplementären könne das Zustimmungsrecht entzogen werden; einschränkend *Perlitt*, in: MüKo-AktG, § 285 Rn. 51: Kernbereichslehre als Grenze; auch *Assmann/Sethe*, in: GroßKomm-AktG, § 278 Rn. 124; *Mertens/Cahn*, in: KK-AktG, § 285 Rn. 42; *Reger*, in: Bürgers/Fett, § 5 Rn. 56.

648 *Assmann/Sethe*, in: GroßKomm-AktG, § 278 Rn. 111 zur Hauptversammlung und Rn. 151 zum Beirat und Aufsichtsrat; *Perlitt*, in: MüKo-AktG, Vor. § 278 Rn. 231 zur Hauptversammlung; *Bachmann*, in: Spindler/Stilz, § 278 Rn. 58; *Hüffer/Koch*, AktG, § 278 Rn. 19; *Reger*, in: Bürgers/Fett, § 5 Rn. 95.

649 *Assmann/Sethe*, in: GroßKomm-AktG, § 278 Rn. 110; *Perlitt*, in: MüKo-AktG, § 278 Rn. 177; *Bachmann*, in: Spindler/Stilz, § 278 Rn. 61; *K. Schmidt*, in: K. Schmidt/Lutter, § 278 Rn. 38; *Hüffer/Koch*, AktG, § 278 Rn. 13.

Gefahren Ausnahmecharakter zukommt.[650] Das können Erwerbs- oder Veräußerungsgeschäfte, aber auch Konzernbildungsmaßnahmen oder Maßnahmen in Tochtergesellschaften sein.[651] Sofern man konzernbezogene Maßnahmen im Einzelfall sogar als Grundlagengeschäfte einordnet,[652] wären sie ohnehin nicht mehr von der Geschäftsführungsbefugnis gedeckt und damit zustimmungspflichtig.[653]

Die genannten Zustimmungserfordernisse können – selbst wenn sie sich auf Grundlagengeschäfte beziehen – durch Satzungsbestimmung grundsätzlich abbedungen werden.[654] Ungeklärt ist allein, ob dies uneingeschränkt auch für den Ausschluss des Zustimmungserfordernisses der Kommanditaktionäre in der kapitalistischen KGaA gilt. Nachdem der Bundesgerichtshof in seinem Beschluss vom 24. Februar 1997 in einem *obiter dictum* eben diese Frage aufgeworfen hat,[655] behauptet eine Mindermeinung,[656] dass ein solcher Ausschluss nur bei einem entsprechenden Ausgleich zulässig sei. Denkbar sei etwa, dass anstelle der Hauptversammlung andere Organe zustimmen müssen.[657] Die ganz herrschende Auffassung[658] will zwar richtigerweise keinerlei Einschränkungen vornehmen. Allerdings ist die praktische Bedeutung des Streits fraglich, da in

---

650   Vgl. BGHZ 76, 160, 162 f. = NJW 1980, 1463, 1464; RGZ 158, 302, 308; *Jickeli*, in: MüKo-HGB, § 116 Rn. 17.

651   Siehe die Beispiele bei *Jickeli*, in: MüKo-HGB, § 116 Rn. 18 ff. und 31 f.

652   Siehe zur Abgrenzung von Geschäftsführungsmaßnahmen und Grundlagengeschäften ausführlich *Rawert*, in: MüKo-HGB, § 114 Rn. 9 ff.

653   Vgl. *Assmann/Sethe*, in: GroßKomm-AktG, § 278 Rn. 122; siehe zu Grundlagengeschäften in der KGaA die Fundstellen in Fn. 645.

654   Zu außergewöhnlichen Geschäftsführungsmaßnahmen siehe *Mertens/Cahn*, in: KK-AktG, § 278 Rn. 90; *Bachmann*, in: Spindler/Stilz, § 278 Rn. 62 f.; *Reger*, in: Bürgers/Fett, § 5 Rn. 88; vgl. *Assmann/Sethe*, in: GroßKomm-AktG, § 278 Rn. 113 ff. (Kommanditaktionäre) und 127 (Komplementäre); zu Grundlagengeschäften siehe *Assmann/Sethe*, in: GroßKomm-AktG, § 278 Rn. 124; *Reger*, in: Bürgers/Fett, § 5 Rn. 89.

655   BGHZ 134, 392, 399 = NJW 1997, 1923; dem folgend OLG Stuttgart, NZG 2003, 778, 783.

656   *Ihrig/Schlitt*, in: Ulmer, Die GmbH & Co. KGaA, ZHR Sonderheft 67, S. 33, 67; *Kölling*, Gestaltungsspielräume und Anlegerschutz, S. 233 f.; *Dirksen/Möhrle*, ZIP 1998, 1377, 1385.

657   *Ihrig/Schlitt*, in: Ulmer, Die GmbH & Co. KGaA, ZHR Sonderheft 67, S. 33, 67; *Kölling*, Gestaltungsspielräume und Anlegerschutz, S. 233 f.

658   *Assmann/Sethe*, in: GroßKomm-AktG, § 278 Rn. 114; *Mertens/Cahn*, in: KK-AktG, § 278 Rn. 90; *Perlitt*, in: MüKo-AktG, § 278 Rn. 360; *Bachmann*, in: Spindler/Stilz, § 278 Rn. 63; *Reger*, in: Bürgers/Fett, § 5 Rn. 99; *Heermann*, ZGR 2000, 61, 82; *Wichert*, AG 2000, 268, 270; *Jaques*, NZG 2000, 401, 408; *Ladwig/Motte*, DStR 1997, 1539, 1541.

KGaAs typischerweise ohnehin im Sinne der Mindermeinung das Zustimmungserfordernis (über enumerative Maßnahmenkataloge) auf andere Organe übertragen wird.[659] Ein zwingender Mindestschutz für die Kommanditaktionäre wird jedenfalls auch über die aktienrechtlichen Holzmüller-Grundsätze[660] gewährleistet, deren Anwendbarkeit auf die KGaA nach vorzugswürdiger Ansicht zu bejahen ist.[661] Das gilt spätestens seitdem die Herleitung über eine offene Rechtsfortbildung[662] und nicht mehr über den in der KGaA nicht anwendbaren § 119 Abs. 2 AktG[663] erfolgt.[664] Nach der Holzmüller-Rechtsprechung sind grundlegende Entscheidungen der Hauptversammlung zur Zustimmung vorzulegen, wenn diese so tief in die Mitgliedschaftsrechte der Aktionäre eingreifen, dass das Geschäftsleitungsorgan vernünftigerweise nicht annehmen kann, es dürfe sie in ausschließlich eigener Verantwortung treffen.[665] Über die genaue Reichweite wird seit Jahren diskutiert.[666] Es ist davon auszugehen, dass das Zustimmungserfordernis auf extreme Ausnahmefälle beschränkt ist. Im Holzmüller-Fall beispielsweise wurden rund 80 Prozent der Vermögenswerte der Gesellschaft übertragen.[667]

---

659 Siehe die Satzung der Drägerwerk AG & Co. KGaA vom 6. März 2014, § 16 Abs. 3 und § 23 Abs. 2; die Satzung der Fresenius SE & Co. KGaA vom 22. August 2014, § 7 Abs. 2 und § 13c Abs. 1; die Satzung der Hella KGaA Hueck & Co. vom 31. Oktober 2014, § 11 Abs. 2 und 3; die Satzung der Henkel AG & Co. KGaA vom 13. April 2015, Ziffern 11 Abs. 2 und 25.

660 BGHZ 83, 122 – Holzmüller = NJW 1982, 1703; auch BGHZ 159, 30 – Gelatine I = NJW 2004, 1860; BGH, NZG 2004, 575 – Gelatine II.

661 *Bachmann*, in: Spindler/Stilz, § 278 Rn. 71; *K. Schmidt*, in: K. Schmidt/Lutter, § 278 Rn. 39; *Hüffer/Koch*, AktG, § 278 Rn. 17a; *Ihrig/Schlitt*, in: Ulmer, Die GmbH & Co. KGaA, ZHR Sonderheft 67, S. 33, 65; *Heermann*, ZGR 2000, 61, 70 f.; *Schlitt/Winzen*, CFL 2012, 261, 264; vgl. auch OLG Stuttgart, NZG 2003, 778, 783 f. zu einem Fall der Unterschreitung des Unternehmensgegenstandes; **a.A.** *Assmann/Sethe*, in: Groß-Komm-AktG, § 278 Rn. 123: keine Notwendigkeit; *Mertens/Cahn*, in: KK-AktG, § 278 Rn. 57 und 67; *Perlitt*, in: MüKo-AktG, § 278 Rn. 181; *Reger*, in: Bürgers/Fett, § 5 Rn. 103; *Fett/Förl*, NZG 2004, 210, 211.

662 So mittlerweile BGHZ 159, 30, 43 – Gelatine I = NJW 2004, 1860.

663 Diese Rechtsgrundlage heranziehend noch BGHZ 83, 122, 131 – Holzmüller = NJW 1982, 1703; zur Nichtanwendbarkeit des § 119 Abs. 2 AktG in der KGaA siehe *Mertens/Cahn*, in: KK-AktG, § 278 Rn. 92; *Reger*, in: Bürgers/Fett, § 5 Rn. 91.

664 So ausdrücklich *Bachmann*, in: Spindler/Stilz, § 278 Rn. 71.

665 Vgl. BGHZ 83, 122, 131 – Holzmüller = NJW 1982, 1703.

666 Überblick bei *Hüffer/Koch*, AktG, § 119 Rn. 16 ff.

667 Vgl. dazu die Vorinstanz OLG Hamburg, ZIP 1980, 1000, 1005: Aktiva im Wert von DM 33.332.000 werden übertragen, DM 7.902.000 verbleiben in der Gesellschaft.

In der Gelatine-Entscheidung hat der Bundesgerichtshof dann bestätigt, dass diese Schwelle mindestens erreicht sein muss.[668]

c) Geschäfte der Geschäftsleiter mit der Gesellschaft

Bei Geschäften der Komplementäre mit der Gesellschaft wird ein Schutz vor einem opportunistischen Verhalten durch die Komplementäre über eine Mitwirkung des Aufsichtsrats erreicht. Schon nach der allgemeinen Regelung der §§ 278 Abs. 3, 112 AktG wird die Gesellschaft gegenüber den Komplementären durch den Aufsichtsrat gerichtlich und außergerichtlich vertreten.[669] Erfasst sind sämtliche Rechtsgeschäfte mit den Komplementären im Zusammenhang mit der Geschäftsleitertätigkeit,[670] etwa Erwerbs- und Veräußerungsgeschäfte oder auch eine Vergütungsvereinbarung. Bagatellgrenzen in Bezug auf den Umfang des Geschäfts existieren nicht.[671] Entsprechend dem Zweck des § 112 AktG, Interessenkollisionen zu vermeiden, können im Einzelfall auch Geschäfte mit nahestehenden Personen oder mit verflochtenen Gesellschaften erfasst sein. Bei nahestehenden Personen wird dies angenommen, soweit Ansprüche derselben im Geschäftsleiterverhältnis begründet sind (etwa Versorgungszusagen),[672] bei verflochtenen Gesellschaften, wenn eine wirtschaftliche Identität mit den Komplementären besteht.[673] In der kapitalistischen KGaA von Bedeutung ist zudem die Einbeziehung von Geschäftsleitern der Komplementär-Gesellschaft und der ihnen nahestehenden Personen und mit ihnen verflochtenen Gesellschaften.[674]

---

668 BGHZ 159, 30, 45 – Gelatine I = NJW 2004, 1860.

669 Siehe zur Anwendbarkeit des § 112 AktG in der KGaA die Fundstellen in Fn. 170.

670 Vgl. *Habersack*, in: MüKo-AktG, § 112 Rn. 17: alle Rechtsgeschäfte mit Vorstandsmitgliedern in der Aktiengesellschaft; auch *Spindler*, in: Spindler/Stilz, § 112 Rn. 26; *Drygala*, in: K. Schmidt/Lutter, § 112 Rn. 6; *Hüffer/Koch*, AktG, § 112 Rn. 5.

671 *Spindler*, in: Spindler/Stilz, § 112 Rn. 26 und 29; *Drygala*, in: K. Schmidt/Lutter, § 112 Rn. 6; *Hüffer/Koch*, AktG, § 112 Rn. 5.

672 BGH, NZG 2007, 31 zur Aktiengesellschaft; auch *Habersack*, in: MüKo-AktG, § 112 Rn. 16; *Spindler*, in: Spindler/Stilz, § 112 Rn. 21; *Drygala*, in: K. Schmidt/Lutter, § 112 Rn. 10; *Hüffer/Koch*, AktG, § 112 Rn. 3; **a.A.** OLG München, AG 1996, 328 f.

673 OLG Zweibrücken, NZG 2012, 1348, 1349 zur Aktiengesellschaft; auch OLG Brandenburg, AG 2015, 428, 429; OLG Saarbrücken, AG 2012, 922, 923; OLG Saarbrücken, AG 2014, 584, 586; *Habersack*, in: MüKo-AktG, § 112 Rn. 9; *Drygala*, in: K. Schmidt/Lutter, § 112 Rn. 11; *Hüffer/Koch*, AktG, § 112 Rn. 4.

674 *Assmann/Sethe*, in: GroßKomm-AktG, § 287 Rn. 73; *Perlitt*, in: MüKo-AktG, § 287 Rn. 65; *Bachmann*, in: Spindler/Stilz, § 287 Rn. 15; *Ihrig/Schlitt*, in: Ulmer, Die GmbH & Co. KGaA, ZHR Sonderheft 67, S. 33, 56; *Wichert*, AG 2000, 268, 274; **a.A.** *Dirksen/Möhrle*, ZIP 1998, 1377, 1384: nicht erfasst.

Ergänzende Regelungen für die Kreditgewährung an Komplementäre enthalten die §§ 283 Nr. 5, 89 AktG. Danach ist – zusätzlich zur Vertretung durch den Aufsichtsrat nach § 112 AktG – ein Beschluss des Aufsichtsrats erforderlich.[675] Einen speziellen Verbotstatbestand für die KGaA – der aber nur in Sondersituationen eingreift – enthält § 288 Abs. 2 Satz 1 AktG. Der Begriff des Kredits wird weit verstanden und erfasst jede zeitweilige Überlassung von Geld- und Sachmitteln.[676] Dazu gehören neben Darlehen auch unübliche Stundungen oder die Bereitstellung von Sicherheiten.[677] Ausgenommen sind nach dem Gesetz solche Kredite, die ein Monatsgehalt nicht übersteigen (§ 89 Abs. 1 Satz 5 AktG). Der DCGK hingegen schlägt auch für solche Kleinkredite eine Zustimmung des Aufsichtsrats vor (Ziffer 3.9). In persönlicher Hinsicht erfasst sind unter anderem die Komplementäre selbst, bestimmte weitere Führungskräfte (§ 89 Abs. 2 AktG), nahe Angehörige (§ 89 Abs. 3 AktG), sowie mit den Komplementären verflochtene Gesellschaften (§ 89 Abs. 4 AktG). In der kapitalistischen KGaA bedarf auch die Kreditgewährung an den Geschäftsleiter der Komplementär-Gesellschaft eines Aufsichtsratsbeschlusses.[678]

III. Ergebnis in Thesenform

1.) Im Ergebnis lässt sich festhalten, dass die Zuweisung der Geschäftsleitungsfunktion sowohl in der PLC als auch in der KGaA der Satzungsautonomie unterfällt. Die Organstruktur unterscheidet sich freilich erheblich:

  a.) In der PLC wird die Geschäftsleitung praktisch stets dem *board* als Organ zugewiesen. Innerhalb des *board* übernehmen die *executive directors* die Geschäftsleitung, während den *non-executive directors* im Wesentlichen eine Überwachungsfunktion zukommt.

  b.) In der KGaA hingegen wird die Geschäftsleitung je nach konkreter Ausgestaltung entweder (in der personalistischen KGaA) durch die Komplementäre oder (in der kapitalistischen KGaA) durch die Geschäftsleiter der Komplementär-Kapitalgesellschaft wahrgenommen.

---

675 OLG Stuttgart, NZG 2004, 1002, 1003 speziell zur KGaA; auch *Assmann/Sethe*, in: GroßKomm-AktG, § 287 Rn. 48; *Bachmann*, in: Spindler/Stilz, § 287 Rn. 8; **a.A.** für die KGaA nur *Kallmeyer*, ZGR 1983, 57, 74 f.: Beschluss der Hauptversammlung oder eines sonst satzungsmäßig zuständigen Organs.

676 *Spindler*, in: MüKo-AktG, § 89 Rn. 9; *Fleischer*, in: Spindler/Stilz, § 89 Rn. 6.

677 *Fleischer*, in: Spindler/Stilz, § 89 Rn. 6 f.; *K. Schmidt*, in: K. Schmidt/Lutter, § 89 Rn. 4; *Hüffer/Koch*, AktG, § 89 Rn. 2.

678 *Perlitt*, in: MüKo-AktG, § 278 Rn. 330; *Förl/Fett*, in: Bürgers/Körber, § 283 Rn. 9.

2.) Durch Weisungsrechte der Gesellschafter kann die Ausübung der Geschäftsleitung sowohl in der PLC als auch in der KGaA eingeschränkt werden.

3.) Eine jährliche Entlastung der Geschäftsleitung durch die Hauptversammlung ist in beiden Gesellschaftsformen üblich. Ihr kommt erhebliche Symbolwirkung zu.

4.) Bei der Wahl der Geschäftsleiter herrscht (anders als bei deren Absetzung) in beiden Gesellschaftsformen weitgehende Satzungsautonomie:

   a.) In der börsennotierten PLC werden die Direktoren in der Praxis üblicherweise durch die Hauptversammlung gewählt, wenngleich andere Gestaltungen zulässig sind. Denkbar ist die Übertragung auf Mitglieder einer bestimmten Familie.[679]

   b.) In der (kapitalistischen) KGaA ist es üblich, die Wahl der Geschäftsleiter durch einen von den Kommanditaktionären besetzten Gesellschafterausschuss oder durch bestimmte Personen wie etwa Mitglieder einer Familie vornehmen zu lassen.

   c.) Die Möglichkeit der Absetzung der Geschäftsleiter durch die Hauptversammlung ist in PLC und KGaA zwingend vorgesehen. Allein in der KGaA erfordert diese jedoch einen wichtigen Grund.

5.) Mitwirkungsvorbehalte bei Geschäftsleitungsmaßnahmen bestehen für ähnliche Fallkonstellationen in beiden Gesellschaftsformen:

   a.) Bei bestimmten Strukturmaßnahmen (Satzungsänderungen, Umwandlungsmaßnahmen, Kapitalmaßnahmen) ist zwingend eine Zustimmung der Hauptversammlung erforderlich. In der KGaA müssen zusätzlich die Komplementäre zustimmen.

   b.) Bestimmte bedeutende Geschäfte der Gesellschaft erfordern einen Hauptversammlungsbeschluss. In der PLC gilt dies jedoch nur, wenn die Aktien an der Londoner Börse (Premium Listing) notiert sind. In der KGaA müssen zusätzlich die Komplementäre zustimmen.

   c.) Ferner sind Geschäfte der Geschäftsleiter mit der Gesellschaft mitwirkungspflichtig. In der PLC sind nur bestimmte Geschäfte erfasst, wobei dann aber stets ein Hauptversammlungsbeschluss erforderlich wird. In der KGaA muss bei sämtlichen Geschäften der Aufsichtsrat mitwirken.

---

679 So bereits die unveröffentlichte Masterarbeit des Verfassers, siehe dazu Fn. 9.

I. Ergebnis und Bezugnahme auf die Hypothesen

Die zu Beginn aufgestellten Hypothesen finden in diesem rechtsvergleichenden Teil ihre vorläufige Bestätigung. Vorläufig deshalb, weil bisher nur die nationalen Rechtsordnungen betrachtet wurden. Mögliche Korrekturen durch das internationale Privatrecht werden im nächsten Teil dieser Arbeit besprochen.[680] Es wurde aufgezeigt, dass die Binnenorganisation in PLC und KGaA im Ausgangspunkt der Satzungsautonomie unterliegt. Das ermöglicht in der PLC – ganz im Sinne der Hypothesen – eine Kapitalverfassung, unter der etwa Familiengesellschafter selbst bei Verlust ihrer Kapitalmehrheit die Kontrolle über die Gesellschaft behalten können.[681] In der KGaA werden ähnliche Ergebnisse durch die dualistische Gesellschafterstruktur erreicht, wenngleich die Kapitalverfassung nicht der Satzungsautonomie unterliegt.[682] Ferner sind in beiden Rechtsformen individuelle Gestaltungen in Bezug auf die Kompetenzverteilung möglich, etwa Weisungsrechte bestimmter Familienmitglieder[683] oder das Recht zur Besetzung der Geschäftsleitungsebene.[684]

Gleichzeitig unterliegt die Gestaltungsfreiheit Grenzen. Solche werden zunächst zum Zwecke des Anlegerschutzes gezogen. In der KGaA lassen sich wesentliche Anlegerschutzvorschriften dem Gesellschaftsrecht zuordnen, während sich in der PLC auch einige (nicht alle) diesbezüglichen Regelungen im Kapitalmarktrecht finden oder der Anlegerschutz durch Marktusancen gewährleistet wird. Von Bedeutung in der PLC sind insoweit die Listing Rules der Finanzmarktaufsichtsbehörde FCA sowie die Leitlinien institutioneller Investoren. Vielfach setzen diese ein Premium Listing an der Londoner Börse voraus. Mit der dortigen Notierung der Aktien steht und fällt der Anlegerschutz.[685] Das betrifft namentlich die Zulässigkeit von Aktien mit unterschiedlichem Stimmgewicht, die Grenzen des Bezugsrechtsausschlusses, sowie Zustimmungsvorbehalte bei bedeutenden Geschäften der Gesellschaft.[686] Für die KGaA sind diese Materien im Gesellschaftsrecht geregelt.[687] Im Ergebnis kann das Schutzniveau in PLC und

---

680 Siehe unten, unter Teil 4.
681 Siehe oben, unter E.I.1.
682 Siehe oben, unter E.II.1.
683 Siehe oben, unter H.I.2. und H.II.2.
684 Siehe oben, unter H.I.4. und H.II.4.
685 Dies feststellend bereits *Hirte*, in: FS Priester, S. 221, 228; *Schall*, NZG 2007, 338.
686 Siehe oben, unter E.I.1. (Stimmgewicht), unter F.I.2. (Bezugsrechtsausschluss), sowie unter H.I.5.b. (Zustimmungsvorbehalte).
687 Siehe oben, unter E.II.1. (Stimmgewicht), unter F.II.2. (Bezugsrechtsausschluss), sowie unter H.II.5.b. (Zustimmungsvorbehalte).

KGaA nur dann als vergleichbar bezeichnet werden, wenn die PLC im Premium Segment der Londoner Börse notiert ist. Fehlt es bei der PLC an einer solchen Notierung, sinkt der Anlegerschutz und es erweitern sich spiegelbildlich die unternehmerischen Freiheiten.

Neben dem Anlegerschutz existieren zwei zusätzliche Grenzen. Zum einen wird die Gestaltungsfreiheit durch Vorschriften zum Gläubigerschutz beschränkt. Dieser wird sowohl in der PLC als auch in der KGaA durch Kapitalaufbringungs- und Kapitalerhaltungsregeln gewährleistet. Zum anderen werden Grenzen zur Erreichung gesellschaftspolitischer Ziele gezogen, die aber in der PLC deutlich liberaler ausfallen. So kommt in der PLC lediglich in absoluten Ausnahmefällen eine unternehmerische Mitbestimmung in Betracht, während der Aufsichtsrat in der KGaA bei Vorliegen der maßgeblichen Arbeitnehmerzahlen stets mitbestimmt ist. Auch wenn der Aufsichtsrat in der KGaA nur begrenzte Kompetenzen hat, sind doch die Arbeitnehmer in diesem Organ neben den Anteilseignern vertreten. Eine oft unerwünschte Folge der paritätischen Mitbestimmung ist zudem die zwingende Vergrößerung des Aufsichtsrats auf bis zu 20 Mitglieder. Schließlich ist bei börsennotierten und zugleich paritätisch mitbestimmten KGaAs eine Geschlechterquote (jeweils 30 Prozent für jedes Geschlecht) im Aufsichtsrat einzuhalten. Dies dürfte bei familiendominierten KGaAs gerade dann auf wenig Gegenliebe stoßen, wenn Aufsichtsratsmitglieder dem Familienstamm angehören sollen und geeignete weibliche Mitglieder nicht existieren. Die PLC kennt eine zwingende Geschlechterquote nicht.

Teil 4 – Einzelfragen zur PLC in Deutschland (mit IPR-Bezug)

Dieses Kapitel wird in einem ersten Schritt einige in der Diskussion befindliche Einschränkungen der Satzungsautonomie durch das deutsche internationale Privatrecht (IPR) aufzeigen (unter A.). Das betrifft die Anwendbarkeit der unternehmerischen Mitbestimmung (unter A.I.), der Geschlechterquote (unter A.II.), sowie des DCGK (unter A. III.). In einem zweiten Schritt werden mögliche Bedenken gegen die Verwendung der PLC in Deutschland vorgetragen (unter B.). Dazu gehören vermeintliche Anlegerschutzlücken (unter B.I.), die gleichsam die Kehrseite zur flexiblen Binnen- und Kapitalverfassung darstellen. Zudem werden Besonderheiten zu den laufenden Kosten (unter B.II.), die mögliche Akzeptanz am Kapitalmarkt (unter B.III.) sowie Einzelheiten des Falls Air Berlin (unter B.IV.) beleuchtet, bevor mögliche Wege in die PLC aufgezeigt werden (unter C.).

A. Keine Implikationen durch das deutsche IPR

I. Keine unternehmerische Mitbestimmung

Kollisionsrechtlich unterfällt die unternehmerische Mitbestimmung dem Gesellschaftsstatut,[688] was grundsätzlich zur Folge hat, dass bei einer PLC das englische Recht maßgeblich ist. Im rechtsvergleichenden Teil wurde bereits ausgeführt, dass das Vereinigte Königreich eine Mitbestimmung nach derzeitiger Rechtslage lediglich in Fällen der grenzüberschreitenden Verschmelzung kennt.[689] Davon unbeeindruckt ist in der deutschen Literatur eine Diskussion darüber entbrannt, ob Auslandsgesellschaften mit Verwaltungssitz in Deutschland gleichwohl den deutschen Mitbestimmungsregeln unterworfen sind:

---

688 *Kindler*, in: MüKo-BGB, IntGesR Rn. 568; *Spahlinger/Wegen*, in: Spahlinger/Wegen, Rn. 300; *Zimmer*, IntGesR, S. 143 ff.; *Bayer*, AG 2004, 534, 535; *Götze/Winzer/Arnold*, ZIP 2009, 245, 248; *Horn*, NJW 2004, 893, 890; *Junker*, NJW 2004, 728, 729; *Köster*, ZRP 2008, 214; *Merkt*, ZIP 2011, 1237, 1239; *Paefgen*, DB 2003, 487, 491; *Teichmann*, ZIP 2016, 899; *Weller*, in: FS Hommelhoff, S. 1275, 1285.
689 Siehe oben, unter Teil 3, G.I.2.

Eine Mindermeinung[690] nimmt die Anwendbarkeit des deutschen Mitbestimmungsrechts an und muss dafür mit erheblichem Begründungsaufwand gleich mehrere Hürden überwinden. Erstens muss sie trotz Geltung der Gründungstheorie zur Anwendung des deutschen Sachrechts gelangen (über das Instrument der „Sonderanknüpfung").[691] Zweitens muss sie trotz des entgegenstehenden Wortlauts der gängigen Mitbestimmungsgesetze (vgl. § 1 MitbestG und § 1 DrittelbG) auch ausländische Rechtsformen in deren Anwendungsbereich einbeziehen (über das Instrument der „Substitution").[692] Drittens muss sie sich gegen die Bedenken verteidigen, dass eine Einbeziehung in die Mitbestimmung gegen Unionsrecht[693] oder gegen bilaterale Verträge[694] verstößt. Viertens muss sie erklären, wie eine unternehmerische Mitbestimmung in monistisch strukturierten Gesellschaften wie der PLC überhaupt umgesetzt werden kann.[695]

---

690   *Kindler*, in: MüKo-BGB, IntGesR Rn. 350 und 580; *Forsthoff*, DB 2000, 1109, 1114; *Franzen*, RdA 2004, 257, 263; *van Halen*, WM 2003, 571, 577; *Großerichter*, DStR 2003, 159, 168 f.; *Weller/Harms/Rentsch/Thomale*, ZGR 2015, 361, 373; zur Gegenansicht siehe die Fundstellen in Fn. 696.

691   In diesem Sinne *Hennsler*, in: GS Heinze, S. 333, 346 f.; *Forsthoff*, DB 2000, 1109, 1114; *Franzen*, RdA 2004, 257, 258 ff.; i.E. aber mit anderer Herleitung *Kindler*, in: MüKo-BGB, IntGesR Rn. 575; dagegen ausdrücklich *Bartsch*, Mitbestimmung und Niederlassungsfreiheit, S. 140; *Junker*, NJW 2004, 728 729; *Paefgen*, DB 2003, 487, 491 f.; *Sandrock*, AG 2004, 57, 64 f.

692   In diesem Sinne *Kindler*, in: MüKo-BGB, IntGesR Rn. 580; *Franzen*, RdA 2004, 257, 260; ähnlich *Hennsler*, in: GS Heinze, S. 333, 344: planwidrige Regelungslücke; auch *Bayer*, AG 2004, 534, 535; dagegen *Bartsch*, Mitbestimmung und Niederlassungsfreiheit, S. 147.

693   Einen Verstoß gegen Unionsrecht ablehnend *Franzen*, RdA 2004, 257, 263; *Weller*, in: FS Hommelhoff, S. 1275, 1295; bejahend hingegen *Eidenmüller*, ZIP 2002, 2233, 2242; auch *Müller-Bonanni*, GmbHR 2003, 1235, 1238; *Paefgen*, DB 2003, 487, 491; *Schanze/Jüttner*, AG 2003, 661, 668; *Thüsing*, ZIP 2004, 381, 388; *Veit/Wichert*, AG 2004, 14, 18; *Ziemons*, ZIP 2003, 1913, 1917 f.; i.E. grundsätzlich auch *Hennsler*, in: GS Heinze, S. 333, 354: jedenfalls solange, wie keine Verhandlungslösung zur Verfügung stehe.

694   Einen Verstoß gegen Art. XXV Abs. 5 Satz des deutsch-amerikanischen Freundschafts-, Handels- und Schifffahrtsvertrages vom 29.10.1954 ablehnend *Kindler*, in: MüKo-BGB, IntGesR Rn. 350; *Weiss/Seifert*, ZGR 2009, 542, 576 f.; bejahend hingegen *Köster*, ZRP 2008, 214, 216; *Merkt*, ZIP 2011, 1237, 1242.

695   Siehe *Franzen*, RdA 2004, 257, 261; mögliche Modelle werden auch im Rahmen der Diskussion eines Mitbestimmungserstreckungsgesetzes vorgeschlagen, siehe *Zimmer*, in: Lutter, Europäische Auslandsgesellschaften in Deutschland, 2005, S. 371 ff.; *Bayer*, AG 2004, 534, 538; *Eberspächer*, ZIP 2008, 1951, 1957; *Sick*, GmbHR 2011, 1196, 1198; *Teichmann*, ZIP 2016, 899, 903 ff.; *Weller*, in: FS Hommelhoff, S. 1275, 1294 f.;

Dagegen hat die vorzugswürdige herrschende Meinung[696] die Einbeziehung von Auslandsgesellschaften in den Anwendungsbereich der Mitbestimmungsgesetze schon bisher mit guten Gründen verneint. Im Rahmen der Diskussion wurde an jedem einzelnen der oben genannten Punkte erhebliche Kritik geübt, wobei die Vereinbarkeit mit dem Unionsrecht den wohl prominentesten Stellenwert erlangt hat. Die vorgetragenen Argumente wurden in einer kaum mehr überschaubaren Flut von wissenschaftlichen Beiträgen umfassend ausgetauscht und sollen an dieser Stelle nicht wiederholt werden.[697]

Entscheidend gegen die Einbeziehung von Auslandsgesellschaften dürfte sprechen, dass der durch die unternehmerische Mitbestimmung gegebene erhebliche Eingriff in die Unternehmensorganisation nicht ohne ausdrückliche Regelung im Gesetz erfolgen kann.[698] Solange Auslandgesellschaften vom Wortlaut der Mitbestimmungsgesetze nicht erfasst sind, muss dies akzeptiert werden. Auch der Bundesgerichtshof hat in seinem Urteil zur Anerkennung der kapitalistischen KGaA unmissverständlich deutlich gemacht, dass er den Anwendungsbereich der Mitbestimmungsvorschriften nicht durch Rechtsfortbildung erweitern werde.[699] Dies könne allein durch den Gesetzgeber erfolgen. Mittler

---

in anderem Zusammenhang bereits *Ebenroth/Sura*, ZHR 144 (1980), 610, 621 ff.; zur Parallelproblematik in der monistischen SE siehe die Fundstellen in Fn. 62.

696 Allgemein *Altmeppen/Ego*, in: MüKo-AktG, Band 7, Teil B, Rn. 594; *Oetker*, in: ErfK-ArbR, § 1 MitbestG Rn. 5; *Ulmer/Habersack*, in: H/H/U, § 1 MitbestG Rn. 8a; *Bartsch*, Mitbestimmung und Niederlassungsfreiheit, S. 155; *Zimmer*, in: Lutter, Europäische Auslandsgesellschaften in Deutschland, 2005, S. 369; *Eberspächer*, ZIP 2008, 1951; *Eidenmüller*, ZIP 2002, 2233, 2242; *Junker*, NJW 2004, 728, 729; *Kamp*, BB 2004, 1496, 1499; *Merkt*, ZIP 2011, 1237, 1239; *Sandrock*, AG 2004, 57, 65 f.; *Schwark*, AG 2004, 173, 178; *Teichmann*, ZIP 2016, 899; *Thüsing*, ZIP 2004, 381, 382; *Triebel/von Hase*, in: Bock/von Werder, S. 197, 214 ff.; *Veit/Wichert*, AG 2004, 14, 16 f.; wohl auch *Bayer*, AG 2004, 534, 535; in Bezug auf EU-Auslandsgesellschaften *Götze/Winzer/Arnold*, ZIP 2009, 245, 248; *Hennsler*, RdA 2005, 330, 333; auch *Horn*, NJW 2004, 893, 890; *Müller-Bonanni*, GmbHR 2003, 1235, 1238; in Bezug auf die PLC auch *Triebel/Horton*, IFLR 2006, 34, 35; in Bezug auf die englische Limited *Just*, Limited, Rn. 201; zur Gegenansicht siehe die Fundstellen in Fn. 690.

697 Es sei insoweit auf die in Fn 690 und 696 zitierten Fundstellen verwiesen.

698 *Kamp*, BB 2004, 1496, 1499; *Schwark*, AG 2004, 173, 178; *Veit/Wichert*, AG 2004, 14, 16 f.; *Bartsch*, Mitbestimmung und Niederlassungsfreiheit, S. 139 und 145 f.

699 BGHZ 134, 392 = NJW 1997, 1923; dies aufgreifend in Bezug auf Auslandsgesellschaften bereits *Veit/Wichert*, AG 2004, 14, 16.

weile hat sich der Bundestag mit der Mitbestimmung in Auslandsgesellschaften befasst. Sowohl von der Fraktion DIE LINKE als auch von der Fraktion der SPD wurde jeweils der Vorschlag gemacht, Auslandsgesellschaften einzubeziehen.[700] Die Vorschläge wurden im Ausschuss für Arbeit und Soziales beraten[701] und schließlich auf Empfehlung des Ausschusses am 28. Juni 2012 im Bundestag durch Beschlussfassung abgelehnt.[702] Dieses eindeutige Votum darf nicht missachtet werden.[703]

II. Keine Geschlechterquote

Zudem mag es als Vorteil empfunden werden, dass die starren gesetzlichen Vorgaben über die Geschlechterquote (§ 96 Abs. 2 AktG)[704] nicht für Auslandsgesellschaften gelten. Zwar will eine Auffassung diese Vorschriften im Wege der Sonderanknüpfung auch auf Auslandsgesellschaften anwenden, sofern ein hinreichender Inlandsbezug vorliegt.[705] Dies wird man jedoch schon deshalb ablehnen müssen, weil der Gesetzgeber trotz der seit Jahren andauernden Debatte über die Umgehung deutscher Ordnungsvorschriften, namentlich diejenigen der Mitbestimmung,[706] Auslandsgesellschaften nicht in die Geschlechterquote einbezogen hat und ein entsprechender Wille auch nicht im Ansatz erkennbar ist.[707] Im Vereinigten Königreich existiert eine gesetzlich zwingende Geschlechterquote nicht,[708] so dass eine „deutsche" PLC die Führungsebene ohne diesbezügliche Vorgaben besetzen kann.

---

700 BT-Drs. 17/1413 (DIE LINKE) und BT-Drs. 17/2122 (SPD); dazu *Schockenhoff*, AG 2012, 185 ff.; auch *Sick*, GmbHR 2011, 1196 ff.

701 BT-Drs. 17/7696, S. 4.

702 BT-Plenarprotokoll 17/187, S. 70 (Tagesordnungspunkt 52 f).

703 In diesem Sinne *Oetker*, in: ErfK-ArbR, § 1 MitbestG Rn. 5; für die Einbeziehung von Auslandsgesellschaften aber weiterhin *Kindler*, in: MüKo-BGB, IntGesR Rn. 350 und 580; auch *Weller/Harms/Rentsch/Thomale*, ZGR 2015, 361, 373, freilich ohne Auseinandersetzung mit den abgelehnten Gesetzesvorschlägen.

704 Siehe zur Geschlechterquote in der KGaA oben, unter Teil 3, B.II.4.c).

705 *Weller*, ZEuP 2016, 53, 73; *Weller/Harms/Rentsch/Thomale*, ZGR 2015, 395; *Weller/Benz*, AG 2015, 467.

706 Dazu bereits oben, unter I.

707 *Drygala*, in: K. Schmidt/Lutter, § 96 Rn. 35; *Grobe*, AG 2015, 289, 291; siehe dazu RegE, BT-Drs. 18/3784, insb. S. 43 f.; i.E. auch *Seibt*, ZIP 2015, 1193, 1195.

708 Siehe dazu bereits oben, unter Teil 3, B.I.4.c).

III. Keine Anwendbarkeit des DCGK

Die Vorgaben des Deutschen Corporate Governance Kodex (DCGK) müssen nicht eingehalten bzw. ihre Nichteinhaltung nicht im Sinne des *comply or explain* Prinzips erklärt werden.[709] Zwar wird die Anwendbarkeit des § 161 AktG und damit des DCGK auf Auslandsgesellschaften vereinzelt unter Hinweis auf dessen kapitalmarktrechtliche Ausrichtung befürwortet.[710] Dass eine Anwendung auf Auslandsgesellschaften mit Börsennotierung in Deutschland nicht gewollt ist, zeigen aber bereits die Verortung der Vorschrift im AktG sowie der inhaltliche Zuschnitt des DCGK auf die Binnenverfassung der AG.[711] Die Gegenansicht hätte zudem zur Folge, dass eine PLC mit gleichzeitiger Notierung an der Londoner Börse (Premium Segment) und in Deutschland sowohl den DCGK als auch den UK-CGC einhalten müsste. Zu erwähnen ist schließlich, dass auch der UK Corporate Governance Code (UK-CGC) bei ausschließlicher Börsennotierung in Deutschland keine Anwendung findet.[712]

B. Bedenken und Praxistauglichkeit

I. Anlegerschutzlücken als Kehrseite der Satzungsautonomie

Bei einer ausschließlich in Deutschland gelisteten PLC werden in der deutschen Literatur bisweilen erhebliche Anlegerschutzlücken befürchtet.[713] Die bislang kaum rezipierte Diskussion befasst sich insbesondere mit Kapitalerhöhungen (unten, unter 1.) und bedeutenden Geschäften der Gesellschaft (unten, unter 2.). Zu beiden Bereichen wurden im rechtsvergleichenden Teil dieser Arbeit bereits die Grundlagen dargelegt.[714] Nachfolgend wird der Meinungsstand dargestellt und hierzu Stellung genommen.

---

709 *Lutter*, in: KK-AktG, § 161 Rn. 33; *Goette*, MüKo-AktG, § 161 Rn. 60; *Bayer/Scholz*, in: Spindler/Stilz, § 161 Rn. 32; *Spindler*, in: K. Schmidt/Lutter, § 161 Rn. 17; *Hölters*, in: Hölters, § 161 Rn. 9; *Hüffer/Koch*, AktG, § 161 Rn. 6a; *Geyrhalter/Gänßler*, NZG 2003, 409, 412; *Geyrhalter/Gänßler*, DStR 2003, 2167, 2171; **a.A.** *Hirte*, in: Hirte/Bücker, § 1 Rn. 48: kapitalmarktrechtliche Einordnung; *Claussen/Bröcker*, DB 2002, 1199, 1204, jedoch ohne nähere Begründung.

710 *Hirte*, in: Hirte/Bücker, § 1 Rn. 48.

711 Vgl. *Hüffer/Koch*, AktG, § 161 Rn. 6a.

712 Siehe zum Anwendungsbereich oben, unter Teil 3, A.I.3.c); offen gelassen von *Schall*, NZG 2007, 338, 339.

713 *Hirte*, in: FS Priester, S. 221, 228; *Schall*, NZG 2007, 338; dies kurz ansprechend auch die unveröffentlichte Masterarbeit des Verfassers, siehe dazu Fn. 9.

714 Siehe oben, unter Teil 3, F.I. (zu Kapitalerhöhungen) und unter Teil 3, H.I.5.b) (zu bedeutenden Geschäften).

1. Kapitalerhöhungen

a) Ausgangspunkt der Diskussion

Im Ausgangspunkt stützt sich die Diskussion darauf, dass wesentliche Teile des Anlegerschutzes im Vereinigten Königreich über das Kapitalmarktrecht gewährleistet werden.[715] Gemeint sind namentlich die Vorschriften aus den Listing Rules, die etwa bei Kapitalerhöhungen einen am Börsenkurs orientierten Mindestausgabebetrag für neue Aktien verlangen (LR 9.5.10 R), aber auch die Leitlinien der Pre-Emption Group, die gar die Höhe des unter Ausschluss des Bezugsrechts auszugebenden neuen Kapitals jährlich auf grundsätzlich maximal 5 Prozent des Gesamtkapitals begrenzen (Part 2A, Abs. 3). Dieser „Zusammenhang" von Börsennotierung und Anlegerschutz werde auseinandergerissen, wenn die Aktien lediglich an einer deutschen Börse notiert seien,[716] da die zitierten Vorschriften in diesem Fall nicht anwendbar sind.[717] Praktisch bedeutet dies, dass die Aktionäre vor einer Übervorteilung nicht mehr geschützt sind, sobald eine ausreichende Hauptversammlungsmehrheit einer Kapitalerhöhung mit Bezugsrechtsausschluss einmal zugestimmt hat.

b) Schalls „gesellschaftsrechtliche Lösung"

Nach einer von Schall vorgeschlagenen Lösung soll der im englischen Gesellschaftsrecht in Sec. 994 CA 2006 enthaltene allgemeine *unfair prejudice* Rechtsbehelf Anwendung finden, wenn „Informations- und Zustimmungserfordernisse" aus den Listing Rules nicht eingehalten werden.[718] Die Listing Rules seien als Konkretisierung der Treupflichten der Direktoren gegenüber den Aktionären zu verstehen. Aus einem Verstoß gegen die Listing Rules folge zugleich ein Verstoß gegen die Treupflichten, gegen den dann wiederum im Wege des *unfair prejudice* Rechtsbehelfs vorgegangen werden könne.[719] Es sei davon auszugehen, dass auch das englische Richterrecht zu einem vergleichbaren Ergebnis gelangen würde, wenn die Vorschriften aus den Listing Rules eine derartige Entwicklung

---

715 *Hirte*, in: FS Priester, S. 221, 228 und 231; *Schall*, NZG 2007, 338.

716 *Hirte*, in: FS Priester, S. 221, 231.

717 *Hirte*, in: FS Priester, S. 221, 228; *Schall*, NZG 2007, 338 in Bezug auf die Listing Rules; siehe allgemein zum Kapitalmarktkollisionsrecht *Hirte*, in: Hirte/Bücker, § 1 Rn. 48: „Recht des Marktortes"; dazu auch *Kindler*, in: MüKo-BGB, IntGesR Rn. 26; *Spahlinger*, in: Spahlinger/Wegen, Rn. 134; *Spahlinger/Wegen*, in: Spahlinger/Wegen, Rn. 583 ff.; *Uwe H. Schneider*, AG 2001, 269 ff.

718 *Schall*, NZG 2007, 338, 339.

719 *Schall*, NZG 2007, 338, 340.

nicht überflüssig gemacht hätten.[720] Die Anwendbarkeit der Leitlinien institutioneller Investoren schließt Schall jedoch ausdrücklich aus.[721]

c) Hirtes „kapitalmarktrechtliche Lösung"

Einen anderen Weg geht Hirte, indem er im deutschen Aktienrecht „versteckte kapitalmarktrechtliche Standards" erkennen möchte.[722] Dazu gehöre § 186 AktG, der zumindest auch als Regelung des Kapitalmarktrechts begriffen werden könne.[723] Die Norm soll in der börsennotierten PLC in Deutschland anwendbar sein,[724] da sich das anwendbare Kapitalmarktrecht nach dem „Recht des Marktplatzes" bestimme.[725] Zur Begründung der kapitalmarktrechtlichen Einordnung führt Hirte zwei Argumente an. Erstens werde die AG nach dem Willen des historischen Gesetzgebers ganz allgemein als börsennotierte Gesellschaft verstanden. Zweitens zeigten sich auch in § 186 Abs. 3 Satz 4 AktG kapitalmarktrechtliche Züge. Nach dieser Vorschrift hängt die Zulässigkeit eines vereinfachten Bezugsrechtsausschlusses nämlich auch davon ab, dass der Ausgabebetrag den Börsenpreis nicht wesentlich unterschreitet. Das setzt notwendig eine Börsennotierung voraus.

d) Ablehnende Stellungnahme

Schon der Ausgangspunkt der Diskussion begegnet Bedenken. Anlegerschutzlücken entstehen nach aktueller Rechtslage nicht dadurch, dass eine PLC in Deutschland statt in London gelistet ist.[726] Denn auch an der Londoner Börse hat eine PLC mittlerweile – anders war dies noch, als die Beiträge von Hirte und Schall erschienen sind –[727] die Möglichkeit zu einer Notierung ausschließlich im

---

720 *Schall*, NZG 2007, 338, 339.
721 *Schall*, NZG 2007, 338, 339.
722 *Hirte*, in: FS Priester, S. 221, 230.
723 *Hirte*, in: FS Priester, S. 221, 229; sich anschließend *Kindler*, in: MüKo-BGB, IntGesR Rn. 26, siehe aber Rn. 567; **a.A.** *Zimmer*, IntGesR, S. 105 f. und 128; *Kronke/Mazza*, in: Hdb. Int. WirtschaftsR, Teil K Rn. 136: der Ausschluss von Bezugsrechten unterfalle dem Gesellschaftsstatut; auch *Großfeld*, in: Staudinger, IntGesR, Rn. 335.
724 *Hirte*, in: FS Priester, S. 221, 229 f.
725 *Hirte*, in: FS Priester, S. 221, 228; auch *Schall*, NZG 2007, 338; differenzierend zur kollisionsrechtlichen Einordnung kapitalmarktrechtlicher Vorschriften aber *Kindler*, in: MüKo-BGB, IntGesR Rn. 26; *Spahlinger*, in: Spahlinger/Wegen, Rn. 134; *Spahlinger/ Wegen*, in: Spahlinger/Wegen, Rn. 583 f.; auch *Uwe H. Schneider*, AG 2001, 269, 272 f.
726 So aber noch *Hirte*, in: FS Priester, S. 221, 231; *Schall*, NZG 2007, 338; auch *Fleischer*, in: FS Heldrich, S. 597, 602 f.
727 Die Rechtslage änderte sich erst zum 6. Oktober 2009.

Standard Listing Segment. Dann entfallen die oben aufgeführten zusätzlichen Schutzvorschriften aus den Listing Rules und aus den Leitlinien der Pre-Emption Group. Bei einer PLC mit Verwaltungssitz im Vereinigten Königreich muss dies hingenommen werden und der Anleger wird diesem Risiko vom Gesetzgeber bewusst ausgesetzt. Schon vor diesem Hintergrund erscheint es fragwürdig, eine in Deutschland gelistete PLC automatisch zum 1.-Klasse-Produkt in Hinblick auf den Anlegerschutz aufzuwerten. Hinzu kommt, dass eine leichte Eigenkapitalbeschaffung ohne die Hürden der Listing Rules und der Leitlinien der Pre-Emption Group zugleich wirtschaftliche Freiheit bedeutet und gerade in der Krise eine Chance für den Fortbestand des Unternehmens sein kann.[728]

Der Lösungsansatz Schalls ist unter der soeben beschriebenen aktuellen Rechtslage jedenfalls für neu gegründete PLCs wohl nicht mehr haltbar. Wenn schon bei einer PLC mit Verwaltungssitz im Vereinigten Königreich ein Wahlrecht besteht, durch ein Standard Listing die hohen Anlegerschutzstandards des Premium Listing Segment zu vermeiden, wird man die Einhaltung derselben kaum als allgemeinen Ausfluss der Treuepflichten der Direktoren sehen können. Damit können Verstöße gegen die Listing Rules auch nicht über den *unfair prejudice* Rechtsbehelf geltend gemacht werden. Allenfalls für Altfälle ließe sich die Lösung aufrechterhalten, sofern man annimmt, dass die Aktionäre beim Erwerb ihrer Aktien auf die Anlegerschutzstandards vertraut haben. Bei einer krassen Übervorteilung der Minderheitsgesellschafter bleibt freilich auch in Zukunft nach allgemeinen Grundsätzen ein Rückgriff auf den *unfair prejudice* Rechtsbehelf denkbar, wobei das Schutzniveau aber keinesfalls auf dem der Listing Rules liegt. Die zurückhaltende Anwendung durch die englischen Gerichte wurde bereits an anderer Stelle angesprochen.[729]

Hirtes Argumentation könnte zwar im Ansatz aufrechterhalten werden, wenn man ganz allgemein auf einen Vergleich mit deutschen Schutzstandards abstellte. Gleichwohl ist die Lösung im Ergebnis abzulehnen. Das Bezugsrecht aus § 186 Abs. 1 AktG ist allein dem Gesellschaftsrecht zuzuordnen.[730] Der Normzweck liegt darin, den Aktionär vor einer Verwässerung seiner mitgliedschaftlichen Verwaltungs- und Vermögensrechte zu schützen („Besitzstandsgarantie").[731] Auch mögliche Einschränkungen des Bezugsrechts orientieren sich unmittelbar an der mitgliedschaftlichen Position; namentlich die von der Rechtsprechung entwickelte

---

728 Dies als Vorteil ansehend auch *Bücker*, in: Hirte/Bücker, § 3 Rn. 21.
729 Siehe oben, unter Teil 3, F.I.2.a).
730 Siehe bereits die Fundstellen zur Gegenansicht in Fn. 723.
731 *Wiedemann*, in: GroßKomm-AktG, § 186 Rn. 13; *Schürnbrand*, in: MüKo-AktG, § 186 Rn. 2 f.

materielle Beschlusskontrolle ist Ausfluss der mitgliedschaftlichen Treuepflicht.[732] Eine zusätzliche kapitalmarktrechtliche Qualifikation des Bezugsrechts ließe sich nur bei einem entsprechenden Willen des Gesetzgebers begründen. Gegen einen solchen spricht der rechtsformspezifische Ansatz des AktG, dessen Erstes Buch (§§ 1–277) bereits in der Überschrift auf die AG und nicht auf sonstige Rechtsformen abstellt. Auch wird man kaum das gesamte Aktienrecht mit dem Argument auch als Kapitalmarktrecht qualifizieren können, der historische Gesetzgeber habe die AG als börsennotierte Gesellschaft verstanden.[733] Vielmehr zeigen die Spezialvorschriften im AktG für börsennotierte AGs doch gerade, dass das Gesetz in dieser Hinsicht differenziert. Namentlich das Bezugsrecht gilt bei börsennotierten und nicht-börsennotierten AGs gleichermaßen. Aus § 186 Abs. 3 Satz 4 AktG folgt kein anderes Ergebnis. Die Vorschrift trägt dem Umstand Rechnung, dass das gesetzlich angeordnete Bezugsrecht eine Finanzierung am Kapitalmarkt erheblich erschweren kann und ermöglicht börsennotierten AGs ausnahmsweise *Erleichterungen* beim Bezugsrechtsausschluss.[734] Das Interesse des einzelnen Aktionärs an seiner Beteiligung muss dann hinter dem Finanzierungsinteresse der Gesellschaft zurückstehen.[735] Aus dieser Einschränkungsmöglichkeit wird man gerade nicht schließen können, dass umgekehrt das Bezugsrecht als Kapitalmarktrecht zu qualifizieren ist.

e) Verbleibende „vertragliche Lösung"

Da es wie beschrieben bislang keine zwingende rechtliche Handhabe gibt, von einer PLC in Deutschland die Einhaltung bestimmter Anlegerschutzstandards zu fordern, kann Abhilfe allenfalls über eine vertragliche Lösung geschaffen werden. Aufgrund der Satzungsautonomie zulässig und in der Praxis auch handhabbar wäre es, den Anlegerschutz durch satzungsmäßige Inbezugnahme oder Aufnahme der maßgeblichen Vorschriften aus den Listing Rules und den Leitlinien der Pre-Emption Group zu gewährleisten. Ein Verstoß könnte dann von jedem Aktionär mit dem *unfair prejudice* Rechtsbehelf aus Sec. 994 CA 2006 verfolgt werden. Freilich müssten zur Sicherstellung des Anlegerschutzes strenge Anforderungen an die Aufhebbarkeit und Änderbarkeit einer solchen Satzungsbestimmung gestellt werden. Im Wege einer sogenannten *entrenched provision*

---

732 *Henze/Notz*, in: GroßKomm-AktG, Anh. § 53a Rn. 23; *Schürnbrand*, in: MüKo-AktG, § 186 Rn. 90; *Hüffer/Koch*, AktG, § 53a Rn. 21.

733 Wie hier bereits *Schall*, NZG 2007, 338, 339.

734 RegE, BT-Drs. 12/6721, S. 10; *Schürnbrand*, in: MüKo-AktG, § 186 Rn. 128.

735 *Schürnbrand*, in: MüKo-AktG, § 186 Rn. 128.

(Sec. 22 CA 2006) kann etwa eine bestimmte Kapitalmehrheit verlangt werden. Ob eine solche vertragliche Lösung von Anlegern als adäquater Ersatz zu den etablierten Schutzvorschriften angenommen wird, ist jedoch fraglich. In der Praxis könnte es Anlegern an einer entsprechenden Sensibilisierung für eine derartige bislang nicht marktübliche Lösung fehlen.

2. Bedeutende Geschäfte

Ganz ähnlich wie bei den soeben beschriebenen Kapitalerhöhungen[736] stellt sich die Diskussion bei bedeutenden Geschäften der Gesellschaft dar. Im Wesentlichen kann auf die dortigen Ausführungen verwiesen werden. Einen Anlegerschutz durch Zustimmungsvorbehalte gewähren die Listing Rules (LR 10) nur bei solchen PLCs, deren Aktien im Premium Listing Segment der Londoner Börse notiert sind.[737] Schall sucht eine Lösung für PLCs mit Verwaltungssitz in Deutschland auch hier über die Treuepflichten der Direktoren („gesellschaftsrechtliche Lösung"). Die oben angeführten Bedenken gelten insoweit entsprechend. Hirte hingegen schlägt vor, die Holzmüller-Grundsätze[738] (auch) als Kapitalmarktrecht einzustufen und auf PLCs mit Verwaltungssitz in Deutschland anzuwenden („kapitalmarktrechtliche Lösung").[739] Dagegen spricht bereits, dass für die Anwendung derselben nicht zwischen börsennotierter und nichtbörsennotierter AG differenziert wird. Ferner stellt sich die Frage, warum ausgerechnet die Holzmüller-Grundsätze und nicht sämtliche anlegerschützenden Vorschriften aus dem Aktiengesetz als Kapitalmarktrecht eingeordnet werden sollen bzw. wo die Grenze gezogen werden soll. Man wird dem Gesetzgeber kaum unterstellen können, dass er das gesamte Aktienrecht (auch) als Kapitalmarktrecht behandelt wissen möchte. Abgrenzungsschwierigkeiten und eine damit einhergehende Rechtsunsicherheit wären kaum vermeidbar. Im Ergebnis kann auch bei bedeutenden Geschäften ein Anlegerschutz nur über freiwillige Satzungsbestimmungen erreicht werden („vertragliche Lösung").[740]

---

736 Siehe oben, unter 1.
737 Siehe dazu bereits oben, unter Teil 3, H.I.5.b).
738 BGHZ 83, 122 – Holzmüller = NJW 1982, 1703; allgemein zu dieser Rechtsprechung bereits oben, unter Teil 3, H.II.5.b).
739 *Hirte*, in: FS Priester, S. 221, 229.
740 In diesem Sinne – allerdings ohne eingehende Befassung mit der Thematik – bereits die unveröffentlichte Masterarbeit des Verfassers, siehe dazu Fn. 9.

II. Laufende Kosten und Koordinierungsaufwand

Es wurde bereits beschrieben, dass durch die Verwendung der PLC gegebenenfalls eine Verkleinerung der Organe[741] und damit auch Kosteneinsparungen möglich sind. Gleichzeitig darf nicht übersehen werden, dass an anderer Stelle mit erhöhten laufenden Kosten sowie mit einem erhöhten Koordinierungsaufwand gerechnet werden muss.[742] Allein die regelmäßige Rechtsberatung betrifft je nach Fragestellung deutsches oder englisches Recht, so dass qualifizierte Anwälte in beiden Jurisdiktionen benötigt werden.[743] Auch die hohen Stundensätze in Londoner Kanzleien stellen einen nicht zu unterschätzenden Faktor dar.[744] Selbst für die interne Rechtsabteilung muss die Frage aufgeworfen werden, Syndikusanwälte auch mit Spezialisierung auf das englische Recht einzustellen.[745] Ferner muss die immer wichtiger werdende *Corporate Compliance* beide Jurisdiktionen erfassen und aufeinander abgestimmt sein. Hinzu kommt, dass neben dem nach englischem Recht zu erstellenden Jahresabschluss (Sec. 394 CA 2006) eine Steuerbilanz nach deutschem Recht anzufertigen ist.[746] Das sorgt für weiterer Verwaltungsaufwand und Kosten. Die Einschaltung einer englischen Wirtschaftsprüfungsgesellschaft wird die Gesellschaft kaum vermeiden können. Eine teilweise angenommene zusätzliche Buchführungspflicht nach HGB ist allerdings abzulehnen.[747]

---

741 Siehe oben, unter Teil 2, B.II. und Teil 2, C.II.
742 So bereits *Fleischer*, in: Lutter, Europäische Auslandsgesellschaften in Deutschland, S. 49, 54 f.; *Mellert/Verfürth*, Wettbewerb der Gesellschaftsformen, Teil IV Rn. 13; *Götze/Winzer/Arnold*, ZIP 2009, 245, 250; *Happ/Holler*, DStR 2004, 730, 736.
743 *Mellert/Verfürth*, Wettbewerb der Gesellschaftsformen, Teil IV Rn. 13; so bereits die unveröffentlichte Masterarbeit des Verfassers, siehe dazu Fn. 9.
744 Die Stundensätze eines Partners in führenden Wirtschaftskanzleien in London sollen durchschnittlich GBP 775–850 (ca. EUR 1.000–1.100) betragen, vgl. *Diamond*, The Price of Law, abrufbar unter http://www.cps.org.uk/files/reports/original/160202103206-ThePriceofLaw.pdf (zuletzt abgerufen am 27. Juli 2016).
745 *Mellert/Verfürth*, Wettbewerb der Gesellschaftsformen, Teil IV Rn. 13.
746 *Westhoff*, in: Hirte/Bücker, § 18 Rn. 109 und 111; *Just*, Limited, Rn. 247; *Mellert/Verfürth*, Wettbewerb der Gesellschaftsformen, Teil IV Rn. 31 ff.
747 Auch *Pöschke*, in: Staub, § 238 HGB Rn. 26; *Just*, Limited, Rn. 245; *Zimmer*, IntGesR, S. 183; *Mellert/Verfürth*, Wettbewerb der Gesellschaftsformen, Teil IV Rn. 33; *Hennrichs*, in: FS Horn, S. 387, 392; *Schön*, in: FS Heldrich, S. 391, 395; *Graf/Bisle*, IStR 2004, 873; *Luttermann/Geißler*, IPRax 2012, 55, 59; jeweils unter Berufung auf die gesellschaftsrechtliche Einordnung der Buchführungspflicht; **a.A.** *Kindler*, in: MüKo-BGB, IntGesR Rn. 273: öffentlich-rechtliche Einordnung.

III. Akzeptanz am Kapitalmarkt

Bei der Erprobung neuer Rechtsformen oder Finanzierungsinstrumente bestehen häufig Bedenken, ob und zu welchem Kurs Anleger zu einer Investition bereit sein werden. Das betrifft sowohl die Erstemission als auch künftige Kapitalbeschaffungsmaßnahmen. Freilich hängt die Bewertung von vielen Faktoren ab und muss stets anhand des Einzelfalls erfolgen. Nachfolgend können lediglich einige Gesichtspunkte und Erfahrungswerte aufgezeigt werden. Diskussionen sind immer dann entstanden, wenn Anlegerrechte unter dem Niveau von Stammaktien einer deutschen AG lagen:

In diesem Sinne wurde etwa bei der kapitalistischen KGaA anfänglich eine deutlich geringere Akzeptanz am Kapitalmarkt befürchtet.[748] Der rasante Anstieg der Zahl der KGaAs (von 30 im Jahr 1992[749] auf 293 im Jahr 2016[750]) und der mittlerweile hohe Anteil an kapitalistischen KGaAs (85 Prozent)[751] zeigen, dass sich diese These nicht bewahrheitet hat. Beispielhaft können überdies Vorzugsaktien ohne Stimmrecht erwähnt werden. Bei diesen müssen zwar regelmäßig Kursabschläge gegenüber Stammaktien hingenommen werden.[752] Gleichwohl finden sie – nach einem gehäuften Auftreten in den 1980er Jahren –[753] auch heute noch Verwendung.[754] Ein neuerlicher Rückgang wird weniger auf fehlende Stimmrechte als vielmehr auf andere Faktoren zurückgeführt. Maßgeblich sei unter anderem, dass in den wichtigen Börsenindizes (DAX, MDAX, SDAX) seit 2002 nur noch eine Aktiengattung pro Unternehmen für die Bewertung der für die dortige Aufnahme bedeutenden Marktkapitalisierung berücksichtigt wird.[755]

---

748 Siehe nur *Mertens/Cahn*, in: KK-AktG, Vor. § 278 Rn. 8; *Otte*, Die AG & Co. KGaA, S. 50 f.; *Hoffmann-Becking/Herfs*, in: FS Sigle, S. 273, 298; *Hennerkes/Lorz*, DB 1997, 1388, 1394.

749 *Assmann/Sethe*, in: GroßKomm-AktG, Vor. § 278 Rn. 44.

750 *Kornblum*, GmbHR 2016, 691: Stand vom 1. Januar 2016.

751 Siehe dazu bereits Fn. 139.

752 Dazu aus empirischer Sicht *Jung/Wachtler*, AG 2001, 513, 520: 10 Prozent im Zeitraum von Juni 1998 bis Mai 2000; *Pellens/Hillebrandt*, AG 2001, 57, 58: 26 Prozent im Zeitraum von 1988 bis 1997; *Binz/Sorg*, DStR 1994, 993, 995: 25 Prozent als langjähriger statistischer Mittelwert.

753 *Hüffer/Koch*, AktG, § 139 Rn. 3 spricht von einem „Boom"; dazu auch *Binz/Sorg*, BB 1987, 1996, 1997.

754 Siehe die Auflistung großer deutscher Unternehmen mit Vorzugsaktien bei *Winzen*, Vorzugsaktie und KGaA, S. 134 f.; zur rechtstatsächlichen Bedeutung auch *Schäcker/Kunze/Wohlgefahrt*, in: Habersack/Mülbert/Schlitt, § 3 Rn. 22.

755 *Schröer*, in: MüKo-AktG, § 139 Rn. 4; *Bormann*, in: Spindler/Stilz, § 139 Rn. 7; *Spindler*, in: K. Schmidt/Lutter, § 139 Rn. 2; *Hüffer/Koch*, AktG, § 139 Rn. 3; *Winzen*,

Auch die Platzierung von Aktien einer PLC bei Anlegern ist in der Vergangenheit bereits geglückt, wie der Fall Air Berlin zeigt. Auf den ersten Blick scheinen die Voraussetzungen für eine Akzeptanz am Kapitalmarkt damit durchaus gegeben. Überdies ist anzuführen, dass selbst eine Notierung in den wichtigen Börsenindizes (DAX, MDAX, SDAX) für Auslandsgesellschaften wie die PLC möglich ist,[756] was ebenfalls der Attraktivität zuträglich ist.[757] Beeinträchtigt werden könnte diese Akzeptanz durch die niedrigen Anlegerschutzstandards, auch wenn sie durch Satzungsbestimmung theoretisch auf ein beachtliches Niveau angehoben werden können.[758] Aus dem Fall Air Berlin mag man zudem mittlerweile einige Lehren ziehen, die dem Image der PLC in Deutschland eher schaden als nützen und künftige Börsengänge von PLCs erschweren könnten. Diese werden hiernach dargestellt. Ein Boom von PLCs[759] ist bislang offensichtlich ausgeblieben.

IV. Einzelheiten zum Fall Air Berlin

Bislang hat als PLC mit Verwaltungssitz in Deutschland lediglich Air Berlin den Schritt an die Frankfurter Wertpapierbörse gewagt. Dabei konnte ein beachtliches Emissionsvolumen von etwa EUR 510 Mio. erreicht werden.[760] Die wirtschaftliche Entwicklung der Fluggesellschaft lässt sich jedoch kaum als Erfolgsgeschichte beschreiben. Lag der erstmalige Ausgabebetrag je Aktie noch bei EUR 12,00[761], so ist er nunmehr bei unter EUR 1,00 angelangt. Bereits vor dem Brexit-Referendum

---

Vorzugsaktie und KGaA, S. 132 f.: eine Reihe von Umwandlungen in Stammaktien sei die Folge gewesen.

756 Siehe Deutsche Börse AG, Leitfaden zu den Aktienindizes der Deutsche Börse AG, Version 7.2, Mai 2016, Ziffer 4.1.1.1.; so bereits die unveröffentlichte Masterarbeit des Verfassers, siehe dazu Fn. 9.

757 Vgl. dazu *Schäcker/Kunze/Wohlgefahrt*, in: Habersack/Mülbert/Schlitt, § 3 Rn. 25; auch *Winzen*, Vorzugsaktie und KGaA, S. 132 f.

758 Siehe dazu bereits oben, unter I.1.e).

759 Dies prohezeiend noch *Triebel/Horton*, IFLR 2006, 34.

760 Air Berlin PLC, Ad-hoc-Mitteilung vom 10. Mai 2006, abrufbar unter http://ir.airberlin.com/de/ir/finanzmeldungen/ad-hoc-meldungen/2006/05/2006-05-10-Emissionspreis-der-Air-Berlin-Aktie-betr-gt-12-Euro (zuletzt abgerufen am 27. Juli 2016).

761 Air Berlin PLC, Ad-hoc-Mitteilung vom 10. Mai 2006, abrufbar unter http://ir.airberlin.com/de/ir/finanzmeldungen/ad-hoc-meldungen/2006/05/2006-05-10-Emissionspreis-der-Air-Berlin-Aktie-betr-gt-12-Euro (zuletzt abgerufen am 27. Juli 2016).

soll ein Delisting in Betracht gezogen worden sein.[762] Das Unternehmen schreibt seit Jahren rote Zahlen; für 2015 lag das Geschäftsergebnis bei EUR -446 Mio.[763] Diese Entwicklung könnte sich selbst dann auf zukünftige Börsengänge von PLCs in Deutschland auswirken, wenn sie nicht im ursächlichen Zusammenhang mit der Rechtsform steht.[764]

Bemerkenswert ist überdies, dass die bei einem Premium Listing in London geltenden Anlegerschutzmechanismen von Air Berlin nicht zumindest freiwillig eingehalten wurden. Allein bei der jüngsten Kapitalerhöhung vom 24. Januar 2012 wurde das Kapital von EUR 21.306.549 auf EUR 29.200.127 angehoben (das entspricht 37 Prozent).[765] Dabei wurde das Bezugsrecht der Altaktionäre – allein auf eine satzungsmäßige Vorratsermächtigung gestützt – vollständig ausgeschlossen. Nach den Leitlinien der Pre-Emption Group wäre ein Bezugsrechtsausschluss grundsätzlich nur in Höhe von maximal 5 Prozent des Grundkapitals möglich gewesen.[766] Gleichwohl mag die Maßnahme wirtschaftlich sinnvoll gewesen sein, da die Aktien an den Ankeraktionär Etihad Airways[767] ausgegeben wurden, der Air Berlin auch mit Fremdkapital finanziell unterstützt.[768] Ferner wurde durch den Ausgabebetrag (EUR 2,31) der tagesaktuelle Börsenpreis (EUR 2,37) nicht wesentlich unterschritten. Die Altaktionäre haben weder die

---

762 *Koenen/Landgraf*, Abflug von der Börse?, Handelsblatt vom 23. Februar 2016, Nr. 37, S. 1 und 4 f.; *o.V.*, Etihad prüft Air Berlins Rückzug von der Börse, FAZ vom 24. Februar 2016, Nr. 46, S. 21.

763 Siehe nur Air Berlin PLC, Annual Report 2015, S. 16.

764 Laut *Wissel* von Airborne Consulting haben „die Komplexität und teilweise auch Unvereinbarkeit aus Touristik, Zubringer für Etihad, Werbung um Geschäftsreisende, touristische Langstrecke und so weiter [...] zur heutigen Situation geführt", zitiert nach *Koenen*, Rettender Rivale?, Handelsblatt vom 20. Juli 2016, Nr. 138, S. 4, 5.

765 Air Berlin PLC, Unterrichtung gemäß § 7 Abs. 1 Satz 3 BörsZulV, Dezember 2012, abrufbar unter http://ir.airberlin.com/dms/investor-relations/DE/airberlin-Aktie/Kapitalmassnahmen/Air-Berlin-PLC_Unterrichtung--ber-Antrag-auf-Teilzulassung_--7-Abs-1-Satz-3-B-rsZulV/Air%20Berlin%20PLC_Unterrich tung%20über%20Antrag%20auf%20Teilzulassung_§%207%20Abs%201%20 Satz%203%20BörsZulV.pdf (zuletzt abgerufen am 27. Juli 2016).

766 Siehe dazu bereits oben, unter Teil 3, F.I.2.c).

767 Etihad Airways hält einen Anteil von 29,21 Prozent, vgl. Air Berlin PLC, Annual Report 2015, S. 15.

768 Siehe nur Air Berlin PLC, Annual Report 2015, S. 28.

Maßnahme selbst noch ihre vorhergehende *ad-hoc*-Ankündigung[769] mit Kursverlusten abgestraft.

Eine weitere Auffälligkeit liegt darin, dass die Anstellungsverträge und auch die Amtszeiten der Direktoren mit fünf Jahren eine ungewöhnlich lange Laufzeit aufweisen.[770] Üblich sind in PLCs mit einer Börsennotierung im Premium Listing Segment an der Londoner Börse Laufzeiten von jeweils nur einem Jahr, was den Vorgaben aus dem UK Corporate Governance Code (UK-CGC) entspricht.[771] Der dadurch erforderlichen jährlichen Beschlussfassung über die Neuwahl kommt Entlastungswirkung zu. Bei Air Berlin wird ein regelmäßiges Meinungsbild über die Zufriedenheit der Aktionäre mit der Geschäftsleitung jedenfalls über diesen Weg nicht abgefragt. Die Fluggesellschaft begründet ihre Vorgehensweise damit, dass anderenfalls ein erheblicher Nachteil gegenüber anderen Gesellschaften in Deutschland entstünde, namentlich mit Blick auf die Gewinnung und Erhaltung von Führungskräften.[772] Air Berlin bekräftigt jedoch, freiwillig jedenfalls die Grundsätze (*principles*) des UK-CGC anzuwenden.[773]

C. Wege in die PLC

Es existieren verschiedene Möglichkeiten, einem laufenden Unternehmen das „Rechtskleid" der PLC umzuhängen.[774] Denkbar ist eine Einzelübertragung sämtlicher Vermögensgegenstände in die PLC (*asset deal*)[775] sowie – bei Personengesellschaften – die Rechtsnachfolge im Wege der Anwachsung.[776] Beide Wege setzen

---

769 Air Berlin PLC, Ad-hoc-Mitteilung vom 19. Dezember 2011, abrufbar unter http:// ir.airberlin.com/en/ir/financial-news/ad-hoc-releases/2011/untitled/12/Strategic-co-operation-of-Air-Berlin-PLC-with-Etihad---Etihad-increases-shareholding-in-Air-Berlin-PLC-to-29-21- (zuletzt abgerufen am 27. Juli 2016).

770 Satzung der Air Berlin PLC i.d.F. vom 7. Juni 2012, Ziffer 139 (zur Amtszeit); Air Berlin PLC, Prospectus of 19 April 2006, S. 94 (zu den Anstellungsverträgen).

771 Siehe dazu bereits oben, unter Teil 3, H.I.3.

772 Air Berlin PLC, Prospectus of 19 April 2006, S. 94.

773 Air Berlin PLC, Annual Report 2015, S. 74.

774 Siehe den Überblick bei *Mellert/Verfürth*, Wettbewerb der Gesellschaftsformen, Teil IV Rn. 86 ff.; *Volb*, Limited, Rn. 501 ff., auch zu steuerlichen Aspekten; *Götze/Winzer/Arnold*, ZIP 2009, 245, 248 f.; die Möglichkeiten hat der Verfasser in anderer Form bereits in einer unveröffentlichten Masterarbeit dargestellt, siehe dazu Fn. 9.

775 *Mellert/Verfürth*, Wettbewerb der Gesellschaftsformen, Teil IV Rn. 98 f.; *Volb*, Limited, Rn. 501 ff.

776 *Mellert/Verfürth*, Wettbewerb der Gesellschaftsformen, Teil IV Rn. 31 ff.; *Volb*, Limited, Rn. 533 ff.; *Mayer*, in: MüKo-GmbHG, § 4a Rn. 66d; *Engert*, in: Eidenmüller, Ausländische Kapitalgesellschaften, § 8 Rn. 187 ff.; siehe zur möglichen Mitbestimmung

nicht voraus, dass es sich um EU- oder EWR-Gesellschaften handelt und werden damit auch nach einem Brexit zulässig sein. Daneben besteht bislang die Möglichkeit einer grenzüberschreitenden Verschmelzung auf eine PLC.[777] Voraussetzung ist nach derzeitiger Rechtslage die ausschließliche Beteiligung von EU- oder EWR-Gesellschaften (vgl. § 122a Abs. 1 UmwG und Reg. 2 (2) CCBMR[778]). Darüber hinaus kann seit den Entscheidungen Cartesio und VALE des Europäischen Gerichtshofs ein grenzüberschreitender identitätswahrender Formwechsel von EU- oder EWR-Gesellschaften in Betracht gezogen werden.[779] Umstritten ist allein, ob die Zulässigkeit eines solchen auch ohne gleichzeitige Verlegung des Verwaltungssitzes (sog. isolierte Satzungssitzverlegung) europarechtlich geboten ist.[780] Ob die beiden zuletzt genannten Wege auch nach einem Brexit möglich sein werden, hängt vom Ausgang der Verhandlungen ab.[781]

D. Ergebnis und Bezugnahme auf die Hypothesen

Dieser Teil konnte die eingangs aufgestellten Hypothesen, die im rechtsvergleichenden Teil nur vorläufig und unter dem Vorbehalt möglicher Korrekturen durch das deutsche IPR bestätigt werden konnten, nun endgültig belegen. Es wurde gezeigt, dass Teile des deutschen Schrifttums bei einer PLC mit hiesigem Verwaltungssitz versuchen, auf deren Binnen- und Kapitalverfassung deutsches Sachrecht anzuwenden. Dazu werden zwei etablierte Instrumente des internationalen Privatrechts fruchtbar gemacht. Das ist zum einen das Instrument der Sonderanknüpfung (diskutiert bei der Mitbestimmung und der Geschlechterquote),[782] die der

---

im Fall der der grenzüberschreitenden Anwachsung *Gaul/Ludwig*, in: Gaul/Ludwig/ Forst, Europäisches Mitbestimmungsrecht, § 7 (ablehnend); vgl. zur praktischen Umsetzung des Anwachsungsmodells Air Berlin PLC, Prospectus of 19 April 2006, S. 118.

777 Siehe zur unternehmerischen Mitbestimmung bei grenzüberschreitenden Verschmelzungen bereits oben, unter Teil 3, G.I.2.

778 SI 2007/2974 (The Companies (Cross-Border Mergers) Regulations 2007).

779 Vgl. dazu EuGH, NJW 2012, 2715 – VALE; auch EuGH, NJW 2009, 569, 571, Rn. 112 – Cartesio.

780 Im Kern geht es um die Frage, wie Rn. 24 des Urteils EuGH, NJW 2012, 2715 – VALE zu interpretieren ist; gegen die Zulässigkeit einer isolierten Satzungssitzverlegung *Mörsdorf/Jopen*, ZIP 2012, 1398, 1399; *Wicke*, DStR 2012, 1756, 1758; *Verse*, ZeuP 2013, 458, 472 ff.; *H. F. Müller*, in: Spindler/Stilz, IntGesR Rn. 14a; für die Zulässigkeit einer isolierten Satzungssitzverlegung *Schön*, ZGR 2013, 333, 358 ff.; auch *Behme*, NZG 2012, 936, 939.

781 Siehe zu möglichen Szenarien bereits oben, unter Teil 1, B.

782 Siehe oben, unter A.I. (Mitbestimmung) und unter A.II. (Geschlechterquote).

Sache nach eine Einschränkung der Gründungstheorie darstellt, und zum anderen die Qualifizierung einer Norm als eine solche des Kapitalmarktrechts (diskutiert bei § 186 AktG, § 161 AktG sowie der Holzmüller-Rechtsprechung)[783]. Es konnte gezeigt werden, dass eine Anwendung des deutschen Sachrechts in sämtlichen diskutierten Fällen im Ergebnis abzulehnen ist, so dass es bei denen bereits im rechtsvergleichenden Teil festgestellten Ergebnissen bleibt.

Gleichzeitig muss angesichts der ebenfalls in diesem Teil angesprochenen Bedenken gegen das Modell einer börsennotierten PLC in Deutschland die Frage aufgeworfen werden, ob dieses womöglich zu scheitern droht. Namentlich die Akzeptanz bei Investoren könnte sich als neuralgischer Punkt erweisen. Zwar ist der Börsengang der Air Berlin PLC durchaus geglückt und konnte auch ein beachtliches Emissionsvolumen aufweisen. Attraktivität erlangt die Rechtsform der PLC zudem durch die grundsätzliche Möglichkeit der Aufnahme in die wichtigen Börsenindizes (DAX, MDAX, SDAX). Allerdings entfallen bei einer ausschließlichen Börsennotierung in Deutschland einige etablierte Anlegerschutzmechanismen (insbesondere bei Kapitalerhöhungen und bei bedeutenden Geschäften der Gesellschaft), die allein durch entsprechende Satzungsbestimmung wieder eingeführt werden können. Dies könnte die Attraktivität am Kapitalmarkt verringern. Gleiches gilt in Bezug auf die Entwicklungen von Air Berlin, die dem Image der PLC in Deutschland als Investitionsobjekt nicht zuträglich sein dürften. Auch sind verschiedene laufende Kostenpunkte zu berücksichtigen, die nur bei Verwendung einer ausländischen Rechtsform entstehen.

Schließlich wurden vier verschiedene Wege aufgezeigt, wie ein deutsches Unternehmen in eine PLC überführt werden kann. Teilweise sind diese vom Ausgang der Brexit-Verhandlungen unabhängig (*asset deal* und Anwachsungsmodell), teilweise setzen sie einen bestimmten Ausgang voraus (grenzüberschreitende Verschmelzung und Formwechsel).

---

783 Siehe oben, unter B.I.1.c) (§ 186 AktG), unter A.III. (§ 161 AktG), sowie unter B.I.2. (Holzmüller-Rechtsprechung).

Teil 5 – Zusammenfassung und Schlussbetrachtung in Thesenform

1.) Diese Arbeit wurde bereits in der Überschrift mit der Frage eingeleitet, ob sich eine PLC als Rechtsformalternative zur KGaA für börsenwillige Familienunternehmen in Deutschland eignet.

2.) In Teil 1 wurde zunächst festgestellt, dass die Verwendung einer PLC in Deutschland bislang ohne weiteres zulässig ist. Dies wird auch nach einem Brexit der Fall sein, wenn auf die PLC weiterhin die Gründungstheorie angewendet wird. Alle nachfolgenden Ausführungen in dieser Arbeit bauen auf dieser Annahme auf. Bis zu einer Klärung der Rechtslage sollte von einer Verwendung der PLC in Deutschland abgesehen werden.

3.) In Teil 2 wurde die einleitende Frage konkretisiert. Es wurden drei mögliche Motive für die Verwendung einer KGaA für börsenwillige Familienunternehmen vorgestellt und zugleich die Hypothese aufgestellt, dass diese in der PLC womöglich noch besser verwirklicht werden könnten. Im Einzelnen:

   a.) Sowohl KGaA als auch PLC erlaubten einen Kontrollerhalt der Unternehmergesellschafter, selbst wenn diese nur eine Minderheit am Kapital halten. Möglich sei dies in der KGaA über die Zweiteilung der Gesellschaftergruppen, in der PLC durch verschiedene Aktiengattungen.

   b.) Eine unternehmerische Mitbestimmung habe in der KGaA vergleichsweise geringe Auswirkungen, da dem mitbestimmten Aufsichtsrat nur wenige Kompetenzen zukämen. In der PLC entfalle eine solche nebst der damit verbundenen Folgen (Arbeitnehmervertreter im Aufsichtsrat, gegebenenfalls Vergrößerung des Aufsichtsrats) und Kosten sogar gänzlich.

   c.) In KGaA gelte jedenfalls partiell der Grundsatz der Satzungsautonomie, so dass die Binnenverfassung in weiten Teilen flexibel ausgestaltet werden könne. Die PLC werde sogar vollumfänglich vom Grundsatz der Satzungsautonomie beherrscht.

4.) In Teil 3 konnten die aufgestellten Hypothesen im Rahmen eines umfassenden Rechtsvergleichs vorläufig bestätigt werden. Es konnten verschiedene Einschränkungen der Satzungsautonomie festgestellt werden:

   a.) Sowohl in der PLC als auch in der KGaA erfolgen Einschränkungen zum Zwecke des Anlegerschutzes. Weitgehende Parallelen lassen sich etwa bei Zustimmungsvorbehalten in Bezug auf Satzungsänderungen und Kapitalmaßnahmen sowie bei Minderheitenrechten erkennen.

b.) Eine Besonderheit der PLC liegt allerdings darin, dass der Anlegerschutz teilweise allein über das Kapitalmarktrecht (Listing Rules) und über Marktusancen (Leitlinien institutioneller Investoren) gewährleistet wird. Mit einer Notierung im Premium Segment an der Londoner Börse steht und fällt die Anwendbarkeit vieler Schutzvorschriften.

c.) Insbesondere in großen KGaAs werden zusätzliche Einschränkungen zur Erreichung gesellschaftspolitischer Ziele vorgenommen. Dazu gehören die unternehmerische Mitbestimmung sowie die Geschlechterquote.

5.) In Teil 4 konnten die Hypothesen aus Teil 2 endgültig bestätigt werden. Zugleich wurde deutlich, dass verschiedene Argumente gegen die praktische Verwendung einer PLC in Deutschland sprechen:

a.) Ein entscheidendes Kriterium dürfte die geringe Akzeptanz am Kapitalmarkt sein. Genährt wird dieser Vorbehalt durch Lücken beim Anlegerschutz und die Erfahrungen mit der wirtschaftlich stark angeschlagenen Air Berlin PLC.

b.) Überdies sind zusätzliche laufende Kostenpunkte zu bedenken, die durch eine Zweispurigkeit der Rechtsberatung (sowie der Wirtschaftsprüfertätigkeit) in Deutschland und im Vereinigten Königreich entstehen.

6.) Nach alldem kann die Ausgangsfrage nach der Eignung der PLC für börsenwillige Familienunternehmen in Deutschland nicht vorbehaltlos bejaht werden. Insbesondere die Bedenken einer geringen Akzeptanz am Kapitalmarkt aufgrund des gesetzlich nicht zwingenden Anlegerschutzes wiegen schwer und sollten bei der unternehmerischen Entscheidung eines Rechtsformwechsels entscheidende Berücksichtigung finden.

7.) Im Rahmen der bevorstehenden Verhandlungen zum Brexit wird man auch über die grenzüberschreitende Anerkennung englischer Rechtsformen sprechen müssen. Diese Arbeit hat einmal mehr aufgezeigt,[784] wie mit der PLC eine Umgehung deutscher Anlegerschutz- und Sozialstandards erreicht werden kann. Unternehmen wie die Air Berlin PLC sind diesen Weg bereits gegangen. Die künftige Zulässigkeit einer solchen Abwanderung sollte jedenfalls nicht ohne anderweitige Zugeständnisse durch das Vereinigte Königreich in den Verhandlungskorb gelegt werden.

---

784 Siehe allgemein zur sogenannten *„race to the bottom"* durch die Anerkennung von Auslandsgesellschaften BGH, NZG 2000, 926, 927 – Inspire Art (Vorlagebeschluss); *Kindler*, in: MüKo-BGB, IntGesR Rn. 368 ff.; *Eidenmüller*, in: Eidenmüller, Ausländische Kapitalgesellschaften, § 1 Rn. 17; *Hirte*, in: Hirte/Bücker, § 1 Rn. 94 ff.

Literaturverzeichnis

Adams, Michael: Stellungnahme zur Aktienrechtsreform 1997, AG-Sonderheft 1997, 9–25

Andenas, Mads Tonnesson/*Wooldridge*, Frank: European comparative company law, Cambridge u.a. 2009

Arbeitskreis "Unternehmerische Mitbestimmung": Entwurf einer Regelung zur Mitbestimmungsvereinbarung sowie zur Größe des mitbestimmten Aufsichtsrats, ZIP 2009, 885–899

Arnold, Arnd: Die GmbH & Co. KGaA, Köln 2000

Association of British Insurers: Directors' Powers to allot share capital and disapply shareholders' pre-emption rights, abrufbar unter https://www.ivis.co.uk/media/6062/Directors-power-to-allot.pdf (zuletzt abgerufen am 27. Juli 2016)

Bailey, Stephen/*Ching*, Jane/*Taylor*, Nick: Smith, Bailey and Gunn on the modern English legal system, 5. Aufl., London 2007 (zit.: *Bailey*, Modern English legal system)

Barca, Fabricio/*Becht*, Marco: The Control of Corporate Europe, Oxford 2001

Bartsch, Johannes Michael: Mitbestimmung und Niederlassungsfreiheit, Berlin 2006

Baums, Theodor: Reform der unternehmerischen Mitbestimmung in Deutschland, NJW-Spezial 2009, 410–411

– Stellungnahme zur Aktienrechtsreform 1997, AG-Sonderheft 1997, 26–37

Baumbach, Adolf (Begr.): GmbHG Kommentar, 21. Aufl. 2017 (zit.: *Bearbeiter*, in: Baumbach/Hueck)

Bayer, Walter: Verhandlungen des 67. Deutschen Juristentages Erfurt 2008 Band I: Gutachten. Teil E: Empfehlen sich besondere Regelungen für börsennotierte und für geschlossene Gesellschaften?, München 2008 (zit.: *Bayer*, Gutachten E für den 67. Deutschen Juristentag)

– Auswirkungen der Niederlassungsfreiheit nach den EuGH-Entscheidungen Inspire Art und Überseering auf die deutsche Unternehmensmitbestimmung, AG 2004, 534–538

Bayer, Walter/*Hoffmann*, Thomas: Aktienrecht in Zahlen. Rechtstatsachen zur Kommanditgesellschaft auf Aktien, AG 2009, R151-R152

Bedkowski, Dorothea: Die Geschäftsleiterpflichten. Eine rechtsvergleichende Abhandlung zum deutschen und englischen Kapitalgesellschaftsrecht, Berlin 2011

Behme, Caspar: Der grenzüberschreitende Formwechsel von Gesellschaften nach Cartesio und Vale, NZG 2012, 936–939

Berrar, Carsten: Zur Reform des AR nach den Vorschlägen der Regierungskommission „Corporate Governance", NZG 2001, 1113–1122

Binz, Mark/*Sorg*, Martin: Aktuelle Fragen der Bewertung von Stamm- und Vorzugsaktien im Steuerrecht, DStR 1994, 993–997

– Vermögensteuerliche Folgen des going public von Familien-Unternehmen, BB 1987, 1996

Board of Trade: Report of the Company Law (Jenkins) Committee, Cmnd. 1749 1962

Bode, Christoph/*Bron*, Jan: Brexit als Risiko für die Anerkennung von Limited und LLP?, GmbHR 2016, R129

Bollacher, Phillipp: Referentenentwurf zur Regelung des Internationalen Gesellschaftsrechts, RIW 2008, 200–205

Brändel, Oliver C.: Mehrstimmrechtsaktien – ein in Vergessenheit geratenes Instrument der Beherrschung und des Minderheitenschutzes, in: Friedrich Becker/et al (Hrsg.): Festschrift für Karlheinz Quack zum 65. Geburtstag am 3. Januar 1991, Berlin u.a. 1991, S. 175–188 (zit.: *Brändel*, in: FS Quack)

Bungert, Hartwin: Sitzanknüpfung für Rechtsfähigkeit von Gesellschaften gilt auch nicht mehr im Verhältnis zu den USA. Anmerkung zu BGH vom 29.1.2003 – VIII ZR 155/02, DB 2003 S. 818, DB 2003, 1043–1046

– Zur Rechtsfähigkeit US-amerikanischer Kapitalgesellschaften ohne geschäftlichen Schwerpunkt in den USA. Zugleich Anmerkung zu OLG Düsseldorf, Urt v 15-12-1994 = WM 1995, 808, WM 1995, 2125–2133

Bürgers, Tobias/*Fett*, Torsten/*Engel*, Michaela (Hrsg.): Die Kommanditgesellschaft auf Aktien. Handbuch mit Mustern, 2. Aufl., München 2015 (zit.: *Bearbeiter*, in: Bürgers/Fett)

Bürgers, Tobias/*Körber*, Torsten/*Becker*, Florian (Hrsg.): Aktiengesetz, 3. Auflage, Heidelberg 2014 (zit.: *Bearbeiter*, in: Bürgers/Körber)

Bydlinski, Franz: Juristische Methodenlehre und Rechtsbegriff, 2. Aufl., Wien u.a. 1991

Cahn, Andreas: Die Änderung von Satzungsbestimmungen nach § 281 AktG bei der Kommanditgesellschaft auf Aktien, AG 2001, 579–585

Campbell, Glenn: UK, EU – or both? Scotland's options after Brexit, BBC-Online vom 30. Juni 2016, abrufbar unter http://www.bbc.com/news/uk-scotland-scotland-politics-36677006 (zuletzt abgerufen am 27. Juli 2016)

Claussen, Carsten Peter/*Bröcker*, Norbert: Der Corporate Governance-Kodex aus der Perspektive der kleinen und mittleren Börsen-AG, DB 2002, 1199–1206

Clausnitzer, Jochen: Die Novelle des Internationalen Gesellschaftsrechts. Auswirkungen auf das deutsche Firmenrecht, NZG 2008, 321–326

Daghles, Murad M.: Die Aktienrechtsnovelle 2016, GWR 2016, 45–47

Davies, Paul Lyndon/*Gower*, Laurence Cecil Bartlett/*Worthington*, Sarah/*Micheler*, Eva (2012): Gower and Davies' principles of modern company law, 9. Aufl., London 2012 (zit.: *Gower/Davies*, Principles of modern company law)

Davies, Lord Mervyn/*et al*, Women on Board Davies Review, S. 10, abrufbar unter https://www.gov.uk/government/uploads/system/uploads/attachment_data/ file/482059/BIS-15-585-women-on-boards-davies-review-5-year-summary-october-2015.pdf (zuletzt abgerufen am 27. Juli 2016)

Diamond, Jim: The Price of Law, abrufbar unter http://www.cps.org.uk/files/ reports/original/160202103206-ThePriceofLaw.pdf (zuletzt abgerufen am 27. Juli 2016)

Dirksen, Dirk/*Möhrle*, Florian: Die kapitalistische Kommanditgesellschaft auf Aktien, ZIP 1998, 1377–1386

Drygala, Tim: Nach dem Brexit-Referendum: Exit auch aus der britischen Limited?, LTO vom 5. Juli 2016, abrufbar unter http://www.lto.de/persistent/ a_id/19883 (zuletzt abgerufen am 27. Juli 2016)

Ebenroth, Carsten Thomas/*Boujong*, Karlheinz/*Joost*, Detlev (Hrsg.): Handelsgesetzbuch Kommentar, 3. Aufl., München 2014 (zit.: *Bearbeiter*, in: Ebenroth/ Boujong/Joost, HGB)

Ebenroth, Carsten Thomas/*Kemner*, Matthew J./*Willburger*, Andreas: Die Auswirkungen des genuine-link-Grundsatzes auf die Anerkennung US-amerikanischer Gesellschaften in Deutschland. Eine Besprechung des Urteils des OLG Düsseldorf vom 15 Dezember 1994, ZIP 1995, 1009, ZIP 1995, 972–975

Ebenroth, Carsten Thomas/*Sura*, Achim: Transnationale Unternehmen und deutsches Mitbestimmungsgesetz, ZHR 144 (1980), 610–627

Eberspächer, Friedemann: Unternehmerische Mitbestimmung in zugezogenen Auslandsgesellschaften – Regelungsmöglichkeiten des deutschen Gesetzgebers?, ZIP 2008, 1951–1958

Ege, Reinhard/*Klett*, Sabine: Praxisfragen der grenzüberschreitenden Mobilität von Gesellschaften, DStR 2012, 2442–2250

Eidenmüller, Horst: Wettbewerb der Gesellschaftsrechte in Europa, ZIP 2002, 2233–2245

– Kapitalgesellschaftsrechts im Spiegel der ökonomischen Theorie, JZ 2001, 1041–1051

Eidenmüller, Horst (Hrsg.): Ausländische Kapitalgesellschaften im deutschen Recht, München 2004 (*Bearbeiter*, in: Eidenmüller, Ausländische Kapitalgesellschaften)

Eidenmüller, Horst/*Engert*, Andreas/*Hornuf*, Lars: Vom Wert der Wahlfreiheit: Eine empirische Analyse der Societas Europaea als Rechtsformalternative, AG 2009, 845–855

von Eiff, Christoph/*Otte*, Daniel: Die Kapitalgesellschaft & Co. KGaA – eine attraktive Gestaltungsmöglichkeit, GWR 2015, 246–249

Esch, Günter: Weisungsrechte der Gesellschafter der GmbH & Co. KG, NJW 1988, 1553–1559

European Trade Union Institute, European Company (SE) Database, Stand vom 21. März 2016, abrufbar unter http://ecdb.worker-participation.eu/show_overview.php?status_id=3&title=Established%20SEs&orderField=se.se_hq_countryid%20desc (Registrierung erforderlich) (zuletzt abgerufen am 21. März 2016)

Ferran, Eilís/*Ho*, Chan Ho: Principles of corporate finance law, 2. Aufl., Oxford 2014

Financial Conduct Authority, Main Official List, abrufbar unter http://www.fsa.gov.uk/ukla/officialMainList.do?view=true (zuletzt abgerufen am 27. Juli 2016)

Financial Services Authority, Consultation Paper 9/28, November 2009

Fett, Torsten/*Förl*, Thomas: Die Mitwirkung der Hauptversammlung einer KGaA bei der Veräußerung wesentlicher Unternehmensteile. Zugleich Besprechung von OLG Stuttgart, NZG 2003, 778, NZG 2004, 210

Fleischer, Holger/*Goette*, Wulf (Hrsg.): Münchener Kommentar zum Gesetz betreffend die Gesellschaften mit beschränkter Haftung (GmbHG), Band 1, §§ 1–34, 2. Aufl. München 2015

– Münchener Kommentar zum Gesetz betreffend die Gesellschaften mit beschränkter Haftung (GmbHG), Band 2, §§ 35–52, 2. Aufl. München 2016

– Münchener Kommentar zum Gesetz betreffend die Gesellschaften mit beschränkter Haftung (GmbHG), Band 3, §§ 53–85, 2. Aufl. München 2016

(jeweils zit.: *Bearbeiter*, in: MüKo-GmbHG)

Fleischer, Holger: Zur Auslegung von Gesellschaftsverträgen und Satzungen, DB 2013, 1466–1476

– Zur Kompetenzverteilung zwischen Verwaltung und Hauptversammlung im deutschen und englischen Aktienrecht, in: Stephan Lorenz/et al (Hrsg.), Festschrift für Andreas Heldrich zum 70. Geburtstag, München 2005, S. 597–614 (zit.: *Fleischer*, in: FS Heldrich)

- Kapitalschutz und Durchgriffshaftung bei Auslandsgesellschaften, in: Marcus Lutter/et al (Hrsg.): Europäische Auslandsgesellschaften in Deutschland. Mit Rechts- und Steuerfragen des Wegzugs deutscher Gesellschaften, Köln 2005, S. 49–129 (zit.: *Fleischer*, in: Lutter, Europäische Auslandsgesellschaften in Deutschland)

Fockenbrock, Dieter: Flucht vor der Mitbestimmung. DGB-Chef Reiner Hoffmann wirft Unternehmen missbräuchlichen Wechsel der Rechtsform vor, Handelsblatt vom 19. Februar 2015, Nr. 35, S. 22

Fong, Adrian: Unfair prejudice by minority shareholders of listed companies, LQR 2015, 367–372

Forsthoff, Ulrich: Rechts- und Parteifähigkeit ausländischer Gesellschaften mit Verwaltungssitz in Deutschland? – Die Sitztheorie vor dem EuGH. Anmerkung zu dem Vorlagebeschluss des BGH vom 30.03.2000 – VII ZR 370/98, in diesem Heft S. 1114, DB 2000, 1109–1114

Franzen, Martin: Niederlassungsfreiheit, internationales Gesellschaftsrecht und Unternehmensmitbestimmung, RdA 2004, 257–263

Freitag, Robert/*Korch*, Stefan: Gedanken zum Brexit – Mögliche Auswirkungen im Internationalen Gesellschaftsrecht, ZIP 2016, 1361–1368

French, Derek/*Ryan*, Christopher L./*Mayson*, Stephen W.: Mayson, French and Ryan on company law, 29. Aufl., Oxford 2012 (zit.: *Mayson/French/Ryan*, Company Law)

Gaul, Björn/*Ludwig*, Daniel/*Forst*, Gerrit: Europäisches Mitbestimmungsrecht, München 2015 (zit.: *Bearbeiter*, in: Gaul/Ludwig/Forst)

Geyrhalter, Volker/*Gänßler*, Peggy: „Inspire Art" – Briefkastengesellschaften „on the Move", DStR 2003, 2167–2172

Geyrhalter, Volker/*Gänßler*, Peggy: Perspektiven nach „Überseering" – wie geht es weiter?, NZG 2003, 409–414

Goette, Wulf/*Habersack*, Mathias (Hrsg.): Münchener Kommentar zum Aktiengesetz, Band 1, §§ 1–75, 4. Aufl., München 2016

- Münchener Kommentar zum Aktiengesetz, Band 2, §§ 76–117, 4. Aufl., München 2014

- Münchener Kommentar zum Aktiengesetz, Band 3, §§ 118–178, 3. Aufl., München 2013

- Münchener Kommentar zum Aktiengesetz, Band 4, §§ 179–277, 4. Aufl., München 2016

- Münchener Kommentar zum Aktiengesetz, Band 5, §§ 278–328, 4. Aufl., München 2015

– Münchener Kommentar zum Aktiengesetz, Band 7, Europäisches Aktienrecht, SE-VO, SEBG, Europäische Niederlassungsfreiheit, 3. Aufl., München 2012 (jeweils zit.: *Bearbeiter*, in: MüKo-AktG)

Goette, Wulf: Zur Zuteilung der Aktien beim vereinfachten Bezugsrechtsausschluss nach § 186 Abs. 3 Satz 4 AktG, ZGR 2012, 505–517

Goldberg, G. D.: The Controversy on the section 20 contract revisited, MLR (48) 1985, 158–166

– The enforcement of outsider-rights under section 20 (1) oft he Companies Act 1948, MLR (35) 1972, 362–374

– Article 80 of Table A of the Companies Act 1948, MLR (33) 1970, 177–183

Götze, Cornelius/*Winzer*, Thomas/*Arnold*, Christian: Unternehmerische Mitbestimmung – Gestaltungsoptionen und Vermeidungsstrategien, ZIP 2009, 245–254

Grabitz, Eberhard (Begr.)/*Hilf*, Meinhard/*Nettesheim*, Martin (Hrsg.): Das Recht der Europäischen Union. EUV/AEUV, 58. Aufl., München 2016 (zit.: *Bearbeiter*, in: Grabitz/Hilf/Nettesheim)

Graf, Helmut/*Bisle*, Michael: Besteuerung und Rechnungslegung der britischen „private company limited by shares" (Limited), IStR 2004, 873–840

Grafmüller, Frank (1994): Die Kommanditgesellschaft auf Aktien als geeignete Rechtsform für börsenwillige Familienunternehmen, Frankfurt a.M. 1993 (zit.: *Grafmüller*, Die KGaA)

Gregory, Roger: The section 20 contract, MLR (44) 1981, 526–540

Grobe, Tony: Die Geschlechterquote für Aufsichtsrat und Vorstand, AG 2015, 289–303 *von der Groeben*, Hans/*Schwarze*, Jürgen/*Hatje*, Armin (Hrsg.): Europäisches Unionsrecht, 7. Aufl., Baden-Baden 2015 (zit.: *Bearbeiter*, in: von der Groeben/Schwarze/Hatje)

Großerichter, Helge: Ausländische Kapitalgesellschaften im deutschen Rechtsraum: Das deutsche Internationale Gesellschaftsrecht und seine Perspektiven nach der Entscheidung „Überseering", DStR 2003, 159–169

Gruber, Johannes/*Weller*, Marc-Philippe: Societas Europaea – Mitbestimmung ohne Aufsichtsrat?, NZG 2003, 297–301

Grunewald, Barbara: BB-Kommentar: „Die Aufgabe des Bestimmtheitsgrundsatzes – was bleibt vom Minderheitenschutz in der Personengesellschaft?", BB 2015, 333

– Satzungsfreiheit für das Beschlussmängelrecht, NZG 2009, 967–970

– Die Auslegung von Gesellschaftsverträgen und Satzungen, ZGR 1995, 68–92

– Rückverlagerung von Entscheidungskompetenzen der Hauptversammlung auf den Vorstand, AG 1990, 133–139

Haase, Karsten: Die Vorteile der GmbH oder der GmbH & Co KGaA in gesellschaftsrechtlicher Sicht, GmbHR 1997, 917–923

Habersack, Mathias: Schranken der Mitbestimmungsautonomie in der SE. Dargestellt am Beispiel der Größe und inneren Ordnung des Aufsichtsorgans, AG 2006, 345–355

Habersack, Mathias/*Drinhausen*, Florian (Hrsg.): SE-Recht. Mit grenzüberschreitender Verschmelzung, München 2013 (zit.: *Bearbeiter*, in: Habersack/Drinhausen)

Habersack, Mathias/*Henssler*, Martin/*Ulmer*, Peter/*Hanau*, Peter (Hrsg.): Mitbestimmungsrecht. Kommentierung des MitbestG, der DrittelbG, des SEBG und des MgVG, 3. Aufl., München 2013 (zit.: *Bearbeiter*, in: H/H/U)

Habersack, Mathias/*Mülbert*, Peter O./*Schlitt*, Michael (Hrsg.): Unternehmensfinanzierung am Kapitalmarkt, 3. Aufl., Köln 2013 (zit.: *Bearbeiter*, in: Habersack/Mülbert/Schlitt) *van Halen*, Curt Christian: Das internationale Gesellschaftsrecht nach dem Überseering-Urteil des EuGH, WM 2003, 571–578

Hannigan, Brenda/*et al*: Butterworths corporate law service, Band 1, Company law, London 2015

Happ, Wilhelm/*Holler*, Lorenz: Limited statt GmbH? Risiken und Kosten werden gern verschwiegen, DStR 2004, 730–736

Heermann, Peter: Unentziehbare Mitwirkungsrechte der Minderheitsaktionäre bei außergewöhnlichen Geschäften in der GmbH & Co KGaA, ZGR 2000, 61–85

Hennerkes, Brun-Hagen/*Lorz*, Rainer: Roma locuta causa finita – Die GmbH & Co KGaA ist zulässig, DB 1997, 1388–1394

Hennerkes, Brun-Hagen/*May*, Peter: Überlegungen zur Rechtsformwahl im Familienunternehmen (II), DB 1988, 537–542

Hennrichs, Joachim: Bilanz- und steuerrechtliche Aspekte der Scheinauslandsgesellschaften – Am Beispiel der englischen Private Company Limited by Shares -, in: Klaus Peter Berger/et al (Hrsg.), Festschrift für Norbert Horn, Berlin 2006, S. 387–402 (zit.: *Hennrichs*, in: FS Horn)

– Treupflichten im Aktienrecht, AcP 195 (1995), 221–273

Hennsler, Martin: Bewegung in der deutschen Unternehmensmitbestimmung – Reformdruck durch Internationalisierung der Wirtschaft, RdA 2005, 330–337

– Mitbestimmungsrechtliche Konsequenzen einer Sitzverlegung innerhalb der Europäischen Union – Inspirationen durch „Inspire Art" -, in: Alfred Söllner/et al (Hrsg.): Gedächtnisschrift für Meinhard Heinze, München 2005, S. 333–355 (zit.: *Hennsler*, in: GS Heinze)

Henrich, Dieter/*Huber*, Peter: Einführung in das englische Privatrecht, 3. Aufl., Heidelberg 2003

Herfs, Achim: Vereinbarungen zwischen der KGaA und ihren Komplementären, AG 2005, 589–596

- Die Satzung der börsennotierten GmbH & Co. KGaA. Gestaltungsfreiheit und Grenzen, in: Gesellschaftsrechtliche Vereinigung (Hrsg.): Gesellschaftsrecht in der Diskussion. Jahrestagung 1998 der Gesellschaftsrechtlichen Vereinigung (VGR), Köln 1999, S. 23–55 (zit.: *Herfs*, in: VGR Jahrestagung 1998)

- Die Kapitalgesellschaft & Co KGaA als Rechtsformoptimierung für mittelständische Unternehmen, WiB 1997, 688–691

Higgs, Derek: Review of the role and effectiveness of non-executive directors, London 2003 (zit.: *Higgs*, Higgs Report)

Hirte, Heribert: Die Limited zwischen Gesellschafts- und Kapitalmarktrecht – Gestaltungsspielräume oder der Platz zwischen zwei Stühlen?, in: Peter Hommelhoff/et al (Hrsg.): Festschrift für Hans-Joachim Priester. Zum 70. Geburtstag, Berlin 2007, S. 221–232 (zit.: *Hirte*, in: FS Priester)

- Die aktienrechtliche Satzungsstrenge: Kapitalmarkt und sonstige Legitimationen versus Gestaltungsfreiheit, in: Marcus Lutter/Herbert Wiedemann (Hrsg.): Gestaltungsfreiheit im Gesellschaftsrecht. Deutschland, Europa und USA. 11. ZGR-Symposium „25 Jahre ZGR", Berlin 1998, S. 61–98 (zit.: *Hirte*, in: Lutter/Wiedemann, Gestaltungsfreiheit im Gesellschaftsrecht, ZGR Sonderheft 13)

Hirte, Heribert/*Bücker*, Thomas/*Adensamer*, Nikolaus (Hrsg.): Grenzüberschreitende Gesellschaften. Ein Praxishandbuch für ausländische Kapitalgesellschaften mit Sitz im Inland, 2. Aufl., Köln 2006 (zit.: *Bearbeiter*, in: Hirte/Bücker)

Hirte, Heribert/*Mülbert*, Peter O./*Roth*, Markus/*Hopt*, Klaus J./*Wiedemann*, Herbert (Hrsg.): Aktiengesetz, Großkommentar, Band 1, Einleitung. §§ 1–53, 4. Aufl., Berlin 2004

- Aktiengesetz, Großkommentar, Band 2/1, §§ 23–40, 5. Aufl., Berlin 2016

- Aktiengesetz, Großkommentar, Band 4, §§ 95–117, 5. Aufl., Berlin 2006

- Aktiengesetz, Großkommentar, Band 5, Mitbestimmungsgesetz. §§ 118–149, 4. Aufl., Berlin 2008

- Aktiengesetz, Großkommentar, Band 6, §§ 150–220, 4. Aufl., Berlin 2006

- Aktiengesetz, Großkommentar, Band 8, §§ 278–310, 4. Aufl., Berlin 2013

(jeweils zit.: *Bearbeiter*, in: GroßKomm-AktG)

Hoffmann-Becking, Michael (Hrsg.): Münchener Handbuch des Gesellschaftsrechts, Band 4: Aktiengesellschaft, 4. Aufl., München 2015

Hoffmann-Becking, Michael/*Herfs*, Achim: Struktur und Satzung der Familien-KGaA, in: Peter Hommelhoff (Hrsg.): Familiengesellschaften. Festschrift für Walter Sigle zum 70. Geburtstag, Köln 2000, S. 273–299 (*Hoffmann-Becking/Herfs*, in: FS Sigle)

Hölters, Wolfgang (Hrsg.): Aktiengesetz. Kommentar, 2. Aufl., München u.a. 2014, (zit.: *Bearbeiter*, in: Hölters)

Hommelhoff, Peter: Anlegerschutz in der GmbH & Co. KGaA, in: Peter Ulmer (Hrsg.): Die GmbH & Co. KGaA nach dem Beschluss BGHZ 134, 392, ZHR Sonderheft 67, 1998, S. 9–32 (zit.: *Hommelhoff*, in: Ulmer, Die GmbH & Co. KGaA, ZHR Sonderheft 67)

Hooley, Richard: Implied terms after *Belize Telecom*, CLJ 2014, 315–349

Hopt, Klaus J.: Gestaltungsfreiheit im Gesellschaftsrecht in Europa, in: Marcus Lutter/Herbert Wiedemann (Hrsg.): Gestaltungsfreiheit im Gesellschaftsrecht. Deutschland, Europa und USA. 11. ZGR-Symposium „25 Jahre ZGR", Berlin 1998, S. 123–147 (zit.: *Hopt*, in: Lutter/Wiedemann, Gestaltungsfreiheit im Gesellschaftsrecht, ZGR Sonderheft 13)

– Stellungnahme zur Aktienrechtsreform 1997, AG-Sonderheft 1997, 42–47

Hopt, Klaus J./*Leyens*, Patrick C.: Board Models in Europe – Recent Developments of Internal Corporate Governance Structures in Germany, the United Kingdom, France, and Italy, ECFR 2004, 135–168.

Horn, Norbert: Deutsches und europäisches Gesellschaftsrecht und die EuGH-Rechtsprechung zur Niederlassungsfreiheit – Inspire Art, NJW 2004, 893–901

Hüffer, Uwe/*Koch*, Jens: Aktiengesetz, 12. Aufl., München 2016

van Hulle, Karel/*Gesell*, Harald: European corporate law, 1. Aufl., Baden-Baden 2006

Ihrig, Hans-Christoph/*Schlitt*, Michael: Die KGaA nach dem Beschluss des BGH vom 24.2.1997, in: Peter Ulmer (Hrsg.): Die GmbH & Co. KGaA nach dem Beschluss BGHZ 134, 392, ZHR Sonderheft 67, 1998, S. 33–84 (zit.: *Ihrig/Schlitt*, in: Ulmer, Die GmbH & Co. KGaA, ZHR Sonderheft 67)

Ihrig, Hans-Christoph/*Wandt*, Andre: Die Aktienrechtsnovelle 2016, BB 2016, 6–18

Institutional Shareholder Services et al, Report on the Proportionality Principle in the European Union, Brüssel 2007

Jaques, Henning: Börsengang und Führungskontinuität durch die kapitalistische KGaA. Zugleich ein Beitrag zur Frage der gesellschaftsrechtlichen Treuepflichten in der KGaA und der Anwendbarkeit der Grundsätze über die Publikums-KG, NZG 2000, 401–409

Joost, Detlev: Mitbestimmung in der kapitalistischen Kommanditgesellschaft auf Aktien, ZGR 1997, 334–351

Jung, Axel/ *Wachtler*, Frank: Die Kursdifferenz zwischen Stamm- und Vorzugsaktien. Empirische Daten, Erklärungsansätze und Konsequenzen für die Bewertung im Steuer- und Gesellschaftsrecht, AG 2001, 513–520

Junker, Abbo: Sechsundsiebzig verweht – Die deutsche Mitbestimmung endet in Europa, NJW 2004, 728–730

Just, Clemens: Die englische Limited in der Praxis. Einschließlich Ltd. & Co. KG ; mit Formularteil. 4. Aufl., München 2012 (zit.: *Just*, Limited)

– GmbH versus Limited – Praxisempfehlungen, BC 2006, 25–29

Kamp, Marcus: Die unternehmerische Mitbestimmung nach „Überseering" und „Inspire Art", BB 2004, 1496–1500

Kallmeyer, Harald: Das monistische System in der SE mit Sitz in Deutschland, ZIP 2003, 1531–1536

– Die Kommanditgesellschaft auf Aktien – eine interessante Rechtsformalternative für den Mittelstand?, DStR 1994, 977–982

– Rechte und Pflichten des Aufsichtsrats in der Kommanditgesellschaft auf Aktien, ZGR 1983, 57–75

Kasolowsky, Boris: Constraints on the Power to Issue Shares in England and Wales, ZBB 2000, 189–201

Kessler, Alexander: Die Entwicklung des Binnenrechts der KGaA seit BGHZ 134, 392, NZG 2005, 145–150

– Die rechtlichen Möglichkeiten der Kommanditaktionäre einer GmbH & Co. KGaA zur Einwirkung auf die Geschäftsführung, Köln 2003 (zit.: *Kessler*, Die rechtlichen Möglichkeiten der Kommanditaktionäre)

Kirchhof, Gregor: Ist die EU noch zu retten?, FAS vom 10. Juli 2016, Nr. 27, S. 26

Koenen, Jens: Rettender Rivale?, Handelsblatt vom 20. Juli 2016, Nr. 138, S. 4–5

Koenen, Jens/ *Landgraf*, Rober: Abflug von der Börse?, Handelsblatt vom 23. Februar 2016, Nr. 37, S. 1 und 4–5

Kölling, Lars: Gestaltungsspielräume und Anlegerschutz in der kapitalistischen KGaA, Frankfurt a.M. 2005 (zit.: *Kölling*, Gestaltungsspielräume und Anlegerschutz)

König, David C./ *Bormann*, Jens: "Internationales Gesellschaftsrecht: Genuine link" und freie Rechtsformwahl im Binnenmarkt. Trendwende bei der Anerkennung von „Scheinauslandsgesellschaften" durch die VALE-Entscheidung des EuGH?, NZG 2012, 1241–1244

Konzen, Horst: Geschäftsführung, Weisungsrecht und Verantwortlichkeit in der GmbH und GmbH & Co KG, NJW 1989, 2977–2987

Kolvenbach, Walter: Die Fünfte EG-Richtlinie über die Struktur der Aktiengesellschaft (Strukturrichtlinie), DB 1983, 2235–2241

Kornblum, Udo: Bundesweite Rechtstatsachen zum Unternehmens- und Gesellschaftsrecht (Stand 1.1.2016), GmbHR 2016, 691–701

Köster, Anna-Elisabeth: Die Kodifizierung des Internationalen Gesellschaftsrechts – Bedeutung für die Unternehmensmitbestimmung, ZRP 2008, 214–217

Köstler, Roland: Die Mitbestimmung in der SE, ZGR 2003, 800–809

Kowalski, André: Praxisfragen bei der Umwandlung einer Aktiengesellschaft in eine Europäische Gesellschaft (SE), DB 2007, 2243–2249

Krause, Rüdiger: Die Mitbestimmung der Arbeitnehmer in der Europäischen Gesellschaft (SE), BB 2005, 1221–1229

Kremer, Thomas/*Bachmann*, Gregor/*Lutter*, Marcus/*von Werder*, Axel (Hrsg.): Deutscher Corporate Governance Kodex. Kodex-Kommentar, 6. Aufl., München 2016 (zit.: *Bearbeiter*, in: Kremer/Bachmann/Lutter/v. Werder, DCGK)

Kronke, Herbert (Hrsg.): Handbuch internationales Wirtschaftsrecht, Köln 2005 (zit.: *Bearbeiter*, in: Hdb. Int. WirtschaftsR)

Kübler, Friedrich: Stellungnahme zur Aktienrechtsreform 1997, AG-Sonderheft 1997, 48–51

Kußmaul, Heinz/*Richter*, Lutz/*Ruiner*, Christoph: Die Sitztheorie hat endgültig ausgedient! Anmerkungen zum Referentenentwurf für ein Gesetz zum Internationalen Privatrecht der Gesellschaften, Vereine und juristischen Personen, DB 2008, 451–457

Ladwig, Peter/*Motte*, Frank: Die Kommanditgesellschaft auf Aktien – Eine Alternative für börsenwillige mittelständische Unternehmen? (Teil I), DStR 1996, 800–807

Ladwig, Peter/*Motte*, Frank: Die GmbH & Co. KGaA nach der Zulassung durch den BGH – die neue Rechtsform für den Mittelstand?, DStR 1997, 1539–1542

Larenz, Karl: Methodenlehre der Rechtswissenschaft, 6. Aufl., Berlin 1991

Leible, Stefan/*Hoffmann*, Jochen: „Überseering" und das deutsche Gesellschaftskollisionsrecht. Zugleich Besprechung BGH, Urt vom 13-3-2003 – VII ZR 370/98, ZIP 2003, 718, ZIP 2003, 925–931

Leuering, Dieter: Von Scheinauslandsgesellschaften hin zu Gesellschaften mit Migrationshintergrund, ZRP 2008, 73–77

Loose, Peter/*Griffiths*, Michael/*Impey*, David: The company director. Powers, duties and liabilities, 11. Aufl., Bristol 2011

Lutter, Marcus: Stellungnahme zur Aktienrechtsreform 1997, AG-Sonderheft 1997, 52–56

– Defizite für eine effiziente Aufsichtsratstätigkeit und gesetzliche Möglichkeiten der Verbesserung, ZHR 159 (1995), 287–309

- Theorie der Mitgliedschaft. Prolegomena zu einem Allgemeinen Teil des Korporationsrechts, AcP 180 (1980), 84–159

Lutter, Marcus/*Hommelhoff*, Peter: GmbH-Gesetz Kommentar, 19. Aufl., Köln 2016 (zit.: *Bearbeiter*, in: Lutter/Hommelhoff)

Luttermann, Claus/*Geißler*, Susanne: Haftungsfragen transnationaler Konzernfinanzierung (cash pooling) und das Bilanzstatut der Gesellschaft, IPRax 2012, 55–62

Martens, Klaus-Peter: Die Bewertung eines Beteiligungserwerbs nach § 255 Abs. 2 AktG – Unternehmenswert kontra Börsenkurs, in: Harm Peter Westermann/Klaus Mock (Hrsg.): Festschrift für Gerold Bezzenberger zum 70. Geburtstag am 13. März 2000. Rechtsanwalt und Notar im Wirtschaftsleben, Berlin 2000, S. 267–290 (zit.: *Martens*, in: FS Bezzenberger)

Mayer, Barbara/*Manz*, Gerhard: Der Brexit und seine Folgen auf den Rechtsverkehr zwischen der EU und dem Vereinigten Königreich, BB 2016, 1731–1740

Mayer-Uellner, Richard/*Otte*, Daniel: Die SE & Co. KGaA als Rechtsform kapitalmarktfinanzierter Familienunternehmen, NZG 2015, 737–743

Meilicke, Heinz/*Meilicke*, Wienand: Mitbestimmung im Konzern, BB 1978, 406–412

Meilicke, Wienand: Die Niederlassungsfreiheit nach „Überseering". Rückblick und Ausblick nach Handelsrecht und Steuerrecht, GmbHR 2003, 793–809

Mellert, Christofer Rudolf/*Verfürth*, Ludger C./*Kolmhuber*, Martin (Hrsg.): Wettbewerb der Gesellschaftsformen. Ausländische Kapitalgesellschaften als Alternative zu AG und GmbH, Berlin 2005 (zit.: *Mellert/Verfürth*, Wettbewerb der Gesellschaftsformen)

Merkt, Hanno: Unternehmensmitbestimmung für ausländische Gesellschaften? Stellungnahme zu den Anträgen der Fraktion Die Linke v. 21. April 2010 und der Fraktion der SPD v. 16. Juni 2010 zur Ausweitung der Unternehmensmitbestimmung, ZIP 2011, 1237–1244

- Zum Verhältnis von Kapitalmarktrecht und Gesellschaftsrecht in der Diskussion um die Corporate Governance, AG 2003, 126–136

Mertens, Hans-Joachim: Satzungs- und Organisationsautonomie im Aktien- und Konzernrecht, ZGR 1994, 426–441

Michalski, Lutz (Hrsg.): Kommentar zum GmbH-Gesetz, 2. Aufl., München 2010 (zit.: *Bearbeiter*, in: Michalski)

Micheler, Eva: Disguised returns of capital – an arm's length approach, CLJ 2010, 151–185

Mörsdorf, Oliver/*Jopen*, Christian: Anmerkung zum Urteil des EuGH vom 12.7.2012, Aktenzeichen: C-378/10 – Zur „Ob" und „Wie" eines grenzüberschreitenden Formwechsels innerhalb der Europäischen Union, ZIP 2012, 1398–1401

Mortimore, Simon: Company directors. Duties, liabilities, and remedies, 2. Aufl. Oxford 2013 (zit.: *Bearbeiter*, in: Mortimore)

Müller-Bonanni, Thomas: Unternehmensmitbestimmung nach „Überseering" und „Inspire Art", GmbHR 2003, 1235–1239

Müller-Bonanni, Thomas/*Melot de Beauregard*, Paul: Mitbestimmung in der Societas Europaea, GmbHR 2005, 195–200

Müller-Eising, Karsten: Aktienrechtsnovelle 2014 – Was bringt der Regierungsentwurf Neues?, GWR 2015, 50–52

Müller-Glöge, Rudi/*Preis*, Ulrich/*Schmidt*, Ingrid (Hrsg.): Erfurter Kommentar zum Arbeitsrecht, 16. Aufl., München 2016 (zit.: *Bearbeiter*, in: ErfK-ArbR)

Niklas, Thomas: Beteiligung der Arbeitnehmer in der Europäischen Gesellschaft (SE) – Umsetzung in Deutschland, NZA 2004, 1200–1206

Nolan, Richard C.: Shareholder Rights in Britain, EBOR 2006, 549–588 *o. V.*, Etihad prüft Air Berlins Rückzug von der Börse, FAZ vom 24. Februar 2016, Nr. 46, S. 21

– Flucht aus der Mitbestimmung? Viel Wind, wenig Substanz, Böckler Impuls, 2006, Nr. 2, S. 7

– Rechtsform verhindert Mitbestimmung, Böckler Impuls, 2015, Nr. 3, S. 4–5

– Schottland will sich dem Brexit verweigern, FAZ vom 27. Juni 2016, Nr. 147, S. 1

– Sturgeon: Second independence referendum could be next year, abrufbar unter http://www.bbc.com/news/uk-scotland-scotland-politics-36819182 (zuletzt abgerufen am 27. Juli 2016)

– Was Großbritanniens neue starke Frau will, FAZ vom 12. Juli 2016, Nr. 160, S. 15

Oetker, Hartmut (Hrsg.): Kommentar zum Handelsgesetzbuch (HGB), 4. Aufl., München 2015 (zit.: *Bearbeiter*, in: Oetker, HGB)

Otte, Daniel: Die AG & Co. KGaA. Eine Rechtsformstudie, Baden-Baden 2011

Overlack, Arndt: Der Komplementär in der GmbH & Co KGaA, in: Peter Hommelhoff/Volker Röhricht (Hrsg.): Gesellschaftsrecht 1997, RWS-Forum 10, Köln 1998, S. 237–262 (zit.: *Overlack*, RWS-Forum 10 Gesellschaftsrecht 1997)

Paefgen, Walter G.: Auslandsgesellschaften und Durchsetzung deutscher Schutzinteressen nach Überseering, DB 2003, 487–492

Paschos, Nikolaos/*Goslar*, Sebastian: Die Aktienrechtsnovelle 2016 – Ein Überblick, NJW 2016, 359–364

Paterson, Paul: A criticism of the contractual approach of unfair prejudice, CL 2006, 204–215

Pellens, Bernhard/*Hillebrandt*, Franca: Vorzugsaktien vor dem Hintergrund der Corporate Governance-Diskussion, AG 2001, 57–67

Peters, Chris: The Implication of Terms in Fact, CLJ 2009, 513–515

Philbert, Stephan: Die Kommanditgesellschaft auf Aktien zwischen Personengesellschaftsrecht und Aktienrecht, Berlin 2005

Pre-Emption Group: Disapplying Pre-emption rights: A Statement of Principles
(2015), abrufbar unter http://www.pre-emptiongroup.org.uk/getmedia/
655a6ec5-fecc-47e4-80a0-7aea04433421/Revised-PEG-Statement-of-Prin
ciples-2015.pdf.aspx (zuletzt abgerufen am 27. Juli 2016)

Priester, Hans-Joachim: Eine Lanze für die Kernbereichslehre, NZG 2015, 529–531

– Die Kommanditgesellschaft auf Aktien ohne natürlichen Komplementär,
ZHR 160 (1996), 250–264

Putt, Chris: Germany a comparison of the general powers and duties of the
directors of UK and German companies, CL 1994, 253–255

Practical Law Company, FCA final notices regarding breaches of the DTR and
LR, abrufbar unter http://uk.practicallaw.com/9-384-6676 (zuletzt abgerufen
am 27. Juli 2016)

Raiser, Thomas/*Veil*, Rüdiger (Hrsg.): Mitbestimmungsgesetz und Drittelbetei-
ligungsgesetz. Kommentar. 5. Aufl., Berlin 2009 (zit.: *Raiser/Veil*, MitbestR)

Reichert, Jochem: SE oder KGaA zur Organisation großer Familiengesellschaften,
ZIP 2014, 1957–1965

Rickford, Jonathan: Fundamentals, Developments and Trends in British Company Law – Some Wider Reflections. First Part: Overview and the British
Approach, ECFR 2004, 391–476

Rieble, Volker: Schnelle Mitbestimmungssicherung gegen die SE, BB 2014,
2997–2998

– Schutz vor paritätischer Unternehmensmitbestimmung, BB 2006, 2018–2023

Ringe, Wolf-Georg: Corporate Mobility in the European Union – a Flash in the
Pan? An empirical study on the success of lawmaking and regulatory compe-
tition, ECFR 2013, 230–267

Rosser, Janet: Tolley's Company Law Handbook, London 2008 (zit.: *Rosser*,
Tolley's Company Law)

Roth, Günter H.: Das Ende der Briefkastengründung? – Vale contra Centros, ZIP
2012, 1744–1745

Säcker, Franz Jürgen/*Rixecker*, Roland/*Oetker*, Hartmut/*Limperg*, Bettina (Hrsg.):
Münchener Kommentar zum Bürgerlichen Gesetzbuch, Band 1, §§ 1–240,
ProstG, AGG, 7. Aufl., München 2015

– Münchener Kommentar zum Bürgerlichen Gesetzbuch, Band 11, Internationales Privatrecht II, Internationales Wirtschaftsrecht, Einführungsgesetz zum
Bürgerlichen Gesetzbuche (Art. 25–248), 6. Aufl., München 2015

(jeweils zit.: *Bearbeiter*, in: MüKo-BGB)

Sandrock, Otto: Gehören die deutschen Regelungen über die Mitbestimmung auf Unternehmensebene wirklich zum deutschen ordre public?, AG 2004, 57–66

Schall, Alexander: Die Große Freiheit an der Börse?, NZG 2007, 338–340

Schanze, Erich/*Jüttner*, Andreas: Die Entscheidung für Pluralität – Kollisionsrecht und Gesellschaftsrecht nach der EuGH-Entscheidung „Inspire Art", AG 2003, 661–671

Schiffer, Jack: Mehrheitsentscheidungen in der Personengesellschaft – Ende der Kernbereichslehre?, BB 2015, 584–586

Schlitt, Michael/*Winzen*, Jan: Die Kommanditgesellschaft auf Aktien (KGaA) – eine attraktive Rechtsform für börsennotierte Unternehmen?, CFL 2012, 261–273

Schmidt, Karsten: Gesellschaftsrecht, 4. Aufl., Köln 2002 (zit.: *K. Schmidt*, GesR)

Schmidt, Karsten/*Enzinger*, Michael (Hrsg.): Münchener Kommentar zum Handelsgesetzbuch, Band 1, §§ 1–104a, 4. Aufl., München 2016

– Münchener Kommentar zum Handelsgesetzbuch, Band 2, §§ 105–160, 4. Aufl., München 2016

– Münchener Kommentar zum Handelsgesetzbuch, Band 3, §§ 161–237, 3. Aufl., München 2012

(jeweils zit.: *Bearbeiter*, in: MüKo-HGB)

Schmidt, Karsten/*Lutter*, Marcus (Hrsg.): Aktiengesetz Kommentar, 3. Aufl., Köln 2015 (zit.: *Bearbeiter*, in: K. Schmidt/Lutter)

Schmitt, Thomas: Interview mit Joachim Hunold, FAS vom 23. April 2006, Nr. 16, S. 51

Schneider, Carsten: Internationales Gesellschaftsrecht vor der Kodifizierung, BB 2008, 566–575

Schneider, Uwe H.: Internationales Kapitalmarktrecht. Regelungsprobleme, Methoden und Aufgaben, AG 2001, 269–278

– GmbH und GmbH & Co KG in der Mitbestimmung, ZGR 1977, 335–351

Schockenhoff, Martin: Rechtspolitische Initiativen zur Erweiterung der unternehmerischen Mitbestimmung, AG 2012, 185–194

Scholz, Franz (Hrsg.): Kommentar zum GmbH-Gesetz, Band II: §§ 35–52, 11. Aufl., Köln 2014 (zit.: *Bearbeiter*, in: Scholz, GmbHG)

Schön, Wolfgang: Das System der gesellschaftsrechtlichen Niederlassungsfreiheit nach VALE, ZGR 2013, 333–365

– EU-Auslandsgesellschaften im deutschen Handelsbilanzrecht, in: Stephan Lorenz/et al (Hrsg.), Festschrift für Andreas Heldrich zum 70. Geburtstag, München 2005, S. 391–403 (zit.: *Schön*, in: FS Heldrich)

Schrick, Alexandra: Überlegungen zur Gründung einer kapitalistischen KGaA aus dem Blickwinkel der Unternehmerfamilie, NZG 2000, 409–413

Schütz, Carsten/*Bürgers*, Tobias/*Riotte*, Michael: Die Kommanditgesellschaft auf Aktien. Handbuch, München 2004 (zit.: *Bearbeiter*, in: Schütz/Bürgers/Riotte)

Schwark, Eberhard: Globalisierung, Europarecht und Unternehmensmitbestimmung im Konflikt, AG 2004, 173–180

Sealy, Len/*Worthington*, Sarah: Sealy and Worthington's cases and materials in company law, 10. Aufl., Oxford 2013

Seibt, Christoph: Geschlechterquote im Aufsichtsrat und Zielgrößen für die Frauenbeteiligung in Organen und Führungsebenen in der Priavtwirtschaft, ZIP 2015, 1193–1208

Sethe, Rolf: Die personalistische Kapitalgesellschaft mit Börsenzugang. Die reformierte KGaA als Mittel zur Verbesserung der Eigenkapitalausstattung deutscher Unternehmen, Köln 1996 (zit.: *Sethe*, Die personalistische Kapitalgesellschaft)

Seyfarth, Georg: Vorstandsrecht, Köln 2015

Sheikh, Saleem: Company Law Handbook 2015, London 2015 (zit.: *Sheikh*, Company Law)

Sick, Sebastian: Der deutschen Mitbestimmung entzogen: Unternehmen mit ausländischer Rechtsform nehmen zu, MBF Report 2015, Nr. 8

– Unternehmensmitbestimmung für ausländische Gesellschaften – Inkonsistenzen beheben! Stellungnahme zu den Anträgen der BT-Fraktion der SPD und der BT-Fraktion Die Linke zur unternehmensmitbestimmung, GmbHR 2011, 1196–1200

Siebenhaar, Hans-Peter: Interview mit österreichs Finanzminister Hans Jörg Schelling, Handelsblatt vom 5. Juli 2016, Nr. 127, S. 8

Sim, Philip: Brexit: What are Scotland's options?, abrufbar unter http://www.bbc.com/news/uk-scotland-scotland-politics-36883257 (zuletzt abgerufen am 3. August 2016)

Sims, Vanessa: English law and terminology, 3. Aufl.; Baden-Baden 2010

Soergel, Theodor: Bürgerliches Gesetzbuch mit Einführungsgesetz und Nebengesetzen: BGB, Band 1, §§ 1–103 BGB, 13. Aufl., Stuttgart u.a. 2000 (zit.: *Bearbeiter*, in: Soergel)

Söhner, Matthias: Die Aktienrechtsnovelle 2016, ZIP 2016, 151–158

Sonnenberger, Jürgen: Die Organisation der Aktiengesellschaften im Gemeinsamen Markt. Kommissionsvorschlag einer fünften Richtlinie zur Angleichung des Gesellschaftsrechts, AG 1974, 1–8

Spahlinger, Andreas/*Wegen*, Gerhard (Hrsg.): Internationales Gesellschaftsrecht in der Praxis, München 2005 (zit.: *Bearbeiter*, in: Spahlinger/Wegen)

Spindler, Gerald/*Stilz*, Eberhard (Hrsg.): Kommentar zum Aktiengesetz, 3. Aufl., München 2015 (zit.: *Bearbeiter*, in: Spindler/Stilz)

Spindler, Gerald: Regeln für börsennotierte vs Regeln für geschlossene Gesellschaften – Vollendung des Begonnenen?, AG 2008, 598–604

– Deregulierung des Aktienrechts?, AG 1998, 53–74

Staub, Hermann (Begr.): Handelsgesetzbuch Kommentar, Band 3, §§ 105–160 HGB, 5. Aufl., Berlin 2009

– Handelsgesetzbuch Kommentar, Band 4, §§ 161–237 HGB, 5. Aufl., Berlin u.a. 2015

– Handelsgesetzbuch Kommentar, Band 5, §§ 238–289a HGB, 5. Aufl., Berlin u.a. 2014

(jeweils zit.: *Bearbeiter*, in: Staub)

von Staudinger, Julius (Begr.)/*et al*: J. von Staudingers Kommentar zum Bürgerlichen Gesetzbuch: Staudinger BGB, Buch 1: Allgemeiner Teil, §§ 21–79 (Allgemeiner Teil 2), Berlin 2005

– J. von Staudingers Kommentar zum Bürgerlichen Gesetzbuch: Einführungsgesetz zum Bürgerlichen Gesetzbuche/IPR. Internationales Gesellschaftsrechtstaudinger, Berlin 1998

(jeweils zit.: *Bearbeiter*, in: Staudinger)

Stimpel, Walter: Die Rechtsprechung des Bundesgerichtshofs zur Innenhaftung des herrschenden Unternehmens im GmbH-Konzern, AG 1986, 117–123

Streit, Arnold: Das Abkommen über den Europäischen Wirtschaftsraum, NJW 1994, 555–558

Stürner, Michael: Zur Anerkennung US-amerikanischer Gesellschaften in Deutschland. zu BGH, 5.7.2004 – II ZR 389/02 und BGH, 13.10.2004 I ZR 245/01, IPRax 2005, 305–308

Sullivan, G. R.: The Relationship between the Board of Directors and the General Meeting in Limited Companies, LQR 93 (1977), 569–580

Teichmann, Christoph: Mitbestimmungserstreckung auf Auslandsgesellschaften, ZIP 2016, 899–907

– Der grenzüberschreitende Formwechsel ist spruchreif: das Urteil des EuGH in der Rs. Vale, DB 2012, 2085–2092

– Gestaltungsfreiheit im monistischen Leitungssystem der Europäischen Aktiengesellschaft, BB 2004, 53–60

Thüsing, Gregor: Deutsche Unternehmensmitbestimmung und europäische Niederlassungsfreiheit, ZIP 2004, 381–388

Triebel, Volker/*von Hase*, Karl: Die englische PLC: Rechtsformalternative zur deutschen AG und deutschen SE?, in: Kurt Bock/Axel von Werder (Hrsg.): Unternehmensübernahme, Unternehmensaufsicht, Unternehmensberichterstattung. Perspektiven in Europa. Kongress-Dokumentation, 61. Deutscher Betriebswirtschafter-Tag 2007, Stuttgart 2008, S. 197–239

– Wegzug und grenzüberschreitende Umwandlungen deutscher Gesellschaften nach ‚Überseering' und ‚Inspire Art', BB 2003, 2409

Triebel, Volker/*Horton*, Christopher: Will more English plcs take off in Germany?, IFLR 2006, 34–36

Triebel, Volker/*et al*: Englisches Handels- und Wirtschaftsrecht, 3. Aufl., Frankfurt a.M. 2012 (zit.: *Bearbeiter*, in: Triebel et al, Englisches Handels- und Wirtschaftsrecht)

Urquhart, Stuart: Shareholder's freedom to vote, CL 1992, 193–194

Veit, Martin/*Wichert*, Joachim: Unternehmerische Mitbestimmung bei europäischen Kapitalgesellschaften mit Verwaltungssitz in Deutschland nach „Überseering" und „Inspire Art", AG 2004, 14–20

Verse, Dirk: Niederlassungsfreiheit und grenzüberschreitende Sitzverlegung. Zwischenbilanz nach „National Grid Indus" und „Vale", ZeuP 2013, 458–495

Volb, Helmut: Die Limited, 2. Aufl., Berlin 2010 (zit.: *Volb*, Limited)

Wagner, Rolf/*Timm*, Birte: Der Referentenentwurf eines Gesetzes zum Internationalen Privatrecht der Gesellschaften, Vereine und juristischen Personen, IPRax 2008, 81–90

Wagstaff, Iain/*Mayo*, Nicola/*Rentoul*, Brigid: Secondary Issues. Trends and developments, PLC Magazine 2009, Nr. 7, S. 23–32

Weiss, Manfred/*Seifert*, Achim: Der europarechtliche Rahmen für ein „Mitbestimmungserstreckungsgesetz", ZGR 2009, 542–580

Weiss, Susanne/*Wöhlert*, Helge-Torsten: Societas Europaea – Der Siegeszug des deutschen Mitbestimmungsrechts in Europa?, NZG 2006, 121–126

Weller, Marc-Philippe: Wind of Change im Gesellschaftsrecht: Von den „closed" zu den „framed open societies", ZEuP 2016, 53–75

– Unternehmensmitbestimmung für Auslandsgesellschaften, in: Bernd Erle/ et al (Hrsg.), Festschrift für Peter Hommelhoff: zum 70. Geburtstag, Köln 2012, S. 1275–1298 (zit.: *Weller*, in: FS Hommelhoff)

Weller, Marc-Philippe /*Benz*, Nina: Frauenförderung als Leitungsaufgabe, AG 2015, 467–476

Weller, Marc-Philippe /*Harms*, Charlotte/*Rentsch*, Bettina/*Thomale*, Chris: Der internationale Anwendungsbereich der Geschlechterquote für Großunternehmen, ZGR 2015, 361–395

Weller, Marc-Philippe/*Thomale,* Chris/*Benz,* Nina: Englische Gesellschaften und Unternehmensinsolvenzen in der Post-Brexit-EU, NJW 2016, 2378–2383

Wertenbruch, Johannes: Abschied von Bestimmtheitsgrundsatz und Kernbereichslehre im Beschlussanfechtungssystem der Personengesellschaft, DB 2014, 2875–2880

Wichert, Joachim: Die GmbH & Co KGaA nach dem Beschluß BGHZ 134, 392. Besprechung des Beihefts 67/1998 zur ZHR, AG 2000, 268–276

– Die Finanzen der Kommanditgesellschaft auf Aktien, Frankfurt a.M. 1999

– Satzungsänderungen in der Kommanditgesellschaft auf Aktien, AG 1999, 362–369

Wicke, Hartmut: Zulässigkeit des grenzüberschreitenden Formwechsels – Rechtssache „Vale" des Europäischen Gerichtshofs zur Niederlassungsfreiheit, DStR 2012, 1756–1759

Wieduwilt, Hendrik: Die Anwälte bekommen viel zu tun, FAZ vom 25. Juni 2016, Nr. 146, S. 26

Winzen, Jan: Vorzugsaktie und KGaA. Instrumente zur Kontrollerhaltung bei der Eigenkapitalfinanzierung, Frankfurt a.M. 2014

Wißmann, Hellmut/*Koberski,* Wolfgang/*Kleinsorge,* Georg (Hrsg.): Mitbestimmungsrecht, 4. Aufl., München 2011 (zit.: *Bearbeiter,* in: W/K/K)

Wooldridge, Frank: Legislative Comment: The employee participation provisions of the cross-border mergers Directive, CL 2007, 118–119

Ziemons, Hildegard: Freie Bahn für den Umzug von Gesellschaften nach Inspire Art?! Zugleich Besprechung EuGH, Urt v 30-9-2003 – Rs C- 167/01, ZIP 2003, 1885 – Inspire Art, ZIP 2003, 1913–1920

Zimmer, Daniel: Neue Formen der unternehmerischen Mitbestimmung bei In- und Auslandsgesellschaften?, in: Marcus Lutter/et al (Hrsg.): Europäische Auslandsgesellschaften in Deutschland. Mit Rechts- und Steuerfragen des Wegzugs deutscher Gesellschaften, Köln 2005, S. 365–378 (zit.: *Zimmer,* in: Lutter, Europäische Auslandsgesellschaften in Deutschland).

– Internationales Gesellschaftsrecht. Das Kollisionsrecht der Gesellschaften und sein Verhältnis zum internationalen Kapitalmarktrecht und zum internationalen Unternehmensrecht, Heidelberg 1996 (zit.: *Zimmer,* IntGesR)

Zippelius, Reinhold: Juristische Methodenlehre, 10. Aufl., München 2006

Zöllner, Wolfgang/*Noack,* Ulrich (Hrsg.): Kölner Kommentar zum Aktiengesetz, Band 1, §§ 1–75 AktG, 3. Aufl., Köln 2012

– Kölner Kommentar zum Aktiengesetz, Band 1, §§ 1–75 AktG, 2. Aufl., Köln 1988

- Kölner Kommentar zum Aktiengesetz, Band 1, §§ 1–147 AktG, 1. Aufl., Köln 1985
- Kölner Kommentar zum Aktiengesetz, Band 2/1, §§ 76–94 AktG, 3. Aufl., Köln 2009
- Kölner Kommentar zum Aktiengesetz, Band 2/2, §§ 95–117 AktG, 3. Aufl., Köln 2012
- Kölner Kommentar zum Aktiengesetz, Band 3/2, §§ 142–178 AktG, 3. Aufl., Köln 2015
- Kölner Kommentar zum Aktiengesetz, Band 5/1, §§ 179–240 AktG, 2. Aufl. Köln 1995
- Kölner Kommentar zum Aktiengesetz, Band 5/2, §§ 278–290 AktG, 3. Aufl., Köln 2015
- Kölner Kommentar zum Aktiengesetz, Band 8/1, Art. 1–42 SE-VO, 3. Aufl., Köln 2012
- Kölner Kommentar zum Aktiengesetz, Band 8/2, Art. 43–70 SE-VO, §§ 1–47 SEBG, 3. Aufl., Köln 2010

(jeweils zit.: *Bearbeiter*, in: KK-AktG; bei Altauflagen ist die Auflage mit angegeben)

Sachwortverzeichnis

Schriften zum Gesellschafts-, Bilanz- und Unternehmensteuerrecht

Herausgegeben von Barbara Grunewald und Joachim Hennrichs

www.peterlang.com